Los silencios de la libertad

Historia

Guillermo Altares

Los silencios de la libertad

Cómo Europa perdió y ganó su democracia

TUSQUETS
EDITORES

PEFC Certificado

Este libro procede de bosques gestionados de forma sostenible

PEFC

PEFC/14-38-00305

www.pefc.es

Adaptación de la cubierta: Booket / Área Editorial Grupo Planeta
Ilustración de la cubierta: © Diego Mallo
Primera edición en Colección Booket: noviembre de 2024

Depósito legal: B. 17.702-2024
ISBN: 978-84-1107-525-1
Impresión y encuadernación: Liberdúplex, S. L.
Printed in Spain - Impreso en España

Biografía

Guillermo Altares (Madrid, 1968) es periodista, licenciado en Ciencias de la Información por la Universidad Complutense de Madrid, y en 2014 recibió la insignia de caballero de las Artes y las Letras de Francia. Actualmente trabaja en el diario *El País*, donde ha ocupado diferentes puestos de responsabilidad, entre ellos el de redactor jefe de los suplementos *Babelia* e *Ideas*, de la sección de Internacional o de *elpais.com*. Como enviado especial ha cubierto decenas de acontecimientos, desde las guerras de Afganistán, Irak y Líbano hasta elecciones, atentados o, incluso, la captura del capo Bernardo Provenzano en Corleone. También trabajó en la agencia France Presse y en el desaparecido diario *El Sol*. Es autor de *Esto es un infierno. Los personajes del cine bélico* (Alianza), de *Una lección olvidada. Viajes por la historia de Europa* (Tusquets), que recibió el premio al mejor ensayo de las librerías de Madrid, y de *Los silencios de la libertad. Cómo Europa perdió y ganó su democracia* (Tusquets). Ha colaborado también en varios ensayos colectivos, entre ellos *Juego de tronos* (Errata Naturae).

Índice

A Juan Altares,
que se fue muy lejos y volvió

Hay que desconfiar de quien trata de convencernos con argumentos distintos a la razón, es decir, de los jefes carismáticos: hemos de ser cautos en delegar en otros nuestro juicio y nuestra voluntad.

Primo Levi, *Si esto es un hombre*

La cólera de los imbéciles llena el mundo. Vuestro profundo error es creer que la estupidez es inofensiva. La estupidez no tiene más fuerza que un cañón de pequeño calibre, pero una vez en movimiento, puede con todo. Ninguno de vosotros ignora de lo que es capaz el odio paciente y la vigilancia de los mediocres y sembráis el grano en los cuatro puntos cardinales.

Georges Bernanos,
Los grandes cementerios bajo la luna

Pastrami, gueto y pogromo
(tres palabras a modo de prólogo)

Y por el poder de una palabra
Vuelvo a empezar mi vida.

PAUL ÉLUARD, «Libertad»

La historia no se repite, la humanidad cambia, los problemas ancestrales se superan. Pero el pasado deja huellas que nos recuerdan tiempos mucho más infelices. El paisaje europeo está marcado por los remolinos del pasado, los viajes de ida y vuelta de la paz a la guerra, de la democracia a la tiranía. No importa la belleza del lugar que escojamos, demasiadas veces se repite el mismo relato: el de alguien que logró su libertad para volver a perderla. Y esa historia está igualmente contenida en unas cuantas palabras. Un sándwich puede simbolizar una tragedia. Y también representar la supervivencia. El pastrami es una carne de ternera cocida, secada, ahumada y especiada, que se come con mucha mostaza y en cantidades industriales: nada de un par de discretas y finas lonchas. Un buen bocadillo de pastrami, como los que sirven en los Delis —restaurantes judíos— de Nueva York, Chicago o Montreal, tiene que contener embutido para un regimiento entre dos rebanadas de pan de centeno. Este alimento, rosado y de sabor contundente, se llamaba *pastrama* y, aunque no existe una única teoría que explique su origen, la mayoría de los expertos creen que era una forma de conservar la carne de oca que inventaron los judíos rumanos. En Estados Unidos era más fácil encontrar ternera que ave, y por eso cambió allí el ingrediente principal. La «i» final se debe a que pretendían competir con el popular salami italiano cuando empezó a comercializarse en los barrios de emigrantes. Su llegada a Nueva York cuenta la historia de un exilio y de una persecución: la de los refugiados judíos que, en los siglos XIX y XX, huían de Europa, de la pobreza y de los pogromos en busca de una nueva vida al otro lado del Atlántico. También nos habla de un mundo perdido: el de los hebreos europeos, que fue aniquilado por el Holocausto. Una parte se reconstruyó en Israel, otra en América y en algunas ciudades europeas que estuvieron ocupadas por los nazis, sobre todo en Cracovia y en Budapest, donde ha florecido algo parecido a una cultura judía, aunque no deje de ser una sombra de su pasado.

En París, en el Marais, en torno a la Rue des Rossiers, también sobrevive un pequeño barrio que remite a aquella Europa de otros tiempos. Tras los atentados contra *Charlie Hebdo* de enero de 2015, un terrorista islamista, Amedy Coulibaly, atacó un supermercado judío, cerca de la Porte de Vincennes. Asesinó a cuatro personas —entre ellas uno de los hijos del gran rabino de Túnez— y tomó diecisiete rehenes. Fue abatido por la policía. Ante el temor a que se produjesen otros atentados antisemitas, el ejército se desplegó en ese barrio del centro de la ciudad. Resultaba impresionante ver a militares patrullando por esa calle desierta, cuando normalmente está llena de turistas. Un blindado militar cortaba el acceso a la zona.

Cubrí aquellos atentados como enviado especial e hice un reportaje sobre la comunidad judía francesa. Recuerdo aquel ambiente de terror más que justificado: pregunté a algunos vecinos del barrio y me explicaron que no habían llevado a los niños al colegio; muchos negocios permanecían cerrados pese al despliegue de seguridad. No era la primera vez que vivían algo así —en 1982, el restaurante Jo Goldenberg fue ametrallado por un terrorista palestino—, pero me explicaban que en aquella ocasión era diferente: la mayoría de los habitantes del barrio sentían que podían ser atacados en cualquier momento, que solamente llevar la kipá en público representaba un peligro. Todo aquello me remitía a otra época, que pensé —ingenuamente— que nunca podría volver. Pero ahí estaban los ciudadanos, atemorizados ante la violencia irracional, el ejército desplegado, la amenaza real e inmediata contra personas cuya vida estaba amenazada solo por el hecho de existir... La historia de los judíos europeos la cuentan los cementerios abandonados y olvidados con las lápidas comidas por la maleza; los campos de exterminio, por mucho que los nazis tratasen de borrar sus huellas; las sinagogas destruidas o semivacías, como la de Szeged, en Hungría, una joya modernista construida para una comunidad enorme que fue aniquilada y que estuvo a punto de derrumbarse en los años setenta; las casas ocupadas por familias cristianas después de la Segunda Guerra Mundial; los barrios en los que la memoria de sus antiguos habitantes solo se mantiene en el nombre de algunas calles, pero no queda apenas nada de lo que una vez fue un lugar palpitante, en el que creció una de las grandes culturas europeas. Igual que ocurrió en París aquel invierno de 2015, los barrios judíos reconstruidos después de la guerra están en muchos casos vigilados por la policía porque nunca han dejado de estar amenazados por terroristas islamistas o militantes de ultraderecha. Pero también aquella historia queda reflejada en el pastrami, que simboliza el relato de un exilio y de una tradición que solo pudo sobrevivir lejos de donde nació, tras siglos de persecuciones, religiosas en un principio y raciales después.

La Shoah no surgió de la nada, sino de un ambiente de odio que fue creciendo desde la Edad Media, siempre hábilmente azuzado desde el poder político y religioso. Jeffrey Veidlinger, hijo de un superviviente húngaro del Holocausto, calcula en su libro *En el corazón de la Europa civilizada* que, durante la guerra civil rusa, entre 1918 y 1921, «se documentaron más de un millar de disturbios y acciones militares antisemitas —el tipo al que solemos referirnos como pogromos— en quinientas localidades de lo que es hoy Ucrania». Todas las partes enfrentadas en el conflicto ruso cometieron atrocidades contra los judíos. Veidlinger explica que esas matanzas —robo de propiedades, violaciones, humillaciones, torturas, quema de sinagogas y símbolos sagrados y, en muchas ocasiones, asesinatos— contaban con «el beneplácito y el apoyo de grandes segmentos de la población». En otro ensayo, *Pogrom. Kishinev and the Tilt of History*, el profesor de Stanford Steven J. Zipperstein analiza una masacre especialmente recordada, que tuvo lugar en Chisináu (entonces Besarabia, Imperio ruso; hoy Moldavia) en abril de 1903. Dejó cuarenta y nueve muertos, cientos de heridos, decenas de mujeres violadas y mil viviendas y negocios quemados, y desató una considerable indignación internacional. Muchos historiadores argumentan que se trata del precedente más claro del Holocausto. Se produjo al principio de un nuevo siglo, en un momento de confianza en la razón y en el avance de la humanidad impulsada por numerosos inventos tecnológicos, pero el pretexto fue medieval —un «libelo de sangre», la falsa acusación del asesinato ritual de un niño católico por un judío, sin importar que el auténtico culpable fuese detenido e identificado como un familiar que no quería compartir una herencia— y contó con el apoyo de las autoridades. Como ocurría muchas veces en el pasado, el estallido de violencia se produjo en torno a la Semana Santa y se prolongó durante tres días. Anunciaba lo que iba a ocurrir apenas tres décadas después, porque la Shoah fue sin duda organizada por los nazis, pero nunca se hubiese podido llevar a cabo sin la colaboración de los pueblos —ucranios, lituanos, húngaros, rumanos, franceses, holandeses...—

donde fueron perseguidos y asesinados los judíos. A principios del siglo xx la violencia contra los hebreos no era un gran problema en Besarabia, la provincia más pobre e iletrada de Rusia, explica Zipperstein, aunque un diario popular, *Bessarabets,* se dedicaba a promover sin descanso el antisemitismo, un sentimiento muy expandido en el imperio de los zares. Chisináu contaba con una amplia población judía, que estaba repartida por todos los barrios y todas las clases sociales, por lo que la masacre afectó al menos a dos tercios de la ciudad. Es especialmente chocante la descripción de la *intimidad* de la violencia. «No era raro», escribe Zipperstein, «que los vecinos violasen y asesinasen a sus vecinos, muchas veces con una asombrosa indiferencia hacia el sufrimiento. La conexión entre familiaridad y ferocidad se replicaba una vez tras otra. Víctimas de violencia sexual o de palizas eran llamadas por sus nombres por los perpetradores. Una mujer relató que el hombre que la violó la había tenido en sus brazos cuando era un bebé.» Aquella matanza universalizó la palabra pogromo, que, según Zipperstein, procede de los vocablos rusos para «tormenta» o «trueno», que luego se transformaron en «devastación», «destrucción». Y, sin los pogromos, sin ese rastro de muerte y terror, seguramente el Holocausto nunca se hubiese producido.

A veces los objetos aparentemente más anodinos, como un bocadillo de carne; las palabras más inocentes, como «pastrami», un alimento que se ha puesto de moda en muchos otros lugares del mundo donde no existe ningún tipo de emigración askenazí, esconden historias que reflejan lo que fue Europa durante muchos siglos —y lo que sigue siendo en algunos sitios, como Ucrania—: millones de individuos sometidos al terror solo por el hecho de haber nacido —los judíos a lo largo de la historia, pero también los armenios en Turquía al principio del siglo xx; cualquier opositor político o librepensador durante la era interminable de las monarquías absolutas o de los grandes totalitarismos; los protestantes en tierras católicas y viceversa durante la Modernidad— o a los caprichos y las injusticias de una ley dictada por una sola persona, unas normas que solo defendían sus privilegios y los de una clase social.

Además de «pogromo», existe otra palabra, ahora universal y aplicada en varios ámbitos, que también refleja esa historia de persecuciones y de marginación: gueto. En este caso, su sentido es un poco más ambiguo porque los guetos eran espacios en los que se obligaba a vivir a los judíos —y a confinarse por las noches—, en muchas ocasiones miserables y superpoblados, pero que también pudieron servir de refugio durante algunas persecuciones. Aunque, como ocurrió con las aljamas hebreas en la España medieval, en otros momentos facilitaron los ataques. Durante la oleada de violencia antisemita que sacudió los reinos de Castilla, Navarra y Aragón en 1391, los barrios judíos de las principales ciudades españolas, desde Sevilla hasta Barcelona pasando por Madrid o Valencia, fueron destruidos y sus habitantes asesinados, torturados, vendidos como esclavos u obligados a convertirse. Cuando se produjo la expulsión de 1492, en muchas urbes las poblaciones judías ya habían huido al exilio. Pero la palabra «gueto» nació en otro rincón de Europa, en uno de los lugares más bellos del mundo, sobre el que el premio Nobel Joseph Brodsky escribió en *Marca de agua:* «Al rozar el agua, esta ciudad mejora la imagen del tiempo, embellece el futuro. Ese es el papel de esta ciudad en el universo».

Más allá de las emociones estéticas, Venecia tiene también un papel en la larga historia del antisemitismo. Salir a la calle desde la estación de Santa Lucia y toparse con el Gran Canal y, al otro lado del agua, contemplar la cúpula de la Iglesia de San Simeon Piccolo representa una sorpresa inagotable. No importa cuántas veces se haya visitado la ciudad de los canales: es difícil no quedarse boquiabierto y tener la sensación de que se ha ingresado en un territorio único. En muy pocos otros lugares la historia ha cristalizado como en Venecia. El Ayuntamiento ha señalado los diferentes caminos que llevan hasta la plaza de San Marcos para no perderse en el laberinto de callejuelas de la Serenísima. Uno de los recorridos sigue de lejos el serpenteante Gran Canal. Pero, al cruzar el Ponte delle Guglie, se puede girar a la izquierda y caminar unos metros por la Fondamenta Cannaregio. A la derecha, se abre un estrecho pasaje, casi un pequeño túnel, que lleva a un paisaje urbano diferente en el que los edificios son mucho más altos y modestos. No hay palacios, ni casas señoriales, sino viviendas humildes. Se trata del antiguo gueto, en el que las autoridades de la República veneciana decidieron confinar a los judíos el 29 de marzo de 1516. El primer gueto se encontraba en una isla justo donde acababa entonces la ciudad y los cristianos que vivían allí fueron obligados a mudarse. Todas las ventanas que daban al exterior se tapiaron y se convirtió en un recinto estanco: al anochecer, se cerraban las puertas y nadie podía salir ni entrar. «El nuevo enclave veneciano no era ni de lejos el primer ejemplo de una calle judía o un barrio judío, que ya existían en la antigüedad, desde el principio de la diáspora», escribe Daniel B. Schwartz en *Ghetto. The History of a Word*. «Pero el establecimiento por la fuerza de una zona exclusiva para los judíos significó un momento histórico al menos por un motivo: marcó el principio de la relación entre la segregación y una palabra: gueto.» En realidad, desde el Concilio de Letrán, en el siglo XII, los hebreos comenzaron a ser obligados a recluirse en determinados espacios, pero Venecia, con sus islas y sus canales, ofreció la posibilidad de crear un barrio verdaderamente segregado.

Aunque no existe una explicación única, la mayoría de los estudiosos creen que este vocablo procede del verbo veneciano *gettare*, que significa fundir. Se trata, por lo tanto, de un origen puramente geográfico: en el lugar en el que los judíos fueron obligados a confinarse existía una fundición de cobre. La palabra, que pasó a convertirse en universal —es difícil no pensar en los guetos afroamericanos de Estados Unidos o en la canción de Elvis Presley—, nace de una casualidad. Schwartz, sin embargo, relata otra versión de su etimología, que reflejaría una parte importante de la historia de las persecuciones antisemitas. Un grupo de judíos huyó de España en 1492 en un barco genovés con destino a Turquía, donde muchos expulsados encontraron refugio. Sin embargo, la inesperada muerte del capitán los obligó a recalar en Génova. Pero se prohibió a los refugiados entrar en la ciudad y durante semanas estuvieron confinados en uno de los muelles del puerto, a la intemperie, sin apenas comida ni agua. Muchos murieron o se tuvieron que convertir para salvar la vida. Un relato del siglo XVI del rabino David ben Hayim HaKohen de Corfú se refiere al lugar donde fueron retenidos como *geto,* que en genovés significaba «muelle». «Aquella narración de HaKohen demostraría que la palabra *geto* permaneció en la memoria colectiva de los judíos sefardíes exiliados, que poblaron los guetos que se crearon en Italia a lo largo del siglo XVI», escribe Schwartz.

El gueto era una cárcel, pero también un lugar seguro. El sociólogo Richard Sennett lo explica así en su libro *El extranjero. Dos ensayos sobre el exilio:*

> La creación en Venecia de espacio-gueto, para los judíos al igual que para otros extranjeros, asoció lugar y derecho en un nuevo sentido, originando lo que podría denominarse derechos locales. La ciudad protegía a un judío o a un turco de las turbas cristianas en Cuaresma o en otros momentos de intensa pasión religiosa únicamente si los que no eran venecianos estaban en su lugar, esto es, encerrados en el espacio reservado para el extraño.

Pero la protección y el cierto grado de autonomía que proporcionaban los guetos —aunque no hay que olvidar que no fueron una elección, sino una imposición que se generalizó rápidamente en toda Italia— tuvieron un precio elevado: los judíos quedaron estigmatizados para siempre como *los otros,* como personas que estaban fuera de la sociedad y de las leyes que regían la vida del resto de los súbditos. En algunos lugares, sobre todo en Alemania, los hebreos eran obligados a vestir gorros amarillos para distinguirse de la población. Ahora, se trataba de una segregación geográfica, espacial. Es cierto que no era algo que se aplicase solo a los hebreos: durante siglos, millones de personas —por su religión, su origen, su sexo— estaban marcadas desde su nacimiento. Pero en este caso, cada vez que se aventuraban fuera del lugar que les había sido asignado existía un peligro, más o menos intenso según la época del año, de ser atacados. Una de las grandes conquistas de la libertad en Europa ha sido tratar de derribar esas barreras, algo que se ha conseguido solo parcialmente, como demuestran los gruñidos de los partidos de ultraderecha obsesionados con levantar nuevos muros o la existencia de guetos, *de facto,* en muchas grandes ciudades occidentales (y no solo en Estados Unidos o en Francia, donde hay barrios que reciben con toda justicia esa calificación). Una parte de esa historia de segregación, de esa marca indeleble —porque nace con la propia vida—, arrancó en la Edad Moderna en aquella isla insalubre del norte de una de las ciudades más poderosas y abiertas a los extraños del mundo.

El 12 de julio de 1797 las puertas del gueto fueron derribadas. Los ejércitos napoleónicos habían acabado con el gobierno del Dux de Venecia en dos meses y tenían la orden de convertir a todos los habitantes de la Serenísima en ciudadanos, y, por lo tanto, de terminar con cualquier forma de segregación religiosa. Así comenzó un movimiento que se prolongaría setenta años, durante el cual todos los guetos de

Italia fueron desmantelados: el último en caer fue el de Roma, en 1870. Se avecinaba una nueva era para Europa, asaltada por revoluciones sociales como las de 1848, que buscaban derrumbar las barreras de clase, paliar las injusticias y la pobreza. Y por un tiempo parecía que podía ser posible. Hasta que llegó la Primera Guerra Mundial, luego los grandes totalitarismos y después el desastre absoluto, una época de terror, muerte y tinieblas como no había conocido el continente desde las guerras de religión en los siglos malditos XVI y XVII.

Una de las mejores autoras de libros de viajes del siglo XX, extraordinaria observadora del presente e inteligente intérprete del pasado, Jan Morris, describe en su libro *Venecia* las dos inscripciones que se encontró a la salida de una sinagoga, tras asistir a un servicio en la Pascua judía:

> Una es un anuncio del siglo XVI donde los magistrados de la República declaran su intención de reprimir el pecado de la blasfemia, tanto entre los judíos practicantes como entre los conversos. «Por lo tanto han ordenado grabar esta proclama en piedra en la parte más frecuentada del gueto, so pena de soga, cepo, látigo, galeras o prisión para todo culpable de blasfemia.» La otra inscripción es moderna. Recuerda el hecho de que, de los ocho mil judíos italianos que perdieron la vida en la Segunda Guerra Mundial, doscientos eran venecianos.

A los muros derribados, el final de los guetos, la conversión en ciudadanos de pleno derecho, por encima de las creencias y de las razas, les siguió el caso Dreyfus en Francia —el proceso contra un oficial judío acusado de espionaje, injusticia denunciada por Émile Zola en su diatriba «J'Accuse»—; una oleada brutal de pogromos en Rusia y Europa del Este; el antisemitismo irredento de la Iglesia católica —hasta que fue abolido en 1958 por Juan XXIII, en Semana Santa se rezaba por la salvación de los «pérfidos judíos»—; *Los protocolos de los sabios de Sión*, un panfleto que acusaba a los judíos de querer dominar el mundo y que ayudó a convertir el antisemitismo en un odio global; y, finalmente, el ascenso del nazismo, la persecución de los judíos como política de Estado y el asesinato industrial de la Shoah.

Como tantas otras veces en la historia, la esperanza se truncó, la libertad —y la vida— se perdieron. Desde el final de la Europa absolutista, desde la época de los reyes todopoderosos, que decidían sobre todos los aspectos de la vida (y de la muerte) de sus súbditos al provenir su poder directamente de Dios, los pueblos han logrado muchas veces la libertad. Pero también la han perdido muchas otras. Un ejemplo claro se encuentra en Rusia: durante unos meses de 1917, entre la caída de los zares y el golpe de Estado bolchevique, el país pudo encaminarse hacia algo parecido a una democracia. No tenía por qué ser diferente a otros países europeos, no estaba condenado al despotismo. Algo parecido volvió a pasar a finales del siglo XX: entre Yeltsin y Putin hubo un momento en que Rusia pudo dirigirse hacia la libertad. Su destino no tenía por qué haber sido distinto al de otros países del socialismo real que lograron avanzar hacia el parlamentarismo: pero lo fue. Y tampoco nada condenaba a Alemania a convertirse en una dictadura monstruosa después de los turbulentos años de la República de Weimar, una de las cumbres de la libertad en Europa.

Eso no debe llevar al pesimismo: tanto «gueto» como «pogromo» son palabras que acarrean todavía una carga maldita y que siguen teniendo mucho sentido, no solo aplicadas a los judíos sino a otras comunidades, muchas veces minoritarias, que sufren el maltrato de la mayoría en numerosos lugares del mundo. «Pastrami», en cambio, la más ligera, la más dichosa, es difícil de identificar con la historia siniestra que esconde, pese a que aquellos que llevaron esa receta al Nueva Mundo huían de matanzas como la de Chisináu. El pasado con el que cargan estas tres palabras implica una advertencia —ninguna libertad está destinada a mantenerse para siempre—, pero no una maldición, como tampoco lo es la dictadura de Putin en Rusia: eso no significa que la democracia esté condenada, ni que no se deba luchar por ella. Como escribió Paul Éluard en su célebre poema «Libertad» —que está reproducido en un cuadro que cuelga en la entrada de mi casa familiar de Segovia desde los estertores del franquismo—: «Y por el poder de una palabra / vuelvo a vivir / nací para conocerte / para cantarte / Libertad».

Y un recuerdo de Ágnes Heller en Budapest, superviviente del Holocausto
(a modo de introducción)

> La moraleja que podemos sacar de esta peligrosa pesadilla es simple. No deje que ocurra. Depende de usted.
>
> George Orwell

Los españoles de mi generación, que nacieron bajo el franquismo y tienen recuerdos vívidos de la noche del golpe de Estado del 23 de febrero de 1981, saben que merece la pena defender la democracia y que es un combate que se puede ganar. Cuando uno llega a Venecia piensa en la belleza, en los turistas, en la cadencia de los golpes suaves de las góndolas contra los embarcaderos de la plaza de San Marcos, en si el *acqua alta* le obligará a comprarse unas botas hasta las rodillas, se pregunta si será capaz de encontrar unas buenas sardinas en escabeche —con pasas y piñones— entre tanto restaurante con cartas que son un sinsentido gastronómico; y nunca dejará de sorprenderse ante la capacidad de los italianos para haber convertido el *spritz* en una bebida universal (como el parmesano, la pizza, la pasta y hasta el insípido jamón de Parma). Pero del peso enorme que entraña la palabra gueto apenas quedan huellas en la memoria colectiva: es un barrio más, si acaso marcado por algunos nombres de locales o de tiendas de recuerdos, por un pequeño museo, un restaurante *kosher* y las sinagogas. Cuando se mira al pasado, siempre existe un delicado equilibrio entre el olvido y el recuerdo, entre aquello que es necesario mantener vivo y lo que debemos dejar atrás. Esa pequeña isla dentro de Venecia es un ejemplo claro: refleja una Europa remota llena de discriminaciones e injusticias, entraña una advertencia sobre el pasado, pero también recuerda que el futuro existe y que ningún país está encadenado a sus maldiciones.

A pesar de su enorme lucidez y de ser autora de alguno de los mejores libros de viajes de todos los tiempos, como el citado *Venecia* o *Trieste o el sentido de ninguna parte,* Jan Morris escribió en su ensayo *Presencia de España* que este país iba a padecer siempre gobiernos autoritarios. La primera edición data de 1964 y la historia, de Fernando VII en adelante, no invitaba al optimismo. Las Cortes de Cádiz y tanto la Primera como la Segunda República fueron aniquiladas por fuerzas reaccionarias, y, en el caso de la última, por una de las mayores oleadas de represión que haya vivido Europa en su historia reciente. La autora visitó un país que arrastraba todavía el miedo de la posguerra y en el que la miseria había dejado paso a la pobreza. Era un escenario en el que era difícil imaginar a España como una democracia asentada, se trataba de un país que vivía empantanado en una sórdida dictadura, que miraba constantemente a una gloria imaginada. Franco había construido un régimen que parecía inamovible. Y esa es la sensación que transmite Morris. En la segunda edición del libro, publicada durante la Transición, celebra que España sea una democracia, aunque apostilla que su futuro «permanece incierto». Pero ningún país, por mucho que haya sufrido, está encadenado a una historia que no pueda superar: no importa adónde se mire, los pasados de todos los estados europeos son nefastos: dictaduras, monarquías absolutas, hambrunas, guerras, persecuciones... Pero eso no significa que esa mochila tenga que contaminar el presente. Con sus problemas y sus defectos, España ha dejado atrás los fantasmas de su pasado. Morris se equivocó, aunque su error parte de un profundo conocimiento de la historia porque, si se interpretan sus palabras como una advertencia, pueden leerse desde un prisma muy diferente. En Europa (y en el mundo, aunque este libro se ceñirá al viejo continente), la tiranía nunca está muy lejos. Es una conclusión a la que se puede llegar observando el pasado, desde la primera democracia que la humanidad logró forjar, en la Atenas del siglo v antes de nuestra era, hasta las primeras décadas del siglo xx, cuando los grandes totalitarismos arrasaron el mundo después de que muchos pensasen que la humanidad habría aprendido algún tipo de lección tras el cataclismo de la Primera Guerra Mundial, en teoría la guerra que iba a acabar con todas las guerras.

Mientras escribía este libro, las mujeres de Estados Unidos vivieron uno de los retrocesos más importantes de la historia de este país cuando un Tribunal Supremo dominado por fundamentalistas religiosos revocó una sentencia que garantizaba el derecho al aborto desde 1973. Durante décadas, incluso diría que durante siglos, el pensamiento ilustrado había ido poco a poco permeando de optimismo una parte importante de la sociedad, pues se pensaba que había ciertos derechos adquiridos que no se perderían y que una parte cada vez más importante de la población mundial accedería a nuevas libertades. Parecía, por ejemplo, imposible que la implantación de una economía de mercado en China no entrañase la reclamación de derechos individuales por parte del pueblo. Sin embargo, ha ocurrido todo lo contrario. Estados Unidos corre un serio riesgo de convertirse en algo parecido a una teocracia, pues si bien es cierto que se celebran elecciones, también lo es que un grupo de personas imponen su credo al resto de la sociedad (que es lo que está ocurriendo actualmente con el Tribunal Supremo de aquel país, cuyos jueces ocupan el cargo de forma vitalicia). Después del asalto al Capitolio del 6 de enero de 2021 por una turba ultraderechista azuzada por el expresidente Donald Trump, los editoriales de los principales diarios comenzaron a hablar de la posibilidad de que se produzca una guerra civil o, en el mejor de los casos, un aumento de la violencia política, comparable a lo que pasó en Alemania o en España en los años veinte y treinta. Y casi hemos olvidado lo que ocurrió después de los atentados contra Washington y Nueva York del 11 de septiembre de 2001: George W. Bush, presidente de Estados Unidos, la democracia más poderosa del mundo, rodeado de una corte siniestra y vampírica, ordenó detenciones arbitrarias, secuestros, desapariciones, torturas, abrió prisiones secretas en las que no existía el *habeas corpus* —el derecho, que comenzó a aplicarse en algunas regiones en la Edad Media, de un detenido a comparecer ante un juez—, estableció un campo de concentración —¿qué otra cosa es la prisión de Guantánamo?— e invadió un país soberano —Irak— basándose en mentiras y teorías de la conspiración. Logró derribar a uno de los tiranos más sanguinarios del siglo xx, Sadam Husein, solo para desatar una guerra civil de cuyas cenizas nació el ISIS con su rastro de dolor y muerte en todo el mundo. China, por otro lado, se ha transformado en una implacable dictadura tecnológica, cuyos habitantes se encuentran atrapados en una distopía que parece sacada de una novela de Philip K. Dick: viven vigilados constantemente gracias al reconocimiento facial o códigos almacenados en los móviles sin los que no pueden moverse y que dejan un rastro indeleble, mientras millones de chinos de origen musulmán —los uigures— son internados en campos de concentración en una de las mayores represiones masivas del siglo xxi.

Estamos ante un movimiento de involución del que la vieja y, en teoría, sabia Europa no se libra. Cubrí como enviado especial la entrada de varios antiguos países excomunistas en la Unión Europea: tardaron décadas en librarse de feroces dictaduras del socialismo real y emprendieron un camino que parecía no tener marcha atrás hacia la Europa libre y democrática. El periodo que transcurrió entre la caída del Muro de Berlín y su entrada en la Unión Europea, en 2004, fue una época de optimismo, en la que se celebraba el final definitivo del Telón de Acero y se festejaba cómo millones de ciudadanos iban a recuperar unos derechos que les arrebataron al final de la Segunda Guerra Mundial. Otros europeos, en cambio, en la antigua Yugoslavia padecían un conflicto especialmente cruel que servía para recordar que la guerra nunca estaba lejos. Iban a recuperar algo más que la libertad, iban a recuperar la capacidad para vivir de forma plena. Porque al final, la libertad es sobre todo eso: poder vivir en un Estado que nos ayuda, en la medida de lo posible, a ser un poco más felices, que nos soluciona problemas, que nos deja crecer y mantener nuestras propias opiniones, que nos permite, por encima de todo, vivir sin miedo. Dos de aquellos países que habían quedado bajo la sangrienta tutela de la Unión Soviética, Hungría y Polonia, se encuentran al borde de perder sus democracias, según ha reconocido la propia Comisión Europea. Celebran elecciones, pero la independencia del poder judicial está en duda y el control gubernamental sobre muchos medios de comunicación y otros resortes del Estado hace que los comicios sean cada vez más turbios y dudosos. Es cierto que no se producen detenciones ni fusilamientos masivos como ocurrió bajo el nazismo, el fascismo o el comunismo, pero no se puede decir que los ciudadanos húngaros y polacos sean ahora mismo totalmente libres. Y todo indica que va a ir a peor, y que una parte significativa de la población —mujeres, miembros de la comunidad LGBTI, emigrantes, musulmanes— irá perdiendo cada vez más derechos, mientras se va cercenando la capacidad de la oposición para hacer frente al poder.

Si bien no se puede emplear ahora mismo una palabra tan rotunda como dictadura, este siglo XXI ha creado un nuevo concepto: las democracias iliberales, que se encuentran en un limbo en el que los derechos de las personas, por lo menos de aquellas que no comparten la ideología de su gobierno, no están en absoluto garantizados. Se van imponiendo a la sociedad principios que están por encima de la libertad individual, basados en creencias religiosas y en una visión de lo que es o no moral, que no tienen por qué compartir todos los ciudadanos.

En 2017, entrevisté en Budapest a Ágnes Heller, filósofa que falleció dos años después. Superviviente del Holocausto, perseguida también por el régimen comunista húngaro, Heller fue una mujer libre y sabia. Tenía un apartamento grande y atestado de libros desde el que se contemplaba el Danubio y la colina Buda. Era una tarde de primavera en la que hacía bastante calor y Heller se mostró muy simpática, divertida y contundente. Impresionaba mucho conocer a una mujer que resumía la historia de las esperanzas y las miserias del siglo xx: sobrevivió a los nazis —su padre fue asesinado en Auschwitz aunque su madre y ella lograron salvarse— y a la dictadura comunista, que la persiguió después de su apoyo a la Revolución húngara de 1956, aplastada por los tanques soviéticos. Fue expulsada del Partido Comunista en el que militaba desde los años cuarenta, y de la universidad, hasta que acabó exiliándose en 1971. Tras la caída del Muro de Berlín, volvió a Hungría para vivir unos años en democracia, hasta encontrarse con que Viktor Orbán estaba destruyendo aquello por lo que había luchado toda su vida. Heller nunca se rindió. No establecía comparaciones entre los grandes totalitarismos y lo que estaba viviendo al final de sus días. Sabía que nada es comparable al Holocausto. Pero era consciente de que nada garantizaba las libertades por las que había combatido desde su juventud y por las que se había jugado la vida. Heller estaba plenamente convencida de que nada garantiza la libertad: ya lo vivió cuando la esperanza del final del nazismo se convirtió en una dictadura, apoyada por los soviéticos, que desencadenaron una de las oleadas de represión más duras de la Guerra Fría. Y ahora contemplaba con realismo y con cierta tristeza lo que estaba ocurriendo, pese a que Hungría pertenecía a la Unión Europea. Esto es lo que decía en aquella entrevista para *El País Semanal* sobre su país:

> En Europa, hay una ideología muy importante, el nacionalismo. Aquí en Hungría tenemos una dictadura, de Viktor Orbán. No hay prensa libre, no hay división de poderes, no hay instituciones fuertes, pero tenemos elecciones. Por eso lo importante no es saber si es una democracia, sino de qué clase de sistema hablamos. Lo esencial es que exista el imperio de la ley, instituciones fuertes que garanticen las libertades. Es lo que llamo democracia liberal, y para mí es la única que puede ser descrita como un sistema pleno de derechos. Las demás están gobernadas por un partido, por un líder, que puede gobernar por la fuerza, como Erdogan, o sin la fuerza, como Orbán.

Pero si en algo son expertos los regímenes autoritarios es en ocultar todos esos recortes bajo una tonelada de mentiras, con la esperanza de que los ciudadanos no se den cuenta de lo que han perdido, ni se rebelen para recuperar sus derechos arrebatados.

La historia de las dictaduras está cargada de exilios y de ausencias. De muertes y dolor. Y también de falsedades. El novelista francés Emmanuel Carrère escribió que el comunismo no abolió solo la propiedad privada, sino que abolió la realidad. El historiador alemán Ronald Fraser emprendió tras la muerte de Franco una tarea extraordinaria (y profundamente contemporánea): entrevistar a personas de los dos bandos que habían vivido la Guerra Civil española. Aquel trabajo, uno de los más relevantes que se han realizado sobre el conflicto y que ahora mismo sería imposible repetir porque la mayoría de los testigos con los que habló el investigador han desaparecido, se publicó en dos tomos en 1979 bajo el título *Recuérdalo tú y recuérdalo a otros. Historia oral de la Guerra Civil española.* Uno de los momentos más espeluznantes describe la represión en Córdoba, justo al principio del conflicto, en una ciudad que cayó en manos de las huestes franquistas sin apenas disparar un tiro. El general Queipo de Llano exigió sangre y la tuvo, bajo las órdenes del comandante Bruno Ibáñez, que provocaba tanto miedo entre la población que, al final de una corrida de toros, la gente se apartaba a su paso. «De haber podido, se habrían incrustado en las paredes», relató a Fraser un testigo de aquellos hechos. Álvaro Millán, agente de ventas, explica en el libro que pertenecía a una tertulia liberal por la que pasaban unas cuarenta personas de las que solo sobrevivieron cinco a la represión. Cuando Fraser le pregunta si Córdoba era un lugar especial por estar cerca del frente, Millán responde: «No. El mismo terror existía en todas partes. Crearon un Estado basado en la mentira y el terror». En *Los orígenes del totalitarismo,* Hannah Arendt había sostenido algo similar, que las dictaduras se basan en una mezcla de amenazas y propaganda porque incluso la represión tiene sus límites. «Los movimientos totalitarios pueden emplear el terror solo hasta determinado grado», escribe la pensadora alemana. «Se reconoció temprano y se ha afirmado frecuentemente que en los países totalitarios la propaganda y el terror ofrecen dos caras de la misma moneda.» Millones de personas viven ahora mismo en esa mezcla de miedo y mentiras en muchos lugares del mundo —en Irán o Arabia Saudí, por ejemplo, por el solo hecho de no llevar velo una mujer puede acabar asesinada o golpeada por las fuerzas de seguridad— y millones de ellos vivieron así gran parte del siglo XX. Esas democracias iliberales —y los partidos que comparten su credo, que se multiplican en muchos países y han alcanzado, en algunos, un número nada desdeñable de votantes— todavía no han lanzado oleadas de represión, pero sí han sabido fomentar el odio hacia algunas comunidades, que casi siempre son los diferentes: los musulmanes, los refugiados, los judíos (qué son los discursos contra George Soros sino una muestra más del viejo antisemitismo), los gais, las personas *trans,* en general todos los que no son blancos, heterosexuales y cristianos. El problema está en saber si se quedarán ahí o seguirán avanzando hasta llegar al terror. La exposición *Auschwitz. No hace mucho. No muy lejos,* la mayor muestra sobre el campo de concentración y exterminio nazi, que pudo verse en Madrid en 2017, dedicaba una sala al fomento enfermizo del antisemitismo en la Alemania hitleriana y a la propaganda contra los judíos, que incluso se reflejaba en juegos infantiles. A finales de 2022, el museo del Holocausto de Jerusalén, el Yad Vashem, dio a conocer unas fotos hasta ahora inéditas del pogromo de noviembre —la Noche de los Cristales Rotos— durante el que, en 1938, las persecuciones contra los judíos en Alemania dieron un salto enorme hacia el exterminio. En una de ellas, se ve la quema de un comercio judío ante la mirada atenta de una multitud que asiste, entre la curiosidad y la diversión, a la barbarie. El Memorial Auschwitz-Birkenau pone de forma recurrente en su cuenta de Twitter el siguiente mensaje: «Cuando miramos a Auschwitz vemos el final de un proceso. Hay que recordar que el Holocausto no empezó en las cámaras de gas. El odio se generó gradualmente a partir de palabras, estereotipos y prejuicios mediante la exclusión legal, la deshumanización y una escalada de la violencia».

Nada es comparable al nazismo, nada se puede medir ni se podrá medir con lo que ocurrió entonces, pero también es cierto que hay cosas que son difícilmente asumibles en el siglo XXI, que hay palabras que parecía que nunca iban a volver a ser pronunciadas por un dirigente europeo. En el verano de 2022, en un discurso en la ciudad rumana de Băile Tuşnad, que cuenta con una amplia comunidad húngara, Viktor Orbán declaró: «Nosotros los húngaros no somos una raza mezclada y no queremos ser una raza mezclada». A continuación, dejó claro que, según su punto de vista, los húngaros no debían mezclarse con pueblos no europeos. Esta reflexión provocó la dimisión de una de sus principales asesoras, Zsuzsa Hegedüs, que calificó las palabras de Orbán de «nazis, dignas de Goebbels». El Comité Internacional de Auschwitz —que supervisa la gestión del memorial y decide sobre los asuntos de conservación— mostró su preocupación por lo que calificó de «salida de tono racista». Estamos hablando del primer ministro de un país de la Unión Europea. ¿Puede repetirse en la actualidad lo que ocurrió en la Alemania de los años treinta? Me gustaría estar seguro de que no, de hecho, lo estoy, creo que un crimen de las dimensiones del Holocausto no puede producirse en la actualidad. El mal existe, aunque ha cambiado de forma. Sin embargo, a principios del invierno de 2021, la mayoría de los expertos en Rusia consideraban imposible que Vladímir Putin lanzase una invasión de Ucrania. ¿Es posible imaginar en Europa crímenes de guerra a gran escala, concebir las calles de Bucha sembradas de cadáveres de civiles asesinados? Uno de los temas que trataré en estas páginas es lo complicado que resulta intuir el momento en el que hemos perdido la libertad, el punto de inflexión en el que ya no hay marcha atrás. Los tiranos, pero también los autócratas, son siempre difíciles de leer.

Ni siquiera la llegada de Hitler al poder fue suficiente para que los miles de personas que iban a convertirse en víctimas supieran predecir lo que se avecinaba. Muchas de ellas esperaron hasta que ya era demasiado tarde. No fue el caso de Lion Feuchtwanger (Múnich, 1884-Los Ángeles, 1958), que vio cómo su mundo se resquebrajaba con el ascenso del nazismo. Judío, izquierdista, antimilitarista, escritor inteligente y libre: era la encarnación de aquello que los nazis odiaban a muerte. Se dio cuenta muy rápidamente de que estaba condenado y en 1933 inició un largo y peligroso exilio —se refugió en el sur de Francia y tuvo que huir de nuevo tras la invasión alemana de 1940—. En 1934 publicó *Los hermanos Oppermann*, la historia de una familia judía alemana, que logró una enorme repercusión: fue traducida casi inmediatamente a diversas lenguas y vendió 250.000 ejemplares. Los nazis ya habían comenzado a desplegar sus políticas antisemitas e inaugurado el primer campo de concentración —Dachau—, y las persecuciones de socialdemócratas y comunistas eran moneda corriente. Pero muchos gobiernos occidentales dudaban de que fuese tan malo, porque creían que el comunismo era una amenaza mayor. De hecho, en 1936 se celebraron unos Juegos Olímpicos en Berlín con una nutrida participación internacional. En 1933, muchos alemanes pensaban que todavía podrían controlar a Hitler. El libro de Feuchtwanger dejaba claro que no: que nadie estaba a salvo de la locura homicida del nuevo régimen. El libro relata la historia de una familia judía que ve cómo el ambiente político se va haciendo cada más peligroso, aunque alguno de sus miembros no quiere darse cuenta de que, tarde o temprano, acabarán todos detenidos o muertos. Al principio, dejan de ser «buenos alemanes», porque son otros los que deciden quién es bueno y quién es malo, para, finalmente, dejar de serlo totalmente en un país en el que «las nieblas de la mentira se espesaban cada vez más». «Ahora, de pronto, le decían que era diferente por naturaleza. ¿Cómo? ¿Por qué? ¿Quién era alemán y quién no lo era?», dice el narrador sobre un personaje. Feuchtwanger escribe también: «Lo que había aprendido de la historia es que era asombroso que los amenazados en cada momento pensaran en ponerse a salvo demasiado tarde. Por qué, maldita sea, tantos aristócratas franceses habían sido tan burros como para dejarse sorprender por la Revolución, cuando hoy cualquier niño de colegio sabe desde los escritos de Rousseau y Voltaire que tenían que haberlo sabido décadas antes».

Resulta fácil verlo desde el presente, de eso no hay duda, y muy difícil contemplarlo cuando ocurre. Sobre todo porque una de las cosas que mejor hacen los regímenes totalitarios —y que les permiten sobrevivir— es construir mentiras, inventarse una realidad paralela. Poco después del asalto contra el Capitolio, el corresponsal de *The New York Times* en Moscú, Andrew Higgins, escribió un reportaje sobre la historia de las falsedades en la política titulado «El arte de la mentira. Cuanto más grande, mejor». Recordaba el periodista un cable de George F. Kennan, consejero político de la embajada de Estados Unidos en Moscú en 1944, en el que explicaba que había descubierto que el estalinismo había desarrollado la capacidad de «hacer creer a la gente prácticamente cualquier cosa». Por muy falso que sea algo, escribió, «para la gente que se lo cree, se convierte en verdad. Alcanza la validez y todos los poderes de la verdad». No en vano uno de los organismos más importantes y eficaces de la dictadura imaginada por George Orwell en *1984* se llama el Ministerio de la Verdad, y su función es exactamente todo lo contrario de lo que indica su nombre: su misión es falsificar la historia, difundir mentiras, crear otro presente. El profesor de arqueología romana Paul Zanker, que ha enseñado en universidades de medio mundo, es autor de un ensayo clásico, *Augusto y el poder de las imágenes,* en el que explica cómo el primer emperador manipuló el arte para crear una imagen ideal de su reinado y de su persona. «Las artes han estado pocas veces tan directamente al servicio del poder político como en los tiempos de Augusto», escribe. «Las imágenes de poetas y artistas hacen referencia a un mundo feliz, en el cual un gran príncipe gobernó en paz sobre un imperio universal. El carácter sugestivo de algunas de estas imágenes permanece inquebrantable aún en el presente, lo cual es corroborado incluso por la propaganda contemporánea que las reutiliza constantemente.» Explica en un capítulo titulado «La exaltación mítica del nuevo Estado» que tras haber renovado numerosas tradiciones, incluso de los sacrificios y las fiestas, Augusto tenía claro que «el Estado necesitaba un mito» y se forjó a través de las imágenes, desde las monedas hasta las estatuas, los relieves, los edificios o las pinturas murales. «El poder de las imágenes contribuyó a arrastrar a Roma al mundo de la cultura helenística y a disolver el antiguo orden del Estado republicano», relata Zanker al describir uno de los primeros ejemplos de la enorme fuerza de la propaganda.

Desde entonces, todos los dictadores llenaron las calles y los palacios —y en muchos casos, también las viviendas particulares— con sus imágenes. Es algo de lo que ningún tirano ha querido privarse. Y no se trata solo del ego de los sátrapas ni de la sensación de un gran hermano que vigila desde todos los rincones de un país, sino de construir una narrativa, de lanzar mensajes constantemente, de ayudar a cimentar el régimen a través de la estética. Invade cualquier espacio: empieza en la escuela, incluso en los juguetes, y alcanza, como veremos en el siguiente capítulo, todos los aspectos de la vida cotidiana, pero también se extiende por el pasado. La historia se convierte en algo mítico, inmutable, que explica y justifica el presente, y el dictador en un ser providencial, un producto del destino o, en el caso de los reyes absolutos, de la divinidad. Y todo ese relato está contenido en cada una de las representaciones del gobernante, desde una moneda a una estatua, un cuadro o incluso la ropa. Los investigadores en ciencias políticas franceses Bernard Bruneteau y François Hourmant coordinaron un libro colectivo titulado *Le vestiaire des totalitarismes* en el que analizaban la forma de vestir bajo diferentes dictaduras, desde la España de Franco hasta los Jemeres Rojos o la República Democrática Alemana. Christine Lavail estudia, por ejemplo, los uniformes de la Sección Femenina de la Falange que responden, como no podía ser de otra forma, a la imagen de la mujer que el régimen trataba de imponer, empezando por tratar de alejarlas de cualquier riesgo de masculinización, «algo asociado a los movimientos de izquierdas».

«El mensaje que transmite su ropa es claro: hasta que cumplan su misión con el Estado, y en cualquier circunstancia (incluso en periodos de guerra), las mujeres de Falange, dicho de otra forma, "las mujeres verdaderas", no deben renunciar nunca a su feminidad, la política y lo femenino deben de unirse en ellas en perfecta simbiosis, como en el uniforme con el que se presentan.» Tampoco hace falta decir que esa feminidad implica un sometimiento a los varones y a los valores del régimen. Ningún detalle, por muy pequeño que sea, desde una falda a un mural gigantesco, escapa a la voluntad totalitaria.

Pero no basta con las mentiras, ni con la propaganda, ni con el terror, ni con los pósters en las calles, ni con las escuchas, ni con la policía política, ni con las amenazas, ni con las promesas de un mundo mejor, ni con el carisma de un líder en momentos de crisis nacional. Hay algo más, algo esencial sin lo que el totalitarismo no hubiera podido prosperar a lo largo de la historia humana: la mayoría de los regímenes autoritarios han contado con el apoyo de una parte importante, o por lo menos significativa, de la población. Hannah Arendt lo planteó así:

> La elevación de Hitler al poder fue legal en términos de gobierno de la mayoría y ni él ni Stalin habrían podido mantener su dominio sobre enormes poblaciones, sobrevivido a tan numerosas crisis interiores y exteriores y desafiado a los numerosos peligros de las implacables luchas partidistas de no haber contado con la confianza de las masas.

Sociedades avanzadas, cultas, acostumbradas a un intenso debate político han caído en el túnel de la dictadura, a veces de forma gradual, otras de golpe. El absolutismo ejerce un gran poder de atracción, no solo sobre la sociedad en su conjunto, sino también sobre los individuos. Arthur Koestler fue uno de los grandes intelectuales del siglo xx, que realizó el trayecto desde la adoración de la Unión Soviética hasta el enfrentamiento con el estalinismo. Su novela *El cero y el infinito*, publicada en 1941, fue una de las primeras denuncias de las purgas en la Unión Soviética. Sin embargo, en su autobiografía, confiesa que también se traicionó a sí mismo y denunció a la persona que más quería.

> Denunciar es un deber elemental de todo miembro del Partido y una prueba de su lealtad. Durante las purgas las mujeres denunciaban a sus maridos y se hacía que los hijos firmaran públicamente documentos en los que se pedía que sus padres fueran ahorcados. La denuncia era una epidemia científicamente fomentada, el principal procedimiento del Partido para hacer la guerra microbiana contra el espíritu humano,

escribe, antes de confesar:

> Durante los siete años en que pertenecí al Partido Comunista la única persona a quien denuncié o traicioné fue a Nadeshda, que fue además la persona a la que más quise en esos siete años. No exagero si digo que realmente habría muerto por ella, lleno de gozo. Ya no amaba al Partido por el cual la había traicionado; es más, abrigaba recelos y sospechas y en ciertos momentos hasta me exasperaba. Pero yo formaba parte de él, así como mis manos y mis intestinos formaban parte de mi cuerpo. No se trataba solo de una relación, sino de una identificación.

Pocos fragmentos literarios reflejan de una forma tan nítida la atracción del totalitarismo, su capacidad para convencer a personas inteligentes, críticas, valientes para traicionarse a sí mismas y a aquello que aman. Koestler describe algo que está incluso por encima de la propia voluntad. En la decadencia de las dictaduras, tal vez muchos ciudadanos hayan cambiado de bando, o simplemente convivan indolentemente con unas autoridades a las que antes reverenciaban, pero para entonces ya es demasiado tarde porque los sistemas de represión que han instalado son tan eficaces, y tan despiadados, que es muy difícil derribarlos. Cuando ocurre, casi siempre se produce desde el interior del propio régimen. Pero cuando llegan al poder, muchas veces cuentan con un desmedido entusiasmo popular, sumado a su capacidad para exterminar a cualquier posible oponente, como ocurrió en la España de Franco, la Alemania de Hitler o la Unión Soviética de Lenin y Stalin. En una conversación, el periodista e historiador de la Segunda Guerra Mundial Laurence Rees, que tuvo la oportunidad de entrevistar para la BBC a víctimas y verdugos de aquel conflicto, explicaba: «Nunca fracasó un genocidio por falta de gente dispuesta a asesinar».

Otro gran testigo del siglo XX fue el periodista de *The New York Times* Herbert L. Matthews. Cubrió la invasión italiana de Abisinia, la Guerra Civil española desde la zona republicana —donde se hizo amigo de Ernest Hemingway, Robert Capa, Gerda Taro, Sefton Delmer, Martha Gellhorn, Virginia Cowles o John Dos Passos— y luego fue corresponsal en la Italia fascista de Benito Mussolini. Se convirtió en un reportero mundialmente famoso por una entrevista con Fidel Castro, en 1957, en Sierra Maestra, cuando el régimen de Fulgencio Batista decía que había muerto y que la guerrilla estaba desarticulada. Su segundo libro, titulado *Two Wars and More to Come,* fue publicado en 1938, cuando el conflicto español todavía no había terminado. Tenía claro, y lo remarca desde el título, que lo que había vivido en África y España —el ascenso de un fascismo despiadado, dispuesto a tomar el poder a sangre y fuego— era solo el principio de lo que esperaba al mundo en el siglo xx. Y lo vivió en primera línea. «Todavía tenía que aprender lo que más tarde se convertiría en un principio central del periodismo: que para contar lo que ocurre tienes que estar ahí», escribe en su libro de memorias, *The Education of Correspondent*, publicado en 1946, justo al final de la Segunda Guerra Mundial. Matthews no es en absoluto un corresponsal acrítico: describe la represión en la zona republicana al principio de la guerra, los enfrentamientos internos dentro del bando que defiende la legalidad, pero deja claro en todo momento que sabe lo que se está jugando ahí: el futuro de la libertad. El capítulo siete se titula «Curso avanzado en totalitarismo» y describe su estancia de tres años —entre abril de 1939 y junio de 1942— en la Italia de Mussolini. «El fascismo dejará una profunda impronta en el siglo xx», escribe Matthews, que fue encarcelado durante cinco meses después de que el Duce, siguiendo la estela de la Alemania nazi, entrase en conflicto con Estados Unidos en diciembre de 1941. Fue liberado en un intercambio de prisioneros. Relata que estaba en la Piazza Venezia de Roma cuando el dictador declaró la guerra. «Fue un momento crítico para el pueblo italiano», escribe.

> Lo aceptaron, y ahí reside su crimen, cínicamente, de manera estúpida y débil como habían aceptado muchos años antes lo que sabían que era malvado y estaba equivocado. En teología existe un infierno para esa gente, pero también existe un infierno práctico, y los italianos viven en uno desde 1945 porque debían pagar un precio justo.

La declaración de Matthews tiene algo de injusticia, porque muchos italianos se opusieron al fascismo y muchos pagaron con su vida, o con la cárcel y el exilio, el haberse enfrentado al totalitarismo. Pero muchos otros, seguramente la mayoría, como ocurrió en Alemania, abrazaron un régimen maligno y violento, y solo cuando era demasiado tarde se dieron cuenta del inmenso error que habían cometido. Las dictaduras no salen de la nada ni se mantienen en el vacío. Hay sociedades enteras que firman un pacto fáustico con el mal. El terror, la represión, son elementos muy poderosos, sin duda. Y la propaganda y el adoctrinamiento. Pero las dictaduras también necesitan el apoyo y el entusiasmo de seres humanos concretos, de muchos de nosotros.

Desde Heródoto y su narración de las guerras entre la tiranía persa y la democracia ateniense hasta toda la saga de *La guerra de las galaxias,* el mundo mítico de *El señor de los anillos, Espartaco* o *Los miserables,* muchos de los grandes relatos de la cultura occidental hablan de la lucha por la libertad perdida. Pero casi siempre hablan de una libertad perdida —o a punto de desaparecer—, y para recuperarla hay que movilizarse. Se podría decir que es un combate sin final, desde la antigüedad, en la que cualquiera en cualquier momento podría acabar convertido en esclavo, hasta el presente, donde vemos que el asalto de los totalitarismos no ha acabado. En el suelo de cada vez más ciudades europeas nos podemos topar con las *stolpersteine*, las llamadas piedras de la memoria o del tropiezo. Se trata de pequeñas esculturas, creadas por el artista Gunter Demnig, del tamaño de un adoquín, destinadas a conmemorar a víctimas del nazismo y el fascismo. Figura el nombre del represaliado, su lugar de nacimiento y el sitio donde fue asesinado o deportado. La idea es que los peatones se tropiecen levemente con ellas y así se den cuenta de que hay algo extraño en ese lugar. Las placas están colocadas ante los domicilios de los ausentes. No solo conmemoran a judíos, sino a todas las víctimas de los totalitarismos del siglo XX: discapacitados, testigos de Jehová, gitanos, objetores de conciencia, homosexuales, socialdemócratas o republicanos españoles. Nadie se libró de la furia asesina.

La proliferación de estas piedras coincide con un momento inevitable al que más tarde que pronto tendrá que enfrentarse el mundo: la desaparición de los últimos testigos de los años treinta y de la Segunda Guerra Mundial. Todos los que han conocido a supervivientes y a los que sus padres o abuelos les contaron sus guerras son conscientes de la información que se pierde cuando se extingue su memoria y de la sabiduría que conocer el pasado entraña. Una de las lecciones de aquellos años consiste en minusvalorar el peligro que encarna la ultraderecha, en olvidar su capacidad para laminar las instituciones desde dentro. Para eso sirven las *Stolpersteine*, para toparse con el pasado. Visto lo visto, por muchas que se coloquen nunca serán suficientes. Su papel no consiste solo en conmemorar a las víctimas, sino que se han convertido en un gigantesco recuerdo vivo de lo que los totalitarismos pueden hacer a millones de seres humanos. Tropezarse con ellas es tropezar con un pasado desgraciado, pero también con la advertencia de que nada está garantizado en el futuro. Este libro no pretende caer en el pesimismo, ni el tremendismo. Nació de la preocupación por el avance de partidos que ponen en duda la democracia o que, como en el caso de España, restan importancia al pasado fascista como si el franquismo hubiera sido una especie de campamento de *boy scouts* con inocentadas un poco pasadas de rosca —pero, naturalmente, nada comparable con la Segunda República y sus libertades, que representaban el auténtico peligro—. Individuos como Donald Trump, Viktor Orbán o, antes de ellos, George W. Bush y su guerra contra el terrorismo sirven para recordar hasta qué punto nuestro sistema de libertades está siempre en cuestión. No se trata de algo reciente, porque ya empezó en la Atenas del siglo v antes de nuestra era. Estas páginas no intentan ser una especie de historia universal de las tiranías: se limitarán a un continente, Europa, y a dos aspectos muy acotados: cómo las dictaduras afectan a personas concretas

—a cada uno de nosotros, en cierta medida—, cómo se convierten en telas de araña en las que millones de seres humanos quedan atrapados, y cómo empiezan y qué ocurre cuando se terminan. Es importante recordar que representan un sistema de poder que nunca nos resultará ajeno, del que jamás podremos permanecer al margen, aunque pensemos que sí, pero también que, por muy eficaces y salvajes que sean, se puede acabar con ellas. O no. O pueden volver a empezar cuando menos podamos imaginarlo. La historia está llena de ejemplos. No creo que podamos volver a los años veinte, treinta o cuarenta, pero tampoco pienso que debamos de dejar de recordarnos que los seres humanos han perdido demasiadas veces la libertad. Al final de su vida, George Orwell confesó a un amigo el motivo que le había llevado a escribir *1984:* «La moraleja que podemos sacar de esta peligrosa pesadilla es simple. No deje que ocurra. Depende de usted». Las dictaduras son poderosas, pero los seres humanos libres pueden serlo mucho más. O al menos intentarlo.

1
La pesadilla de la estufa chivata
Cuando el mal se cuela en los sueños

Nunca un derecho se ha ganado para siempre, como tampoco está asegurada la libertad frente a la violencia, que siempre adquiere nuevas formas

Stefan Zweig

Benito Mussolini fue el pionero del nuevo totalitarismo contemporáneo. «El fascismo fue la innovación política más importante del siglo xx y la fuente de gran parte de sus padecimientos», escribe el historiador estadounidense Robert Paxton. Esta imagen de Mussolini está tomada durante la Marcha sobre Roma, en 1922.

Alguero, L'Alguer en catalán, alberga un pasado tan denso que puede servir para resumir la historia del Mediterráneo. Situada en el norte de Cerdeña, por esta ciudad combatieron genoveses, pisanos, venecianos, aragoneses, piamonteses... Después de expulsar a sus habitantes sardos en el siglo XIV, Pedro IV la repobló con gentes procedentes de la Corona de Aragón, que trajeron un nuevo idioma a la isla. El dialecto alguerés del catalán se sigue hablando entre las murallas de esta urbe, que ha resistido como ha podido los asaltos de la historia y ahora del turismo masivo. Esta variante de la lengua catalana es una de las lenguas oficiales de Italia, un país en el que prácticamente hasta la posguerra (algunos expertos sostienen que hasta la llegada de la televisión pública, la RAI) los dialectos regionales eran mucho más utilizados que el italiano. Justo en un momento en que se intenta identificar a las naciones y a sus habitantes con un determinado idioma, con teorías artificiales que contradicen el pasado y el presente multilingüe de muchos países, no deja de ser interesante que, cuando Italia se convirtió en un Estado, en la segunda mitad del siglo XIX, solo una parte de sus ciudadanos dominara ese idioma. El historiador francés Louis-Jean Calvet explica en su ensayo *La Méditerranée. Mer de nos langues* que «los dialectos disfrutaban de un enorme reconocimiento social y eran hablados tanto por las clases populares como por la aristocracia». Prácticamente solo manejaban el italiano aquellos que estaban escolarizados, una minoría en aquella época en la que el 75 por ciento de los habitantes del país eran analfabetos.

Sin embargo, el italiano fue avanzando: con la escuela, los medios de comunicación, la literatura, las óperas de Verdi y, sobre todo, con la inmigración interior, desde el sur empobrecido al norte industrial. Una lengua franca se hizo entonces imprescindible y los dialectos perdieron relevancia a lo largo del siglo XX, aunque siguen formando parte de la vida cotidiana de millones de italianos: en Sicilia, Nápoles o Venecia se escuchan constantemente. La propia Cerdeña, como relata el escritor David Gilmour en su recorrido histórico *The Pursuit of Italy,* refleja ese enriquecedor caos lingüístico que nunca ha impedido que todo el mundo se entienda: el sardo es el dialecto más utilizado de Italia, con casi un millón de hablantes, que se comunican en una lengua a veces más cercana al español que al italiano, donde se dice *riu* en vez de *fiume,* y que conserva palabras en latín, como *domus* para designar una casa. Y no es el único dialecto vivo en Cerdeña. En una isla pegada a su costa sur, San Pedro, vive una comunidad de descendientes de genoveses que llegaron por una carambola histórica desde Túnez. Trajeron su habla y su acento, que todavía conservan a modo de signo de identidad, pero también inventaron una curiosa mezcla culinaria que aúna sus dos mundos: la especialidad local es la pasta con pesto, tomate y bonito. El pesto de albahaca es la salsa típica de Génova, mientras que la isla es conocida por sus conservas de atún: la combinación de sabores es insospechada y riquísima. Comerla en un restaurante junto al mar es uno de esos lujos que ofrece el Mediterráneo.

En Italia se hablan también el ladino y, sobre todo, el alemán en los valles alpinos del norte; el griego en Apulia y Calabria, en el sur; el esloveno en la zona de Trieste; el albanés en pueblos de Sicilia... Pero algunas de estas lenguas han ido perdiendo su espacio. Un reportaje de *The New York Times* contaba en 2016 que solo mantenían el catalán como idioma principal un cuarto de los 43.000 habitantes de Alguero y que cada vez menos lo escribían con soltura. La Unesco considera que un idioma que utilizan en su vida cotidiana menos de cien mil personas puede desaparecer (un millón de hablantes es la barrera que marca la supervivencia segura). Como tantas lenguas minoritarias, las que solo conservan unos pocos miles o cientos de personas, a veces hasta unas pocas decenas, el division alguerés tiene cada vez menos futuro en un mundo global. Europa podría contarse a través de los idiomas que han sido engullidos por la historia. Y es una pena. Como escribió el lingüista australiano Nicholas Evans en *Dying Words: Endangered Languages and What They Have to Tell Us*, «cada lengua tiene una historia diferente que contarnos porque ofrece una gama específica de respuestas a enigmas de la existencia humana».

Al igual que el alguerés, muchos idiomas europeos esconden un largo relato de mezclas y préstamos. No hay una ciencia tan nociva para el nacionalismo excluyente como la etimología, porque demuestra hasta qué punto el concepto de pureza es falso o directamente imposible (en realidad, solo le supera la genética): en Europa, y en casi todo el planeta, toda cultura es el fruto de intercambios y mestizajes. El lingüista Calvet lo explica así:

> Las lenguas tienen una memoria. Se acuerdan de las lenguas anteriores, ofrecen su testimonio a través de las palabras que han heredado. Los paisajes también albergan diferentes memorias: las de los movimientos geológicos que los han formado, las de las manos humanas que los han moldeado, pero también las de las lenguas que los han nombrado.

El catalán de Alguero se mantiene como un tambaleante recuerdo vivo de esa rica y saludable, un poco caótica y babélica, historia lingüística de Europa. Visité la ciudad sarda un lejano mes de septiembre. Nos sorprendió alguna poderosa tormenta que anunciaba el final del verano, pero apenas nos topamos con el catalán, ni en las cartas de los restaurantes, ni en conversaciones pilladas al vuelo, ni en las tiendas. Eso sí, las calles se llaman *carrers* y una vistosa delegación de la Generalitat de Cataluña ocupa un edificio histórico del centro. Aunque todavía no existían los vuelos de Ryanair, había muchos turistas y se escuchaba el italiano, naturalmente, pero también el francés, el inglés, el español... Recuerdo una ciudad muy agradable para pasear, cómodamente instalada sobre un tranquilo golfo, con muchos restaurantes estupendos (la comida sarda es de las más ricas de Italia y, por lo tanto, del mundo). No dormíamos en el centro, en la parte amurallada, sino a unos pocos kilómetros de la ciudad, en una casa rural, un *agriturismo* en mitad del campo, al que se acercaba por las noches un simpático perro a pedir comida y cariño. La casa campestre estaba situada cerca de una pequeña localidad, casi un barrio, Fertilia. Si Alguero puede servir para resumir las luchas por el control del Mediterráneo desde la Edad Media y la huella de aquellas guerras en las ciudades y en las lenguas, el origen de Fertilia se alza como un compendio de las desgracias que ha sufrido el continente durante una parte demasiado larga de su historia, pero también de la voluntad de los regímenes totalitarios de controlar todos los aspectos de la vida cotidiana.

Fertilia fue concebido como un pueblo fascista en el sentido literal: lo fundó en 1936 el régimen de Benito Mussolini con el objetivo de trasladar a población desde Ferrara, en el norte de Italia, para evitar los problemas sociales que en ese momento estaban estallando en la zona. El objetivo era proporcionar tierras y casas en un territorio lejano, poco poblado y bastante salvaje para tratar de calmar la situación: incluso para un régimen violento, la represión no es siempre la única solución. Al igual que el barrio EUR, de Roma, o Sabaudia, una ciudad costera cercana a la capital, representa un ejemplo inconfundible de arquitectura fascista: racionalista, uniforme, con un trazado cuadriculado y algunas reminiscencias delirantes del pasado imperial romano. La idea que late detrás de esta ciudad es muy parecida a los poblados de colonización que el franquismo fundó, sobre todo en Andalucía y Extremadura, desde el final de la Guerra Civil hasta bien entrados los años sesenta: ocupar territorios vacíos y darles un desarrollo económico a través de la agricultura, pero también crear un nuevo arquetipo humano en un espacio arquitectónico construido siguiendo los principios del Movimiento Nacional, un lugar acotado que, además, ayudaba a mantener el control social. La diferencia es que los poblados de colonización españoles eran ocupados por habitantes de la misma provincia, a los que entregaban casas nuevas y tierras que habían sido de secano. Mussolini, en cambio, trasladaba a poblaciones desde la otra punta del país. Lo que empezó como un sueño fascista acabó como una pesadilla provocada por la derrota del Eje en la Segunda Guerra Mundial y la pérdida de territorios en beneficio de la Yugoslavia de Tito. La construcción de Fertilia se paró durante el conflicto y se retomó cuando este acabó, pero esta vez para albergar a refugiados italianos expulsados de la península de Istria y de Dalmacia, uno de los muchísimos movimientos forzados de población que se produjeron a partir de 1945 en toda Europa. Millones de personas que habían residido durante generaciones en países multiculturales fueron arrancados de sus vidas anteriores con violencia, a veces en apenas días: el mayor flujo de refugiados de todo el conflicto fue la expulsión de 13 millones de alemanes étnicos tras la derrota del Tercer Reich. Los italianos también padecieron el triste final de las ambiciones territoriales de sus gobernantes fascistas. Por eso, hoy muchas calles de Fertilia tienen nombres de lugares del Friuli y del Véneto, la iglesia está dedicada a san Marcos y la estatua de un león alado, símbolo de Venecia, decora el parque principal (la Serenísima fundó muchas colonias en las zonas de las que fueron expulsados los habitantes italianos durante un violento proceso de *eslavización* por parte de Tito).

Durante milenios, los reyes y gobernantes han tenido poder sobre la vida y la muerte de sus súbditos, sobre su libertad, sus bienes, sus familias, sus cuerpos y su dolor. Podían torturar, asesinar, secuestrar, incautar, descuartizar, encarcelar, violar, exiliar... sin dar mayores explicaciones a nadie. La idea de que los crímenes de un gobierno contra sus propios ciudadanos podían ser perseguidos por la justicia solo comenzó a forjarse en el siglo xx y a cuajar como un embrión de sistema jurídico internacional después de la Segunda Guerra Mundial. En los años veinte, el jurista polaco Raphael Lemkin, siendo estudiante en la ciudad de Lviv (entonces Polonia, ahora Ucrania), mantuvo una discusión con un profesor que justificaba las matanzas de armenios por parte del Imperio otomano sosteniendo que, al fin y al cabo, un Estado tenía derecho a hacer lo que quisiese con sus ciudadanos, incluso asesinarlos «igual que un granjero que matase a sus pollos». De la indignación que le provocó aquella concepción del poder surgió la idea de que tenían que existir unas leyes, por encima de los estados, que castigasen esos crímenes. Y a causa de aquellas masacres se creó la palabra genocidio, para describir un crimen que hasta entonces no tenía nombre: la voluntad de destruir a un grupo étnico o religioso solo por el hecho de existir. La historia mundial puede leerse como el relato de unos individuos, todos nosotros, que consiguen convertirse en ciudadanos, que logran construir un espacio de libertad y de seguridad y tomar sus propias decisiones por encima del poder del Estado, y que consiguen regirse por leyes públicas, justas e iguales para todos. Esto es algo que la mayoría de los europeos solo hemos alcanzado a finales del siglo xx, y en algunos casos —Rusia, Bielorrusia— ni eso. Y nunca se debe olvidar que Europa es un oasis. En muchos otros lugares del mundo la democracia sigue siendo una quimera: solo uno de cada cinco habitantes del planeta vivía a principios del siglo xxi en un régimen pleno de libertades. El breve periodo de tiempo en el que se puede considerar que hemos sido libres —y no totalmente, porque la discriminación por motivos de sexo, religión, color de la piel y situación económica sigue marcando la vida cotidiana de millones de ciudadanos y, sobre todo, de ciudadanas— revela hasta qué punto el Estado de derecho es frágil y, también, las profundas huellas que han dejado las dictaduras en las generaciones que las sufrieron. La escritora italiana Natalia Ginzburg lo resumía así en su libro *Las pequeñas virtudes*, en el que relata sus exilios interiores y la persecución que padeció por parte del fascismo:

> Es inútil creer que podemos curarnos de 20 años como los que hemos pasado. Aquellos de nosotros que hayan sido perseguidos nunca volverán a tener paz. Un timbrazo nocturno no puede significar otra cosa que la palabra *policía*. Es inútil decirnos y repetirnos que tras la palabra *policía* tal vez haya ahora caras amigas a las que podamos pedir protección y ayuda. Esa palabra siempre nos produce desconfianza y espanto. Si miro a mis hijos cuando duermen, pienso, aliviada, que no tendré que despertarlos en plena noche para huir. Pero no es un alivio pleno y profundo. Siempre tengo la sensación de que el día menos pensado tendremos que volver a levantarnos y huir.

Esos recuerdos permanecen en las personas, en los miedos que nunca logran borrarse del todo, pero también en los objetos, en los lugares, en las lenguas, en las costumbres. La libertad es vivir sin temor. Todos aquellos que se amedrentan ante las instituciones que deberían protegerlos son cualquier cosa menos libres. Pero bajo un régimen totalitario no solo se pierde la libertad o, mejor dicho, se pierde la libertad de muchas formas diferentes.

Los totalitarismos juegan con la vida y la capacidad de decidir por sí mismos de sus súbditos. Pero además tratan de modelar todos los aspectos de su existencia. El peligro de los regímenes absolutos no reside solamente en el poder letal que han demostrado a lo largo de la historia, sino también en su capacidad para construir sociedades de castas que atribuyen a cada individuo, por su lugar de nacimiento, su clase social, su sexo, un lugar en el que queda atrapado para siempre, con muy pocas posibilidades de prosperar o de crear un espacio propio, independiente del Estado. Controlan, con mayor o menor fortuna, lo que pueden leer, incluso pensar, comer, vestir, soñar, jugar, escuchar, amar... La lengua, naturalmente, es una parte esencial en esa aspiración de construir un nuevo mundo: Hitler, Stalin, Mussolini, Franco llenaron de palabras envenenadas los idiomas de sus países, mientras luchaban activamente contra otras expresiones o lenguajes. El dictador español prohibió la utilización en público del catalán y el vasco, aunque no logró aniquilarlos, mientras que en el Imperio ruso, desde los zares, se eliminó la enseñanza del ucraniano, pensando que eso acabaría con el nacionalismo en este país, una obsesión que llega hasta Vladímir Putin y su guerra para tratar de borrar la nación ucraniana del mapa. En su clásico *La lengua del Tercer Reich,* Victor Klemperer, intelectual judío que logró sobrevivir en Alemania durante la Segunda Guerra Mundial y autor de un diario considerado un clásico sobre el totalitarismo, ya analizaba en 1949 lo que los nazis le habían hecho al alemán, cómo pervirtieron una lengua utilizada para la cultura, la filosofía y la música con su racismo y su visión del mundo, y cómo convirtieron el habla cotidiana en una poderosa máquina de propaganda. Pero esta transformación no solo afecta a los aspectos que un régimen absoluto consideraba cruciales, sino a los detalles aparentemente nimios. El periodista francés Cédric Gras escribió un libro muy interesante, titulado *Alpinistas de Stalin,* sobre dos escaladores que, en la Unión Soviética de los años treinta, llegaron a ser héroes del socialismo, pero que también fueron víctimas del comunismo. Gras explica que los montañeros no podían ser simples deportistas, porque eso era burgués. Por lo tanto, no se podía hablar de «una ascensión», ni de una «expedición», sino que siempre había que utilizar los adjetivos «científica», «militar» o de «prospección» para darle una utilidad. Dominando la forma en que se hablaba y se escribía, controlan lo que es verdad y mentira, los símbolos, el arte, la literatura, el cine, la música (esta última resulta especialmente crucial por su poder evocador y alcance universal cuando todavía había mucho analfabetismo)... La arquitectura como una forma de propaganda en la que se vivía y que se contemplaba desde todas partes fue una obsesión de muchos tiranos, tal vez inspirados por la afición de los emperadores romanos a dejar su huella en piedra. Franco tuvo su Valle de los Caídos; el rumano Nicolae Ceaușescu arrasó el centro histórico de Bucarest para erigir un inmenso Palacio del Pueblo y construir decenas de viviendas que, de paso, le servían para controlar a la nomenclatura comunista (era más fácil instalar los sistemas de escucha desde el primer ladrillo); Hitler soñó con transformar Berlín en Germania, la capital del Reich de los Mil Años; Stalin seguía tan de cerca el urbanismo, que el hotel Moscú tiene dos fachadas diferentes porque le presentaron dos planos distintos del edificio y, al no tener muy claro cuál había elegido, los constructores prefirieron no arriesgarse y edificaron las dos versiones.

El ego de los tiranos, sus delirios de grandeza, la idea de que su huella permanecerá a lo largo de los siglos, los ecos imaginados de los faraones y los emperadores de Roma poseen un papel importante en todos estos proyectos. Pero no es lo único. El objetivo es también imponerse en las mentes de los ciudadanos porque su voluntad de regular el mundo se aplica a todos los espacios: restringen los lugares a los que se puede ir, los barrios en los que se puede vivir o aquellos que están vetados. Tratan de dominar el presente, pero también el pasado e incluso el futuro que pretenden construir, aunque para llegar a él tengan que atravesar montañas de cadáveres. Las leyes del Tercer Reich, que tenían el objetivo de crear una sociedad que los jerarcas nazis consideraban «racialmente pura», y que derivaron en los años cuarenta en la máquina de exterminio industrial del pueblo judío, son el ejemplo más evidente; pero no representan, ni de lejos, el único. Durante y después de la Guerra Civil, Franco aplicó en España un programa de asesinato de cualquier persona peligrosa para su nuevo orden. Tanto él como sus generales verbalizaban este plan de aniquilación sin ningún remordimiento ni cargo de conciencia: era un deber que tenían que cumplir. En la Unión Soviética, la colectivización agrícola de Stalin en los años treinta provocó una hambruna que acabó con la vida de millones de personas. En Ucrania, donde se calcula que murieron entre cuatro y cinco millones, ese periodo se le conoce con el nombre de Holodomor y muchos historiadores no dudan en hablar de un genocidio. Se trata de una palabra, que en ucraniano quiere decir literalmente «matar de hambre», que deberíamos tener asentada en nuestra conciencia colectiva de europeos, aunque desgraciadamente no es así. La destrucción de los *kulaks* arrastró a toda Ucrania a un horror de hambre y deportaciones cuyo objetivo no solo eran estos campesinos, pequeños propietarios de tierras y ganado, sino también grupos étnicos, como polacos y alemanes, considerados enemigos del pueblo. Al igual que ocurrió durante la Shoah, el exterminio y la crueldad eran un propósito en sí mismo, pero a la vez formaban parte de una idea del mundo que había que alcanzar sin importar que para ello hubiera que asesinar a millones de personas. La historiadora Anne Applebaum lo explica así en *Hambruna roja*, su libro sobre el Holodomor:

> La *deskulaquización* fue la herramienta más espectacular de todas las que se utilizaron para imponer la revolución en las zonas rurales. Pero iba acompañada de un ataque ideológico igual de poderoso contra el «sistema» que supuestamente representaban los *kulaks* y que las granjas colectivas debían sustituir: la estructura económica de la aldea, así como el orden social y moral que representaban las iglesias, los sacerdotes y cualquier tipo de símbolos religiosos que hubiese en el lugar. La represión religiosa comenzó en 1917 y se prolongó hasta 1991, pero en Ucrania alcanzó su punto álgido durante la colectivización.

Aunque de una forma menos violenta, Fertilia se enmarca dentro de esta misma idea, al igual que las decenas de ejemplos de arquitectura fascista, nazi o comunista que pueden contemplarse en el mundo. Pero fue Mussolini el pionero del nuevo totalitarismo contemporáneo. «El fascismo fue la innovación política más importante del siglo XX y la fuente de gran parte de sus padecimientos», escribe el estadounidense Robert O. Paxton en *Anatomía del fascismo*. Este experto explica cómo un movimiento asentado principalmente en el norte de Italia, en el Valle del Po, logró dominar todo el país. La clave no estuvo solo en la violencia de los Camisas Negras, sino en buscar alianzas, por ejemplo con los campesinos, y en lanzar programas de obras públicas desde el poder local, además de apalizar o asesinar a los opositores si era necesario. Pero su objetivo era sobre todo cambiar profundamente la sociedad. «Los *escuadristas* consiguieron demostrar la incapacidad del Estado para proteger a los terratenientes y mantener el orden», señala Paxton, quien relata cómo lograron convertirse en un poder *de facto* con el que el Estado italiano no tenía más remedio que pactar. Fue este proceso, y la mezcla de estulticia e incapacidad del rey Víctor Manuel III, los que permitieron que Benito Mussolini realizase la marcha sobre Roma en 1922 y se hiciese finalmente con el control de todo el país. El apoyo de los poderes económicos también fue fundamental. Pensaron que el fascismo era una forma de detener el comunismo, y no otro mal igual de nocivo. Este mismo historiador cambió en los años sesenta la percepción de Francia durante la Segunda Guerra Mundial, que pasó de ser un país lleno de resistentes contra los nazis, como había querido transmitir Charles de Gaulle, a convertirse en un Estado roto, en guerra civil, con un régimen de corte fascista y colaboracionista, el del Vichy del mariscal Pétain, que contaba con un significativo apoyo popular, enfrentado a algunos ciudadanos que se lanzaron al monte a defender sus libertades. El lema ultraconservador de Vichy era «Trabajo, familia, patria», pero los impulsos que movieron su acción de gobierno fueron el antisemitismo visceral —policías franceses, y no la Gestapo o las SS, llevaron a cabo las grandes razias contra los judíos— y el odio al comunismo y al Frente Popular, al que responsabilizaban de todos los males de Francia. Pétain, como tantos dictadores antes y después de él, se arrogó la misión de combatir el caos y reinstaurar el orden apoyándose en un amplio aparato represivo, pero también en una eficaz propaganda y en el aplauso de una parte no desdeñable de la sociedad.

Bajo el fascismo, casi nada se escapaba a la visión del mundo del Duce. «A Mussolini le gustaba identificar cosas fascistas», escribe David Gilmour. «El boxeo, por ejemplo, era "una forma exquisitamente fascista de expresión corporal". La virilidad era fascista, la velocidad y las proezas deportivas eran fascistas, las mujeres fecundas con enjambres de niños eran fascistas y, por encima de todo, la guerra, que era para los hombres lo que la maternidad para las mujeres.» *Una jornada particular,* la película de 1977 de Ettore Scola con Sophia Loren y Marcelo Mastroianni, relata a través de un edificio de viviendas en Roma cómo toda la sociedad queda atrapada en una maraña de propaganda, que se muestra especialmente eficaz con los niños. Loren interpreta a un ama de casa que ha digerido todas las consignas del fascismo —«La cocina no es sitio para hombres», le dice a su invitado—, aunque en realidad es una infeliz esclava doméstica explotada por su marido, un tipo violento y machista, y por su familia numerosa. Mastroianni interpreta a un periodista expulsado de la radio por ser homosexual. Son los dos únicos que se quedan en sus pisos, junto a una portera entusiasta del régimen, peligrosamente cotilla y chivata, mientras todos los demás, con sus uniformes, van a un desfile militar con el que Mussolini recibe a Hitler en su visita a Roma. El filme transcurre en 1938, cuando la guerra ya está cerca y la radio siempre está presente, como una máquina inagotable de consignas, transmitiendo discursos belicistas que elogian el espíritu marcial. Cuando Loren y Mastroianni se encuentran y él explica que vive solo, lo primero que le pregunta ella es por el impuesto de la soltería. Aquellos que no daban familias a la Italia fascista tenían que pagar una tasa especial, pero solo era aplicable a los varones. En una sociedad que exaltaba el machismo como forma de vida, si eras un hombre se entendía que no te casabas porque no querías, si eras mujer, porque no podías. «El impuesto sobre los solteros establecido en 1934 indicaba el deseo del régimen de que todo hombre adulto estuviera casado para que las mujeres permanecieran, por supuesto, en casa», explicaba Edward R. Tannenbaum en *La experiencia fascista (1922-1945). Sociedad y cultura en Italia.* Este historiador argumenta que el fascismo pretendía revolucionar la sociedad y mantener, a la vez, la estructura social y el sistema de clases con una especial atención a la sumisión de las mujeres. «A pesar de los ejercicios gimnásticos, de las danzas rítmicas y de las colonias de vacaciones, las actitudes sociales del régimen fueron profundamente reaccionarias. Por encima de todo, el puesto de la mujer se encontraba entre la cocina y el dormitorio», señalaba. El gran hallazgo de *Una jornada particular* reside en su capacidad para describir cómo, dieciséis años después de la marcha sobre Roma, el fascismo había logrado el sueño del Duce: no solo imponer el poder a través de la violencia, sino meterse en las mentes y las rutinas de los italianos, conseguir que la inmensa mayoría de los ciudadanos considerase que este nuevo mundo, que tenía mucho del viejo, fuera algo normal y deseable. «Mussolini llevó a cabo una revolución antropológica que pretendía modelar a los individuos por su sujeción al Estado. El Partido solo era un instrumento de control y movilización de las masas, la realidad del poder se encontraba en las manos del Estado y del jefe del Gobierno, el Duce del fascismo», escribe el historiador francés Frédéric Le Moal, experto en fascismo, en el libro colectivo *Le siècle des dictateurs*.

> El poder había instalado los instrumentos para llevar a cabo el proyecto totalitario de refundir el alma y el cuerpo de los italianos: el *Dopolavoro,* que se ocupaba del ocio, los *Balilla* y *Avanguardisti,* que acogían a los niños y a los adolescentes para infundir en sus jóvenes cerebros los dogmas del régimen. Una lucha implacable contra todas las *desviaciones,* sociales o sexuales, fue lanzada, con la condena al exilio interior en regiones remotas —el *confino*— de los homosexuales, los marginales y los opositores.

La fundación en 1936 de los mayores estudios de cine de Europa, Cinecittà, la machacona y vociferante radio o la construcción de Fertilia integraban ese mismo proyecto. Del mismo modo que en la España de Franco, la Alemania de Hitler o la Unión Soviética de Stalin, no se trataba solo de gobernar un país mediante el miedo, sino también de crear una sociedad a través del control, la publicidad y la educación. En su novela *Correr*, sobre el campeón de atletismo Emil Zátopek, el narrador francés Jean Echenoz describe así lo que ocurrió cuando Alemania ocupó Checoslovaquia en 1938:

> La propaganda nacionalsocialista se ha instalado en sus diversas modalidades. Censura de prensa, cine, libros y canciones. Prohibición de escuchar radios extranjeras. Mítines y conferencias bastante obligatorios, reparto de folletos, colocación de carteles a gran escala. Las calles están plagadas de periódicos murales, de fotorreportajes donde se demuestra que el Ejército de ocupación es de lo más correcto.

Cualquier cosa, por muy insignificante que pareciese, podía convertirse en un instrumento con el que los nazis podían resaltar su visión racista del mundo. Fundaron, por ejemplo, muchos zoos en los años treinta, porque veneraban una naturaleza idealizada, pero trataban de exhibir solo animales autóctonos, bichos alemanes frente a la peligrosa presencia de criaturas extranjeras. Los manuales escolares, los profesores, las asociaciones juveniles: el adoctrinamiento empezaba en la escuela, incluso en las guarderías, y continuaba en todos los aspectos de la vida: el trabajo, el ocio, la familia, la vivienda, la sanidad... No resulta extraño que ese Estado totalitario fuera tan eficaz y poderoso como para lograr ocupar también uno de los aspectos más íntimos de cualquier persona: sus sueños. No solo asesinó, torturó, aniquiló y construyó un sistema enorme de campos de concentración a la vez que imponía su ideología en todos aspectos de la vida cotidiana. Fue más allá porque logró introducirse en los confines de la conciencia.

Charlotte Beradt (1901-1986) fue una refugiada del nazismo, amiga de la gran teórica del totalitarismo, Hannah Arendt, que logró escapar a Estados Unidos poco antes de la Segunda Guerra Mundial. Desde la llegada de Hitler al poder, en 1933, hasta que se escapó por los pelos de Alemania, en 1939, emprendió en la clandestinidad una labor que podía costarle la libertad, incluso la vida, si era descubierta: anotar los sueños de sus compatriotas para descubrir hasta qué punto el Tercer Reich se había instalado en los lugares más recónditos de sus mentes. El libro está encabezado por una frase muy significativa de Robert Ley, jefe de organización del Partido Nacionalsocialista, que se suicidó antes de ser juzgado por crímenes de guerra en Núremberg: «La única persona que tiene una vida privada en Alemania es aquella que duerme». En parte era cierto, porque su trabajo nos enseña que uno de los últimos lugares donde la libertad de expresión fue posible eran los sueños. Pero también es falso, porque demuestra hasta qué punto la huella del miedo en el inconsciente era profunda. Escribió su primer artículo sobre el asunto en 1943, pero Beradt no publicó hasta 1966 su libro *Soñar bajo el Tercer Reich*. La autora relata que, cuando Hitler llegó al poder, se dio cuenta de que los sueños podían convertirse «en un sismógrafo que mostrase el efecto de acontecimientos políticos exteriores en el interior de las personas». «Comencé entonces a recoger los sueños dictados por el régimen», relata, lo que no era fácil, porque mucha gente tenía miedo hasta de confesar sus pesadillas en un ambiente de justificada paranoia y represión. Como opositora, no tenía acceso a los partidarios del nuevo orden, pero tampoco le interesaban. Quería buscar los sueños de la gente corriente, que de repente había visto cómo un régimen paramilitar, racista, violento, despiadado, criminal y tremendamente controlador había roto las instituciones nacionales y quebrado la sociedad. Preguntó a sus amigos, a sus familiares, al lechero, a la costurera, en muchos casos sin contarles que se trataba de una investigación, pues quería las respuestas más sinceras posibles. El psicoanálisis era una ciencia muy nueva, de hecho, Freud vivía todavía cuando Beradt llevó a cabo su proyecto. Sin embargo, la autora sentía que una profunda verdad se había colado en las noches de los ciudadanos. Uno de los autores que le inspiró fue el teólogo alemán Paul Tillich, que se exilió en 1933 y que escribió: «Me desperté con la sensación de que nuestra vida iba a cambiar para siempre. Cuando estaba despierto, creía sinceramente que podríamos escapar a lo peor, pero mi subconsciente sabía mucho más que yo».

Estos son algunos de los sueños recopilados por Beradt:

> Goebbels visita mi fábrica. El personal forma de izquierda a derecha. Yo tengo que ponerme en medio y levantar el brazo para hacer el saludo nazi. Sin embargo, necesito una media hora para conseguir levantar el brazo, milímetro a milímetro. Goebbels observa el espectáculo, sin aplaudir. Cuando logro levantar el brazo, me dice: «Su saludo, lo rechazo», se da la vuelta y se dirige a la puerta.

M.S., unos sesenta años, propietario de una empresa de tamaño mediano, en 1933:

> Hacia las nueve de la noche, en el momento en que me tumbo tranquilamente en el sofá con un libro, desaparecen los muros de mi apartamento. Y escuchó un altavoz que escupe «Conforme al decreto de desaparición de los muros del 17 de este mes».

Una médica de cuarenta y cinco años, en 1934:

> Muy bien vestida y peinada, asisto en un palco en la ópera a una representación de *La flauta mágica*. Justo después de un fragmento dedicado al diablo, aparece una columna de policías

que se dirigen directos a mí. Gracias a una máquina, han logrado establecer que al escuchar la palabra diablo he pensado en Hitler. Pido ayuda a las personas que asisten a la gala, que miran hacia delante sin decir nada. Sí me mira un hombre en el palco vecino y me escupe.

Una mujer de unos treinta años, 1933:

Un SA se planta delante de la estufa antigua que está en una esquina del salón y ante la que nos reunimos para charlar por las noches. Abre la portezuela de la estufa y esta con una voz estridente y aguda repite cada una de las frases que hemos pronunciado contra los nazis, cada uno de los chistes que hemos contado. Dios mío, pienso, va a sacar todo lo que he dicho contra Goebbels. Y en ese momento me doy cuenta de que todo lo que hemos pensado o dicho en la intimidad va a salir a la luz.

Beradt compara este sueño con la idea de Gran Hermano que George Orwell acuña en *1984,* su novela sobre el totalitarismo, pero este libro no se publicó hasta 1949. «Nos encontramos aquí», escribe la autora, «con una forma del terror en un Estado en formación que entonces no se entendía del todo: la vigilancia permanente de millones de personas que se enfrentaban a la incertidumbre sobre la amplitud y las posibilidades de esta vigilancia.» Como se puede imaginar, los sueños de los judíos, a los que dedica un capítulo, son especialmente angustiosos:

Hay dos bancos en el Tiergarten, uno está pintado de verde, el color normal, y el otro de amarillo (los judíos solo tenían derecho a sentarse en los bancos de ese color) y entre los dos, hay una papelera. Me siento en la papelera y llevo un cartel en el que puede leerse: «Si es necesario, cedo mi sitio a los papeles».

La persona que tuvo esta pesadilla era un hombre burgués de unos sesenta años, que nunca pensó convertirse en un paria.

Todos los rasgos del totalitarismo de los siglos XX y XXI (el control de la población a través de la vigilancia y la delación, la propaganda, las denuncias, la presencia constante de las fuerzas policiales, el miedo flotando sobre cualquier acto cotidiano, la desaparición de la intimidad, la creciente utilización de la tecnología al servicio del Estado con técnicas como el reconocimiento facial) están reflejados en esos sueños. La pesadilla de la estufa chivata resume gran parte de la tragedia del siglo XX, pero sus raíces se encuentran mucho antes, en el principio de la modernidad en Europa, cuando los avances del Renacimiento habían sido frenados y los sueños de la Ilustración todavía no habían aparecido más que a través del pensamiento desafiante y peligroso de unos pocos iluminados, como Baruch Spinoza, que negó incluso la idea de Dios como fuerza motora del mundo, o Giordano Bruno, cuyas teorías sobre el universo le costaron la vida en la hoguera. La voluntad de poder absoluto lleva siglos tratando de cincelar las mentes europeas, pero vivió un punto de inflexión en la Edad Moderna, después de que, en 1517, Lutero colgase sus 95 tesis en la Iglesia de Wittenberg desafiando el poder de Roma y comenzase la Reforma protestante. Hasta entonces en Europa, incluso en sus momentos de mayor libertad, como la democracia en la Grecia clásica del siglo V antes de nuestra era o la República romana antes de la llegada al poder de Augusto, solo unos pocos ciudadanos varones disfrutaron de algo parecido a derechos cívicos en un mundo de esclavos, castas, aristocracias y mujeres sometidas. La larga Edad Media fue una época de siervos (campesinos esclavizados, ligados a la tierra) y señores feudales, guerras y grandes migraciones, pero también una era de intensa vida intelectual: los monasterios difundieron las obras clásicas que habían llegado a Occidente a través de los árabes, los saberes científicos y técnicos del mundo islámico se extendieron por Occidente, con el románico y el gótico viajaron por toda Europa artesanos y formas artísticas desafiantes, las lenguas vernáculas se separaron del latín y cristalizaron en las primeras obras literarias nacionales. El Renacimiento, violento y venenoso, representó un estallido de creatividad artística y científica que transformó la visión del mundo. Los avances técnicos impulsaron una nueva era de descubrimientos marítimos.

Pero, entonces, en el siglo XVI, las guerras de religión sumieron a Europa en una época de tinieblas, frío (coincidió con lo que se conoce como la Pequeña Edad de Hielo) y conflictos salvajes, como la guerra de los Treinta Años (1618-1648), el más mortífero en términos relativos de la historia de Europa (el Sacro Imperio perdió un 15 por ciento de su población entre matanzas, batallas, pestes y hambrunas). La Contrarreforma católica persiguió cualquier resquicio de libertad individual, aunque durante aquella época se escribiesen algunas de las obras maestras más perdurables de la literatura, por ejemplo el *Quijote,* que además no estaban exentas de crítica social. Por mucho que lo intente, el poder no puede llegar a todas partes, como demuestran también los lienzos de Caravaggio, que, aunque siguió las normas del Concilio de Trento que sentaron las bases de la respuesta católica al protestantismo, logró una libertad creativa que resuena hasta nuestros días. Pese a esos destellos, un manto de terror y violencia cayó sobre Europa, como describe Peter Robb en su biografía del pintor milanés, *M. El enigma de Caravaggio:*

> Cada uno se ocupaba de lo suyo teniendo cuidado de lo que decía y, más aún, de lo que escribía. No era una época que estimulara el chisme, las especulaciones, las conversaciones de sobremesa, el ingenio, la paradoja ni cualquier otra de las actividades más libres y juguetonas de la mente, ni siquiera entre

amigos. Hablar sin censura costaba la vida, en general, la propia. Se acabó aquella forma fácil de relación social que otrora había existido entre los poderosos y los artistas a quienes protegían, entre el clero y los intelectuales laicos, los aristócratas y los comerciantes, entre hombres y mujeres, viejos y jóvenes. El brillo fácil de la cultura de las ciudades italianas se desvaneció. La vida social era recelosa, velada, limitada por la desconfianza.

Tanto en los territorios dominados por el protestantismo como por el catolicismo se estableció una forma de control social a través de la amenaza, la denuncia, la sospecha y la aplicación implacable de una sola ley, que replicarían los totalitarismos del siglo XX. Naturalmente, la delación no era algo nuevo. De hecho, los romanos tenían una institución, la *delatio,* perfectamente organizada: la persona que acusaba a otra recibía una cuarta parte de sus propiedades si el caso prosperaba. No hace falta decir que llegó a convertirse en un negocio lucrativo. «La estabilidad de Roma siempre había dependido de la tendencia de los ciudadanos a vigilarse los unos a los otros», escribe la historiadora Daisy Dunn en *Bajo la sombra del Vesubio,* su biografía de los dos Plinios, el viejo y el joven. Pero nunca, como durante el nacimiento de los estados fuertes de la modernidad, había calado de una forma tan profunda en la sociedad. Dos grandes obras literarias reflejan ese momento crucial en la deriva absolutista de Europa: *El hereje,* de Miguel Delibes, y *Castellio contra Calvino,* de Stefan Zweig, novelas que perduran como advertencias sobre el poder destructor de los totalitarismos de los que el continente no parece librarse nunca.

El escritor castellano dedicó varios años al estudio del siglo XVI en Valladolid para trazar en *El hereje* el retrato de una ciudad sitiada desde su interior a través de la historia de un grupo clandestino de protestantes. Arranca con su protagonista, Cipriano Salcedo, llegando desde Alemania con libros prohibidos, en un viaje muy peligroso, no solo por el contrabando literario que acarreaba, sino también porque, como explica el narrador, todos los viajeros que regresaban de tierras protestantes eran sometidos a estrecha vigilancia. Desde el principio, Delibes introduce al lector en un mundo de sospecha y temor, donde cualquier conocimiento puede acarrear serios problemas. A modo de telón de fondo, dibuja una Europa de fronteras cerradas y desconfianza. Cuando explica al capitán del barco los volúmenes con los que viaja, Salcedo sostiene: «Hace tiempo que no entran libros en España. El Santo Oficio acentúa su vigilancia. En este momento está revisando el Índice de libros prohibidos. Leer esos libros, venderlos o difundirlos constituyen de por sí graves delitos». Y un poco más adelante asegura: «La afición a la lectura ha llegado a ser tan sospechosa que el analfabetismo se hace deseable y honroso. Siendo analfabeto es fácil demostrar que uno está incontaminado y pertenece a la envidiable casta de los cristianos viejos». Delibes relata la historia de Salcedo y cómo este entra a formar parte de un círculo protestante que, en medio de un temor insoslayable, trata de establecer un espacio de libertad de conciencia en el espeso ambiente del Valladolid de la Contrarreforma. Todos ellos sienten que la vigilancia se va estrechando hasta que finalmente son detenidos por la Inquisición y sometidos al ciclo de torturas, delaciones y confesiones en una cárcel secreta del Santo Oficio —«Un caserón destartalado y lóbrego que imponía con solo mirarlo»—. Durante el traslado de los detenidos, la humillación pública forma parte del castigo. En las localidades que atraviesan, los reciben cada vez con mayor violencia: «Al discurrir por los pueblos, las mujeres y los mozos les insultaban y, a veces, les tiraban cubos de agua desde las ventanas. Un día, ya en tierras de La Rioja, los campesinos que andaban excavando las viñas interrumpieron la faena para quemar dos muñecos de sarmientos a la orilla del camino, mientras les llamaban herejes y apestados», escribe Delibes. «En un pueblo de Navarra, salvaron la vida de milagro ante un ataque del populacho, que pretendía quemar a los presos ahí mismo. Incluso tienen que retrasar la entrada en Valladolid y hacerlo guarecidos por la oscuridad por temor a un linchamiento. Las turbas andan alborotadas.» Son esas escenas del viaje hacia la prisión especialmente reveladoras, porque confirman que los sistemas totalitarios, por muy crueles que sean, cuentan con el apoyo de una parte importante de la población, aunque no necesariamente mayoritaria, una condición sin la que su represión no sería tan eficaz.

Los momentos de tensión que describe Delibes indican el poder de convicción que emana del absolutismo. Muchas veces ese entusiasmo esconde otra cara del miedo: la tranquilidad que proporciona mostrarse el alumno más aplicado para alejar sospechas y cobijarse en la multitud en momentos de violencia extrema, en los que cualquiera puede ser acusado sin demasiadas posibilidades de defenderse. Se trata de un sentimiento complejo y eficaz, en el que se mezclan la cobardía, la voluntad de supervivencia, el entusiasmo y el poder de la masa, que muestra también la capacidad de unión que se consigue señalando a enemigos del pueblo (herejes, luteranos, judíos, contrarrevolucionarios, pequeños burgueses) a los que perseguir. En *Los orígenes del totalitarismo,* Hannah Arendt sostiene que le resulta más amenazadora la atracción que esos regímenes ejercen sobre los intelectuales y las élites, que sobre las masas. «Sería temerario tratar de disminuir la importancia de la terrible lista de hombres preclaros a los que el totalitarismo puede contar entre sus simpatizantes, compañeros de viaje y afiliados del partido, atribuyéndolo a extravagancias artísticas e ingenuidad académica», escribe la filósofa. Pero, en realidad, resulta muy inquietante la fusión de las dos ideas: la forma en que esos regímenes absolutos logran atraer a toda la sociedad en su conjunto, desde las élites hasta las clases populares. Nadie se libra ni del miedo ni del poder de la propaganda, que pone a los enemigos inventados en el punto de mira del conjunto de la sociedad, como un elemento de cohesión en tiempos difíciles.

El historiador del arte español de la Universidad de Harvard Felipe Pereda explica en su libro *Crimen e ilusión. El arte de la verdad en el Siglo de Oro* cómo un auto de fe —no muy diferente del que describe Delibes en *El hereje,* aunque su objetivo no fuesen los luteranos, sino los judíos— se transforma en un mensaje universal para el pueblo, plasmado a través de unas pinturas accesibles al público. El escenario es el Madrid del siglo XVII, y el objetivo fueron cuatro marranos, judíos conversos, acusados de haber profanado un crucifijo que, en una historia que se repite una y otra vez en las acusaciones antisemitas de la época, se resistió al tormento fruto de un milagro. «Aquel fue uno de los grandes escándalos del primer Gobierno del conde-duque de Olivares, a quien se acusaba de favorecer a los banqueros marranos por encima de los genoveses», relata Pereda. El caso, conocido como *La persecución de la calle de las Infantas,* donde vivían aquellos judíos, fue muy famoso, tanto que Calderón de la Barca consagró una obra a aquel episodio, *El nuevo palacio del Retiro,* y Quevedo redactó un furibundo panfleto antisemita, *Execración contra los judíos.* Después de su ejecución en la hoguera, las casas de los judíos fueron destruidas y allí se erigió el convento de los Capuchinos de la Paciencia de Cristo, con una capilla situada exactamente en el mismo espacio donde se produjo el imaginado sacrilegio. Se instalaron en ese templo cuatro pinturas enormes realizadas por Francisco Rizi, Francisco Camilo, Andrés de Vargas y Francisco Hernández. «Los cuadros reconstruyen con documentadísimo cuidado la escena del crimen, describen los detalles de los sucesos, identifican a cada uno de sus protagonistas y, lo que es más importante, convierten a los espectadores en testigos de los hechos», escribe Pereda. El punto de vista es el del único testigo de la profanación. Tres de los cuadros se encuentran en depósito en el Museo del Prado, ya que la capilla se destruyó en el XIX, aunque ninguno de ellos forma parte de la exposición permanente. La cuarta pintura seguramente se perdió en un incendio del Ayuntamiento de Porriño, en Pontevedra. Toda esta operación de propaganda pictórica, a la que hay que sumar las obras de Calderón y Quevedo, estaba destinada a acallar las dudas sobre el sacrilegio que circulaban en ese momento por Madrid, explica Pereda, pero el objetivo final no era solo convencer de la veracidad de las acusaciones, sino también convertir a cualquier persona en testigo, hacer participar a todos de la necesidad de perseguir la herejía y celebrar su castigo.

Además, implantar la sospecha constante resulta una forma de control de la población muy eficaz, porque son los propios ciudadanos los que vigilan. Cuanto más tupida sea la red de agravios, cuanto más fácil resulte cometer una falta, mejor funciona un Estado represor: nadie está, por principio, libre de sospecha, y por lo tanto nadie quiere mostrarse el menos entusiasta, igual que en aquellos congresos del socialismo real en los que ningún militante se atrevía a ser el primero en dejar de aplaudir. El universo del crimen y el castigo constantes que copiaron los grandes totalitarismos nació en aquella Europa de enfrentamientos religiosos. No es que antes el continente fuese ni mucho menos un remanso de paz —las persecuciones contra los judíos o contra herejías como los cátaros habían empezado ya, durante las primeras cruzadas o después de la peste negra del siglo XIV—, pero la amplitud de los medios dedicados a la represión alcanzó un nivel desconocido hasta entonces, mientras se multiplicaban las prohibiciones y las denuncias. Con la Reforma, las sospechas se generalizaron y ocuparon un espacio cada vez más importante en la vida cotidiana, llegando incluso a alcanzar el más allá.

Caroline Callard, historiadora experta en el Renacimiento, directora de estudios en la École des Hautes Études en Sciences Sociales (EHESS), investigó el lazo entre las guerras de religión y los espíritus en su libro *Le temps des fantômes. Spectralités d'Ancien Régime XVIe-XVIIe siècle.* Callard descubrió que en el siglo XVI en Francia se celebraron muchos juicios en los que los magistrados aceptaban la presencia de fantasmas como motivo para abandonar una vivienda de alquiler por adelantado: en aquella época, los contratos eran leoninos y era prácticamente imposible zafarse de pagar una cantidad disparatada. El primer lugar donde se dictaron esas sentencias fue Burdeos, una ciudad católica en tierra protestante. Dado que se consideraba que, al rechazar el dogma del Purgatorio, los protestantes negaban también la existencia de los fantasmas, si un juez no se tomaba en serio la presencia de espíritus podría ser tildado de hereje. No creer en ellos le podía convertir en sospechoso de haber renunciado a la *verdadera* fe.

La comida es otro de los campos a través de los que se puede seguir el estrechamiento del cerco en torno a cualquier forma de libertad. Cuenta Paul Freedman, profesor de Yale experto en la historia de la alimentación, que en la Edad Media existía un código muy elaborado de lo que cada persona podía comer según su origen. La caza, por ejemplo, era patrimonio de las clases altas —basta con ver el lío en el que se mete Robin Hood cuando le pillan abatiendo un venado en tierras nobles—, mientras que los campesinos debían conformarse con su dieta de cereales, *porridge* y pan negro. Uno de los temas que aparecen en los cuentos medievales, explica este investigador en su *Historia del paladar,* son las personas que, al ascender a una clase superior, tienen no solo problemas para comer con decoro los nuevos platos que les ofrecen, sino incluso para digerirlos. Solo cuando regresan a su antigua dieta de pobres, su estómago vuelve a funcionar como es debido. Esas mismas fronteras se aplicaban a la ropa y a los colores que se podían vestir —el azul, por ejemplo, tenía mucho prestigio en el Medievo, mientras que el rojo en Roma estaba prohibido al pueblo y reservado a los nobles— o incluso a los tableros de ajedrez, importados del mundo islámico, pero que tuvieron que adaptarse a la sociedad feudal, de tal forma que el elefante, símbolo del poder militar, acabó transformado en un obispo (el alfil en el mundo anglosajón se llama así, *bishop)*. Sin embargo, desde la toma de Granada, en 1492, y la expulsión primero de los judíos y, un siglo más tarde, de los moriscos, la comida dejó de ser un asunto exclusivamente de clase, para convertirse en un problema cada vez más resbaladizo y peligroso. No se trata solo de que no consumir cerdo convirtiese inmediatamente a alguien en sospechoso —por ese motivo la carne de este animal está tan presente en muchos platos tradicionales españoles—, sino que los tabús se aplicaban también en el otro sentido. La profesora de la Universidad de Barcelona María Ángeles Pérez Samper, experta en la historia de la alimentación en España, rescata en su libro *Comer y beber* un texto de 1586 sobre las recetas de origen árabe en el que se afirmaba: «Como es íntima su relación con el rito mahometano, no deben los párrocos tolerar su uso, ni siquiera en los convites nupciales». El esfuerzo fue inútil, porque la influencia de los alimentos que trajeron los musulmanes es enorme —el arroz es el ejemplo más claro y suculento—, pero la comida se convirtió en una forma eficaz de detectar herejes. Y no era ni de lejos la única. En su libro *El pan que como*, la novelista, historiadora y académica Paloma Díaz-Mas, experta en Sefarad y en cultura oral española, relata que muchas familias de judíos conversos habían perdido la memoria de sus orígenes, pero conservaban ciertas tradiciones sin saber muy bien de dónde venían, entre ellas no comer alimentos calientes o no encender la chimenea los sábados. Y eso provocaba muchas denuncias vecinales. «Esa costumbre de no encender el fuego en Sabat llevó a muchos conversos judaizantes a la perdición, a la cárcel y la tortura», escribe Díaz-Más.

> Los procesos inquisitoriales de los siglos XVI y XVII están llenos de testimonios de vecinos que sospecharon que la familia de al lado practicaba el judaísmo a escondidas porque los sábados no salía humo de la chimenea de la casa; de criadas que observaron que sus amos no comían nunca carne de cerdo, que sacaban el tendón del interior de la pierna del cordero antes de asarlo o guisarlo, que preparaban la comida del sábado el día anterior, que rezaban a santos raros, como santa Esther o san Moisés; de amigos que observaban que otro amigo guardaba ayuno en unos días del año que no coincidían con ninguna festividad cristiana. Un ambiente de delación y miedo en el que uno se ve moralmente obligado a denunciar al vecino por los pequeños gestos de la vida cotidiana que pueden delatarlo como judaizante, es decir, como hereje. Y quien no denuncia a un hereje contribuye a encubrirlo, y encubrir la herejía lleva a la condenación eterna y también a un proceso judicial porque tenías que haber estado atento, tendrías que haberte dado cuenta de que hay días en que algunas chimeneas no echan humo como debieran, y eso es indicio de que la herejía habita entre nosotros.

Entre aquellas chimeneas apagadas del siglo XVI español y la estufa chivata de las pesadillas de la Alemania de los años treinta del siglo XX, la distancia es muy corta. El miedo es el mismo.

En las zonas de Europa en las que prendió el protestantismo, la situación tampoco era mucho mejor. Desmontar el mundo católico anterior requería un gran esfuerzo, no ahorrar crueldad y una vigilancia estrecha de la población. Se podrían relatar muchos ejemplos, pero uno de los más claros de la eficacia y rapidez de este proceso de transformación es la llamada Disolución de los Monasterios en Inglaterra y Gales, cuando Enrique VIII, tras separarse de la Iglesia de Roma, decidió entre 1536 y 1540, en solo cuatro años, cerrar ochocientos centros religiosos y quedarse con todas sus propiedades. El ministro principal del rey, Thomas Cromwell, protagonista de la trilogía novelesca de Hilary Mantel, un inmenso y universal relato de las intrigas de palacio, coordinó una operación que se llevó a cabo en muy poco tiempo y sin ninguna piedad. Evidentemente existía un motivo económico, ya que las posesiones de la Iglesia fueron repartidas entre el rey y la nobleza. Tampoco es desdeñable la voluntad del monarca de mostrar al Vaticano quién tenía ahora el poder, terrenal y divino, en Inglaterra. Pero también debe tenerse en cuenta que la Disolución pretendía acabar con la ascendencia de la Iglesia sobre el pueblo y con su papel en la educación, de hecho, fue el origen de las *Grammar Schools,* escuelas públicas que reemplazaron a los monasterios como principales centros de enseñanza. Un niño de Stratford-upon-Avon llamado William Shakespeare aprendió sus primeras letras en una de aquellas escuelas, recién fundadas, que el hijo de Enrique VIII, Eduardo VI, convirtió en gratuitas (aunque en realidad solo asistían los hijos de familias con posibles, porque eran las únicas que podían permitirse el lujo de que los niños estudiasen en vez de trabajar para aumentar los ingresos del hogar). Pese a que algunos monasterios fueron convertidos en casas señoriales por la nobleza, muchos fueron abandonados después de haber sido privados de cualquier elemento de valor, entre ellos las vigas que sostenían sus techos. Así, la campiña inglesa está salpicada de ruinas fantasmales de abadías, prioratos, iglesias y monasterios abandonados a su suerte, que parecen el escenario de relatos góticos, símbolos en piedra de una era de profundas transformaciones. Recuerdo la imagen, tan bella como inquietante, del Priorato de Lanercost, cerca del Muro de Adriano, ya casi en el límite con Escocia: una masiva y desconcertante estructura gótica de piedra ocre rodeada de prados verdes. Otro episodio muy interesante, de nuevo en el Reino Unido, fue la Cancelación de la Navidad cuando, entre 1647 y 1660, los puritanos de Oliver Cromwell, que habían ganado la guerra civil, encarcelaron al rey Carlos I, al que luego decapitaron en 1649, y abolieron la Iglesia de Inglaterra. Entre otras medidas, prohibieron las fiestas navideñas. Se debía trabajar el 25 de diciembre y los comercios tenían que permanecer abiertos aquel día —se produjo una rebelión en Canterbury cuando obligaron a que en esa fecha se celebrase el mercado como en cualquier otra jornada laboral—. Ser pillado bebiendo o participando en una comilona podía acarrear un castigo contundente. Cuando se restauró la monarquía, las celebraciones habían perdido un fuelle que tardaron siglos en recuperar. De hecho, Charles Dickens reinventó aquellas fiestas con su famoso *Cuento de Navidad* y muchos historiadores consideran que en parte es cierto: la inmensa fama que alcanzó su relato sobre la redención reactivó unas fiestas que no habían recuperado su lugar preeminente en la sociedad.

Estas transformaciones radicales continuaron luego con la Revolución francesa, el socialismo real, el fascismo, el nazismo: no se trata de ocupar el poder, sino de ocupar el mundo. «La utopía es menos divertida de lo que se cree», ironiza la gran historiadora francesa Mona Ozouf en *La fiesta revolucionaria. 1789-1799*, que describe la influencia del nuevo régimen, naturalmente, en lo que se celebra o no, precisamente porque se trata de actos públicos, a la vista de todos.

> Todas las cucañas del siglo son como Esparta. La utopía (incluso cuando se trata de esa forma indolente que es la pastoral)

no deja ningún espacio a la libertad cuando decreta que «todo debe exponerse a los ojos de todos, que las costumbres más beneficiosas no son las que los hombres practican en silencio, cada cual por su lado, y de manera aislada; que, en adelante, no hay más que una existencia pública, nacional, común e indivisible». Sus fiestas poseen ese aire de orden y de regla que primero apaga la fantasía y, más tarde, la castiga.

Stefan Zweig, que fue testigo del auge del nazismo, utilizó la Ginebra de Calvino, entre 1536 y 1564, como metáfora de los vientos que en ese momento sacudían Europa. En su novela histórica *Castellio contra Calvino. Conciencia contra violencia,* relata cómo el teólogo francés se hace con el poder en la ciudad suiza y la convierte en una teocracia en la que «solo se tolera una verdad», la suya, naturalmente. En todo momento, detrás de la narración del enfrentamiento entre el pensamiento libre de Sebastián Castellio contra el absolutismo de Juan Calvino, se trasluce que habla de su propia época o, mejor dicho, de las profundas raíces que su presente tiene en el pasado. «Logró convertir toda una ciudad, todo un Estado de miles de ciudadanos hasta entonces libres, en una férrea maquinaria de obediencia capaz de exterminar cualquier iniciativa, de impedir cualquier libertad de pensamiento en beneficio de su doctrina exclusiva. Todo aquello que tiene influencia en la ciudad y en el Estado depende de su poder omnipotente.» Ginebra se llena de chivatos: todo el mundo vigila a todo el mundo mientras el miedo y el recelo se apoderan de los actos públicos y privados. La panoplia de prohibiciones impuestas por Calvino es, sencillamente, interminable: quedan vetados el teatro, las fiestas, el patinaje sobre hielo, el juego, todas las vestimentas que «no sean sobrias», los trajes con bordados de oro y plata, llevar el pelo largo a los hombres y lucir cardados a las mujeres, se prohibieron las frutas confitadas (un veto que me temo que muchos lectores compartirán), los brindis, los vinos que no fueran del país, las relaciones sexuales fuera del matrimonio, entrar en una taberna para los locales y la obligación por parte de los taberneros de vigilar a los extranjeros, imprimir libros sin permiso, el arte, las esculturas de los santos, toda la música que no sea religiosa, bautizar con nombres que no aparecen en la Biblia, la celebración de la Pascua y la Navidad, alimentos como las empanadas (desconozco qué puede haber de diabólico en ellas más allá de la excesiva presencia de indigesto pimiento). «Se prohíbe todo lo que festivamente rompe la gris monotonía de la existencia. Se prohíbe, naturalmente, cualquier sombra o reflejo de una libertad espiritual en la palabra impresa o hablada», escribe Zweig. La red es tan tupida que resulta casi imposible no acabar metido en un lío más o menos grave: un ciudadano fue a la cárcel por no querer llamar Abraham a su hijo, otros dos fueron castigados a pan y agua por comer empanada en el desayuno, otro acabó en prisión por dormirse un momento en misa pese a que había estado trabajando toda la noche... Los delitos verdaderamente graves, como insultar a Calvino, se saldaban con atroces torturas y el exilio para los que tenían suerte o la hoguera para los desafortunados.

En medio de la indiferencia del resto del continente, en una Europa sumida en la violencia, Castellio trata de romper el poder absoluto de Calvino cuando Miguel Servet es juzgado por hereje y condenado a muerte. Le espetó aquella frase cuyos ecos resuenan hasta nuestros días: «Matar a un hombre no es defender una idea. Es matar a un hombre». Una de las reflexiones más contemporáneas que hace el autor de *El mundo de ayer,* precisamente por lo que había vivido bajo el nazismo, es que los tiranos nunca tienen suficiente: cuando Calvino se ha hecho con el poder absoluto en Ginebra, cuando controla todo lo que ocurre en su ciudad, cuando nadie se atreve a levantar la voz, cuando las denuncias vuelan ante una infinidad de faltas, entonces se vuelve contra Castellio. El humanista había visto estallar la primera guerra de religión en Francia, en 1560, y escribió un tratado que llamaba a la tolerancia: *Consejo a la Francia desolada.* Su idea se adelantó a los dos documentos que pondrían fin a las guerras de religión en Europa: el edicto de Nantes en 1598, que pacificó Francia aunque no impidió el exilio a lo largo del siglo XVI de los hugonotes (protestantes) obligados a convertirse, y la Paz de Westfalia en 1648, que acabó con la guerra de los Treinta Años (no es una casualidad que Hitler detestase este último tratado, que sentó las bases de una Europa en la que los estados estaban dispuestos a mantener relaciones entre ellos, en vez de enfrentarse, por encima de las diferencias religiosas). Westfalia es uno de los textos más importantes en la construcción europea, no tanto porque moldease los mapas y las fronteras, que todavía vivirían algunos cambios, sino porque sentó dos principios esenciales vigentes todavía hoy. El primero es la libertad de religión: los súbditos no tenían por qué compartir el credo de su soberano (aunque eso solo afectaba a las religiones cristianas, no al judaísmo ni al islam). Era absurdo matarse por algo que no iba a cambiar. El segundo principio es que los estados soberanos deben sentarse a discutir como iguales y cooperar para encontrar soluciones. Es lo que hoy llamamos multilateralismo. Castellio lo intuyó y por eso precisamente Calvino lo persiguió, pese a que ya se había retirado de la vida pública. El humanista falleció cuando iba a ser sometido a un proceso por herejía y su destino seguramente hubiera sido la misma hoguera en la que murió Servet.

El mundo que Calvino instauró en Ginebra fue la representación máxima, casi paródica, de un régimen construido a medida del fanatismo de una sola persona al que la sociedad que lo padece se acostumbra o incluso lo celebra. Pero representaba también el reflejo de un mundo lleno de prohibiciones que, según iban pasando los siglos, se iban haciendo cada vez más severas. Muchas reglas estaban destinadas a mantener a cada uno en su sitio, en su clase social; pero posteriormente se hicieron más peligrosas para aquellos que las incumplían. La voluntad de poder absoluto fue aboliendo barreras y conquistando territorios, hasta llegar a tratar de dominar el tiempo. Stalin, imitando a los revolucionarios franceses que cambiaron el calendario y los nombres de los meses, impuso en 1930 una semana de cinco días sin nombre, identificados solo por colores: amarillo, naranja, rojo, púrpura y verde. «Al final este proyecto fue abandonado por la imposibilidad de llevarlo a la práctica», escribe el historiador Christopher Clark en su libro *Tiempo y poder*, «pero la Unión Soviética puso en marcha un experimento revolucionario para reordenar la relación del ser humano con el tiempo; aspiraba a inaugurar una temporalidad en la que el partido de vanguardia superara las limitaciones del tiempo lineal burgués convencional a través de una intensificación infinita del trabajo.» Clark cita a numerosos estudiosos del fascismo y del nazismo para explicar que Mussolini y Hitler querían que el partido se convirtiese también en la única medida del tiempo, porque debía marcar el ritmo de la vida de los ciudadanos y porque de la fidelidad a su ideología dependía la salvación de cada individuo (a largo plazo, pero también inmediata). Aunque existían diferencias en sus formas totalitarias de dominar el tiempo: los fascistas querían abolir cualquier distancia con el pasado idealizado del Imperio romano para fundirse con él —no es una casualidad que invirtiesen tanto en arqueología—, al igual que Franco se comparaba con los Reyes Católicos y Felipe II. El objetivo de nazis y soviéticos era, en cambio, romper cualquier unión temporal con épocas pretéritas. En el caso del Tercer Reich, su intención final era abolir directamente el tiempo porque el único concepto que contaba era la raza, la medida de la eternidad.

El paso por la historia de estos regímenes ha dejado millones de muertos. Los países en los que surgieron el fascismo, el franquismo y el nazismo fueron democracias antes de que esas ideologías las destrozaran y desencadenasen matanzas inconcebibles. Incluso Rusia pudo vivir algo parecido a un régimen de libertades tras la caída del zarismo, porque antes del golpe de Lenin se produjo una ventana de oportunidad: precisamente los bolcheviques percibieron esa posibilidad y por eso tomaron el poder al asalto. Además del horror que representan, de los genocidios y crímenes que desataron, estas dictaduras también se alzan como una advertencia sobre la fragilidad de nuestras libertades. La conclusión de Stefan Zweig en *Castellio contra Calvino* recoge una maldición ante la que nadie debería sentirse a salvo:

> Nunca un derecho se ha ganado para siempre, como tampoco está asegurada la libertad frente a la violencia, que siempre adquiere nuevas formas. A la humanidad siempre le será cuestionado cada nuevo avance, como también lo evidente se pondrá en duda una y otra vez. Precisamente cuando ya consideramos la libertad como algo habitual y no como el don más sagrado, de la oscuridad del mundo de los instintos surge un misterioso deseo de violentarla.

Nunca se debe olvidar que, desde el mismo momento en que nació, en la Atenas de Pericles, la democracia estuvo en peligro, casi siempre por sus propios errores. Otra plácida y bella ciudad del Mediterráneo ofrece las claves de esa historia interminable: Siracusa.

2
La huella que dejan las tiranías
Siracusa, Atenas, Roma

Una sociedad política auténtica, donde la discusión y los debates son una técnica esencial, es siempre una sociedad llena de peligros.

Moses I. Finley

Las latomías de Siracusa fueron una de las prisiones más célebres de la antigüedad. En ellas murieron en condiciones lamentables muchos cautivos. Esta cavidad es conocida como la Oreja de Dionisio, en referencia al tirano de Siracusa entre 397 y 392 antes de nuestra era. La leyenda dice que se podía escuchar desde fuera lo que conversaban los cautivos y evitar así las fugas.

Existen muchos lugares en Europa que simbolizan el final de las democracias, que encarnan el peligro que corren los regímenes basados en las libertades. El más insólito de ellos es seguramente una antigua cantera abandonada en los alrededores de Siracusa, una de las ciudades más bellas de Sicilia y del Mediterráneo. El historiador John Julius Norwich recordaba en su libro sobre la isla una oportuna cita de Goethe: «Sicilia es la clave de todo». No hay duda de que este territorio cansado esconde unos cuantos secretos sobre nuestro presente y uno de ellos es una advertencia sobre la fragilidad de los regímenes de libertades, una debilidad que empezó con la primera democracia: Atenas en el siglo v antes de nuestra era.

Situada en la costa sureste de Sicilia, Siracusa parece ajena a la tensión que sobrevuela otras urbes de la isla, como Palermo o la cercana Catania. Es turística, pero no tanto como Taormina, emplazada un poco más al norte. La catedral de Siracusa, situada en una de esas grandes plazas que los italianos saben planificar como nadie, revela cuándo fue el momento de gloria de esta urbe, que da la sensación de llevar siglos atrapada en una amable decadencia. «Es una de las pocas catedrales que fueron construidas cinco siglos antes del nacimiento de Cristo», escribe Norwich. Efectivamente, cuando se atraviesa la fachada barroca, el viajero se encuentra, boquiabierto, con las columnas dóricas de un templo de Atenea que siguen sosteniendo la iglesia veinticinco siglos después de su construcción. Como tantos otros lugares sagrados, la catedral se muestra como un palimpsesto de civilizaciones: el templo fue convertido en iglesia por los bizantinos —el Imperio romano de Oriente— y luego en mezquita por los musulmanes que ocuparon la isla, siendo expulsados por los normandos, que volvieron a entregar el recinto al culto cristiano. El reino normando de Sicilia fue uno de los más ricos, tolerantes y diversos de la Edad Media europea: los invasores del norte adoptaron una parte importante de la cultura islámica, de hecho, la lengua de la corte era el árabe. El edificio aguantó numerosos terremotos, pero la fachada se derrumbó durante el terrible seísmo de 1693, que destruyó gran parte del este de la isla. Sin embargo, las columnas del templo griego, construido por el tirano Gelón en el siglo V a.n.e. y que los diferentes invasores habían respetado, se mantuvieron en pie como si la fuerza de su pasado fuera capaz de derrotar incluso a los seísmos.

El templo de Atenea no es, ni de lejos, el único vestigio griego en la ciudad. El principal centro comercial lleva el nombre de Arquímedes, porque allí vivió este matemático e inventor griego del siglo III antes de nuestra era, lo que demuestra el espacio central que esta ciudad ocupaba en el mundo político y cultural heleno. Como ocurre con Tiro, en El Líbano, el corazón de la urbe, Ortigia, es una isla unida al resto de la ciudad por un puente. Con sus casas de dos plantas de piedra caliza; su fuente de Aretusa, un inagotable manantial de agua dulce donde crecen los papiros; sus *piazzas* insospechadas; su mercado de pescado y sus restaurantes populares de cocina siciliana; marcada siempre por el olor salino de un mar normalmente plácido, que nunca se toma demasiado en serio, Ortigia te atrapa inmediatamente. No importa durante cuánto tiempo se pasee al azar por sus callejuelas: siempre se descubre un nuevo rincón, un café en el que sentarse, una tentadora pastelería o una iglesia barroca. En verano, el calor puede ser temible, pero no tanto como en el interior de la isla: la brisa marina aparece en casi todos los recodos.

Hace años compré un ensayo, *Cities of Sicily,* de Edward Hutton, un viajero y escritor inglés del que nunca había oído hablar, en una de mis librerías favoritas: la londinense Daunt Books, en Marylebone High Street. Al fondo del local, una galería acristalada de madera alberga en un piso superior una colección enorme de libros de viajes de segunda mano, donde se encuentran muchas joyas olvidadas de autores hoy desconocidos, pero que proporcionan una foto precisa del momento en que fueron escritos. El libro fue publicado en 1926, cuando Sicilia era un paupérrimo rincón de un país marcado por la pobreza y la explotación, con las tierras en manos de terratenientes déspotas. La población huía hacia el norte de Italia y los afortunados, hacia el Nuevo Mundo. Hutton conoció una Siracusa muy diferente a la del siglo XXI. Donde nosotros vemos belleza y la luz brillante del Mediterráneo, que se posa con suavidad en los muros ocres de las casas, él veía una «desolación pedregosa, solo medio oculta por la frágil belleza de las flores». El problema de Hutton es que buscaba algo que no existe, una gran ciudad griega de la que «todo lo que queda es un exiguo pasto para las cabras» y que solo permanece «en nuestra mente, en las amadas páginas de Heródoto, en las certeras páginas de Tucídides y, sí, en el corazón». Se trata de un sentimiento en cierta medida opuesto al síndrome de Stendhal: no nos abruma lo que vemos; sino lo que ya no está, lo que sabemos que ocupó aquel lugar y que se ha tragado el tiempo y el polvo. Luego descubrí que Hutton escribió muchos libros de viajes sobre Italia (y uno sobre España) y que desempeñó un papel fundamental durante la Segunda Guerra Mundial en la defensa del patrimonio de la península transalpina, pues colaboró con los servicios de inteligencia aliados dando información precisa sobre monumentos que debían salvarse a toda costa de los bombardeos. La importancia del pasado era algo que este escritor se tomaba muy en serio. Al final de su capítulo sobre Siracusa, una vez superado el disgusto inicial por la ausencia de grandes vestigios helenos, Hutton reconoce que se ha dejado cautivar por Ortigia y por el peso del recuerdo imaginado: «De todas las ciudades sicilianas, Siracusa es la que más me ha gustado», escribe, elogiando su emplazamiento, sus tesoros, su paisaje «y su pasado sin rival». Sin embargo, esa densa historia esconde una de las grandes tragedias del mundo griego y, por lo tanto, del nuestro.

Ninguna otra civilización ha dejado una huella tan profunda en Sicilia como los helenos, que comenzaron a establecerse en el siglo VIII antes de nuestra era. La relevancia estratégica de la isla no les pasó desapercibida a los cartagineses, la otra gran potencia mediterránea de la época. Siracusa era la ciudad más importante y poblada de la Magna Grecia y el centro del enfrentamiento contra los fenicios. Esta polis fue una vez una democracia, como Atenas, pero este régimen duró poco: Aristóteles relata en su *Política* que, como consecuencia de los desórdenes internos, la aristocracia de la ciudad llamó al tirano Gelón, que en 485 antes de nuestra era se hizo con su control sin demasiados problemas. Sabía que el conflicto con Cartago se avecinaba y se preparó: Heródoto relata que disponía de doscientos barcos de guerra y veinte mil hoplitas, además de controlar, directamente o por alianzas, más de la mitad de la isla. En 480, el general cartaginés Amílcar I lanzó una invasión a gran escala, pero fue derrotado en la batalla de Hímera, que, según cuenta Heródoto, tuvo lugar el mismo día que el desastre persa en Salamina. «La guerra acabó con un solo golpe», escribe el helenista de la Universidad de Oxford Antony Andrewes en su ensayo *The Greek Tyrants*. «Cartago pidió la paz, pagó grandes reparaciones de guerra y, lo más importante, no volvió a ocuparse de Sicilia durante setenta años.»

Cartago me ha fascinado siempre por numerosos motivos, el principal es que he viajado mucho a Túnez y vagado a menudo por los lugares en los que se situó hace siglos el centro de poder de esta civilización mediterránea. Existen pocas experiencias tan evocadoras como bajarse en una estación de tranvía que se llama Cartago-Salambó para visitar los puertos púnicos —siempre he soñado con poder comprarme una casa abandonada en la que se dice que vivió Gustave Flaubert, situada justo enfrente de esa joya de la ingeniería de la antigüedad en la que los fenicios escondían su flota de miradas ajenas— y acercarse luego al Tofet, el antiguo cementerio cartaginés. Recuerdo una visita, poco después de la Revolución del Jazmín de 2010, que acabó con el régimen de Ben Alí pero que también había espantado a los turistas, en la que estaba completamente solo y, naturalmente, me vinieron a la cabeza todas las leyendas, seguramente promovidas por los romanos, de sacrificios de niños arrojados al fuego. Era una tarde nubosa y oscura del principio de la primavera y no pude evitar sentir una cierta inquietud —además el principal dios púnico, Baal Ammon, tiene un nombre más bien poco reconfortante—. En muchas estelas aparecía el símbolo del Tanit, un triángulo antropomorfo de una sencilla e incontestable belleza. Pero siempre he tenido la sensación de que, pese a su importancia en el mundo actual —los cartagineses fueron los grandes impulsores del comercio marítimo internacional y, en gran medida, de una primitiva globalización—, ha sido una civilización que ha tenido muy mala suerte, derrotada siempre en los momentos clave en los que se jugaba su futuro. Llegar con un gran ejército hasta Sicilia constituye una indudable hazaña militar, como lo fue, dos siglos más tarde, cruzar los Alpes con elefantes: sin embargo, primero Amílcar y luego Aníbal fueron aplastados cuando tenían más cerca que nunca la victoria, en un caso por los helenos y en otro por los romanos. El propio Amílcar murió durante la batalla contra los siracusanos. La victoria contra Cartago proporcionó una gran popularidad a Gelón, que invirtió una parte de las indemnizaciones pagadas por los cartagineses en construir el templo a Atenea que todavía sostiene la catedral. Naturalmente, no hubo piedad con los vencidos: los que no murieron fueron vendidos como esclavos o encerrados en las canteras de piedra caliza, las latomías de Siracusa, en las que murieron en condiciones lamentables muchos cautivos.

Gelón falleció dos años más tarde, en la cumbre de su fama. Bajo la tiranía de su sucesor, su hermano Hierón, Siracusa se convirtió en un centro de las artes, que sedujo a creadores como Píndaro, Simónides y Esquilo. Pero el brillo de la Magna Grecia, y de su principal ciudad, atrajo el creciente e indeseado interés de Atenas, que pese a ser una democracia, era también una ciudad belicista e imperialista. El hecho de que los atenienses inventasen la democracia no impidió que, al mismo tiempo, se aventurasen en conflictos absurdos que acabaron por dañarla de forma irreversible. La interminable guerra del Peloponeso (431-404), que enfrentó a un grupo de ciudades-Estado encabezadas por Atenas a otro grupo encabezado por Esparta, había erosionado profundamente los valores que sostenían las instituciones atenienses. La expedición siciliana del año 415, empujada por el hábil y ambicioso político Alcibíades, representó un golpe del que nunca acabaría de recuperarse, aunque la democracia todavía resistiría renqueante unas décadas. Se puede debatir sobre si Atenas fue el primer régimen basado en los derechos cívicos y en la voluntad libremente expresada de sus ciudadanos (un concepto que, nunca debe olvidarse, excluía a las mujeres y a los *metecos* —extranjeros—, además de a los esclavos). Pero, desde luego, es el que ha dejado una huella más profunda en nuestros valores y, por eso, resulta especialmente importante detenerse en aquellos remotos errores que laminaron y, finalmente, derrumbaron su edificio institucional. El helenista británico Moses I. Finley, profesor de la Universidad de Cambridge y uno de los estudiosos que más han influido en nuestra forma de comprender la Antigüedad clásica, escribió:

> Son los griegos los que descubrieron no solo la democracia, sino también la política, el arte de alcanzar decisiones gracias a la discusión pública y después obedecer esas decisiones como condición necesaria para una existencia social civilizada. No niego la existencia posible de ejemplos anteriores de democracias, por ejemplo, lo que llamamos las democracias tribales o las democracias de la Mesopotamia primitiva, de las que algunos asiriólogos creen haber encontrado huellas. Sea cual sea la realidad de estos hechos, su influencia histórica sobre las sociedades posteriores fue nula. Los griegos, y solo los griegos, descubrieron la democracia en el mismo sentido en que fue Cristóbal Colón, y no un anónimo navegante vikingo, quien descubrió América.

Instaurada hace veinticinco siglos, no es una exageración decir que la democracia ateniense se mantiene como uno de los momentos estelares de la humanidad, que se prolongó durante casi dos siglos y sobrevivió a grandes crisis de las que salió profundamente tocada. Una potencia exterior, Macedonia, la liquidó definitivamente en 322 y devolvió la ciudad a una era de tiranos y reyes: algunos autores consideran que el régimen de libertades de Atenas aguantó hasta entonces, otros sostienen que, con la guerra del Peloponeso, que perdió definitivamente ante Esparta en el año 404, su sistema político quedó muy dañado, casi irreconocible. Sin embargo, como argumenta la estudiosa Edith Hall en *Los griegos antiguos,* la edad de oro de la democracia ateniense, en el siglo v, alberga una historia «llena de proezas increíbles» que se concentraron en apenas tres generaciones y en una población de entre 30.000 y 40.000 varones libres: el teatro de Sófocles, el sentido del Estado de Pericles, las tragedias de Eurípides, las esculturas de Fidias, las comedias de Aristófanes, los relatos históricos de Jenofonte, el pensamiento de Platón y Sócrates. Y ese momento tuvo un excepcional cronista de su conflicto con Esparta, que sobrevoló la democracia ateniense y que precipitó su decadencia: Tucídides, historiador y militar. Porque no fueron los enfrentamientos con los persas, la némesis de los valores defendidos por Atenas, los que destruyeron el sistema de libertades, sino las guerras civiles entre griegos, con los espartanos y con los sicilianos.

Tucídides recrea (nunca sabremos si refleja lo que dijo o es una invención del autor) el discurso fúnebre de Pericles en el libro II de su *Historia de la guerra del Peloponeso.* Mucho de lo que el político sostiene podría aplicarse en la actualidad. Es más, resulta chocantemente contemporáneo. De hecho, muchos estadistas de todo signo ideológico siguen utilizándolo en momentos clave de su mandato. Este discurso, que Pericles pronunció al final del primer año del conflicto para homenajear a los muertos en la guerra con Esparta, ofrece una visión idealizada de la democracia; que es precisamente la que hemos heredado. Se trata de principios con los que muchos países se siguen midiendo en la actualidad. Sostiene Pericles:

> Tenemos un régimen político que no emula las leyes de otros pueblos y más que imitadores de los demás, somos un modelo a seguir. Su nombre, debido a que el gobierno no depende de

> unos pocos sino de la mayoría, es democracia. En lo que concierne a los asuntos privados, la igualdad, conforme a nuestras leyes, alcanza a todo el mundo, mientras que en la elección de cargos públicos no anteponemos las razones de clase al mérito personal (...). En nuestras relaciones con el Estado vivimos como ciudadanos libres.

Son menos recordados otros pasajes memorables, como aquel en el que defiende la necesidad de divertirse —«Tenemos juegos y fiestas todo el año y casas privadas con espléndidas instalaciones, cuyo goce cotidiano aleja la tristeza»— o su elogio de la importancia que tiene la presencia de los metecos para mantener la salud de la polis —«Nuestra ciudad está abierta a todo el mundo y en ningún caso recurrimos a expulsiones de extranjeros»—. «Amamos la belleza con sencillez y el saber sin relajación», prosigue Pericles/Tucídides en un discurso que contiene, sin embargo, una trampa profunda, porque es, a la postre, una arenga militar: «Tratad, pues, de emular a estos hombres y estimando que la felicidad se basa en la libertad y la libertad en el coraje, no miréis con inquietud los peligros de la guerra». Todos los valores construidos por Pericles iban a acabar derrotados por ese conflicto que enviaba a los atenienses a luchar contra su gran enemigo.

En la actualidad, Esparta es una especie de poblachón manchego situado en el Peloponeso, sacudido por un calor indescriptible en verano, y marcado por una historia que desborda la geografía, en la que la realidad se mezcla con el mito. Y en este caso se trata de uno de los mitos más poderosos de la antigüedad, que Edith Thomas resume así: «Admirados por Maquiavelo, Samuel Adams y Adolf Hitler, los sardónicos, autoritarios, pero igualitarios espartanos de la clase gobernante han ejercido una influencia más duradera de la que tuvieron la mayoría de los griegos». La leyenda ha sobrevivido, pero no sus huellas terrenales. De la tumba de Leónidas quedan apenas cuatro piedras y las ruinas de la llamada Esparta antigua son un descampado con columnas tiradas de cualquier manera. Se decía que las murallas de la polis eran sus propios ciudadanos y por eso tal vez no quede casi nada, apenas algunos edificios del siglo XIX en un conjunto arquitectónico dominado por el feísmo de los años setenta. De vez en cuando, aparece un descampado con algunas ruinas. Más allá de la nostalgia por los mitos, del poder evocador de un nombre y de la curiosidad del viajero, un motivo para pasar por Esparta es ir a Mystras, una antigua ciudad bizantina, cuyas ruinas ocupan la ladera de una montaña. Representan un recuerdo, si acaso fuese necesario, de que la historia y la belleza de Grecia van mucho más allá de su pasado remoto. En la Antigüedad, Esparta estaba en el centro del mundo conocido y competía con Atenas por la primacía en el mismo entorno cultural, lo que Donald Kagan llama «la gran rivalidad» en su ensayo *La guerra del Peloponeso*. «Se trataba de dos estados cuya forma de entender el mundo era tan distinta que solo podía suscitar el recelo mutuo», escribe el historiador militar estadounidense. El problema no solo residía en un enfrentamiento por la forma de organizar la sociedad —la oligarquía espartana frente a la democracia ateniense—, sino en la voluntad de controlar el mundo heleno.

Durante casi medio siglo se fue fraguando una profunda enemistad entre las dos polis, que en realidad escondía el temor de una potencia establecida (Esparta) ante el ascenso de un nuevo Estado (Atenas). Es lo que los historiadores llaman en la actualidad la Trampa de Tucídides y que aplican al creciente enfrentamiento comercial y geopolítico entre China y Estados Unidos. Dos países con voluntad hegemónica no pueden compartir el mismo espacio vital. La guerra entre Atenas y Esparta marcó el mundo clásico de la misma manera que los enfrentamientos en Alemania y Francia condicionaron los siglos XIX y XX en Europa. No en vano, al principio de su

Historia, Tucídides habla de un conflicto que «alcanzó, por así decirlo, a casi toda la humanidad». La guerra del Peloponeso debería escribirse siempre en plural, porque en realidad fueron varios conflictos, seguidos de tratados de paz, que se rompieron antes de que estallaran nuevas hostilidades. De nuevo, la comparación con Francia y Alemania tendría sentido porque no resulta descabellado sostener que las guerras de 1870-1871 (tras la que nació Alemania como Estado), de 1914-1918 y de 1939-1945 forman parte de un único enfrentamiento militar. Sin la rivalidad franco-alemana, y la derrota germana en la Primera Guerra Mundial, no puede entenderse el nazismo, como tampoco puede comprenderse la decadencia de la democracia ateniense sin el desgaste que supuso una guerra que no llevaba a ninguna parte, con algunas derrotas que derrumbaron el prestigio de sus líderes y de sus instituciones. El historiador militar Victor Davis Hanson —citado por el helenista italiano Luciano Canfora en *El mundo de Atenas*— se refiere a este largo conflicto como «una guerra como ninguna otra» que se asemeja «al pantano de Vietnam en el que fueron a dar franceses y estadounidenses; al caos sin fin de Oriente Próximo o a las crisis balcánicas de los años noventa». Otro factor que contribuyó a la debilidad de Atenas fue la peste, una plaga nunca identificada totalmente, que Tucídides describe con precisión en el libro II de su *Historia.* La enfermedad apareció en dos oleadas, en 429 y en el invierno de 426 a 425. Su víctima más famosa fue Pericles, el gran estadista de la democracia ateniense, fallecido al principio de la epidemia, que también se llevó a dos de sus hijos.

Atenas y sus aliados ya habían sufrido una debacle en la batalla de Mantinea (418), cuando se embarcaron en 415 en la expedición siciliana, uno de los grandes errores militares de la historia. El envío de la flota ateniense contra Siracusa recuerda también al incidente del golfo de Tonkín con el que Estados Unidos empezó su intervención en Vietnam: no fue una invención, pero casi, porque la poderosa ciudad-Estado decidió enviar una armada invencible para defender a una pequeña polis siciliana, Segesta, que se había metido en líos con la cercana Selinunte —en la actualidad, estas dos ciudades albergan unas ruinas que están entre las más evocadoras del Mediterráneo: rodeado de olivos y de trigales, el templo de Segesta es un monumento sobrecogedor, incluso cuando aparece golpeado por la luz cegadora del verano—. Tucídides resumió así el resultado de los combates: «Los atenienses se encontraban en el más completo desánimo y, si era grande su desengaño, todavía era mucho mayor su arrepentimiento por haber emprendido la expedición». La derrota inspiró una de las comedias más célebres y representadas de todos los tiempos: *Lisístrata,* de Aristófanes, en la que las mujeres se niegan a acostarse con sus maridos hasta que no detengan una guerra absurda. Cuando Atenas se estaba preparando para el enfrentamiento, el ambiente era muy diferente: la ciudad bullía de entusiasmo bélico, de ardor nacionalista ante las futuras conquistas. Siracusa era descrita de manera machacona como un peligro creciente porque se había hecho con el control de gran parte de Sicilia y, además, eran griegos dorios, los mismos que poblaban el Peloponeso y Esparta, enfrentados a los jonios de Atenas. Las riquezas de Sicilia y su capacidad para producir trigo constituían además dos botines notables. Se trataba, por lo tanto, de un ataque preventivo dentro de la guerra del Peloponeso y de una clásica expedición colonial de una potencia que pretendía dominar el mundo heleno, lo que incluía la Magna Grecia. «Se apoderó de todos ellos por igual una pasión por hacerse a la mar», escribe Tucídides. «Los más viejos pensaban en la conquista o, por lo menos, en que un ejército tan formidable no podía malograrse; los jóvenes confiaban en que nada malo podía ocurrir y se dejaban llevar por el afán de ver cosas lejanas y extraordinarias.» Sin embargo, cuando todo estaba preparado, el 7 de junio de 415 a.n.e. ocurrió en Atenas un hecho extraño, que fue interpretado como un pésimo augurio: aparecieron todas las estatuas de Hermes con el rostro destrozado y, encima, como recalca Donald Kagan, «con sus distintivos falos mutilados». La investigación de este ataque contra uno de los símbolos de la ciudad obligó a abandonar la expedición a Alcibíades, uno de los tres generales al mando de la tropa, el más hábil de todos ellos y el único que creía de verdad en la empresa militar. Acusado de orquestar la profanación, acabó por desertar a Esparta porque había sido condenado a muerte por sacrilegio. Pero nada, ni siquiera ese insólito ataque contra sus dioses impidió que un ejército enorme partiese hacia Sicilia.

La campaña fue larga —dos años— y los atenienses estuvieron varias veces a punto de ganar a los siracusanos. La batalla final comenzó en 413 en el puerto de la ciudad, ante los ojos de sus habitantes, que pudieron contemplar la lucha. «Era un espectáculo emocionante y terrible, cuyo resultado era vital para los espectadores», escribe Kagan. Los atenienses, divididos, acabaron huyendo por tierra, corriendo para salvar sus vidas y refugiarse en su campamento. Uno de sus generales, Demóstenes, se rindió con sus tropas e intentó suicidarse. El otro oficial al mando de los atenienses, Nicias, quiso negociar, con condiciones muy ventajosas para los vencedores, pero los siracusanos no perdieron la oportunidad de borrar del mapa a un enemigo tan poderoso que había cruzado el Mediterráneo para buscar batalla. El río Asínaro fue el escenario del último episodio de esta triste historia, del final de la grandeza de Atenas, que se había quedado sin soldados y moralmente dañada, con la estructura de poder democrático cuestionada por una expedición que solo había traído desgracias. Siete mil prisioneros atenienses fueron enviados a aquellas siniestras canteras de Siracusa, en condiciones horrorosas incluso para una época en la que no se aplicaba precisamente la Convención de Ginebra. «A todos los atenienses y aliados que habían capturado les hicieron bajar a las canteras, por considerar que era el lugar más seguro para su custodia; pero a Nicias y Demóstenes los ejecutaron», explica Tucídides sobre una prisión cuya fama recorre toda la Antigüedad y sobre la que Cicerón escribió tres siglos más tarde:

> Todos vosotros habéis oído hablar, y la mayoría conocéis directamente, la latomía de Siracusa. Obra grandiosa, magnífica, de reyes y tiranos, excavada íntegramente en la roca a manos de muchos operarios, hasta una extraordinaria profundidad. No existe ni se puede imaginar nada tan cerrado por todas partes y seguro contra cualquier tentativa de evasión. Si se solicita un lugar público de encarcelamiento, se ordena conducir a los prisioneros a esta latomía desde las otras ciudades de Sicilia.

En ellas está situada también la famosa Oreja de Dionisio, el tirano de Siracusa que entre 397 y 392 libró otra guerra con Cartago, que resultó de nuevo derrotada. Los prisioneros púnicos fueron también arrojados a aquellas mazamorras y a una cueva con una apertura enorme similar a una oreja: la leyenda sostiene que se podía escuchar fuera todo lo que los cautivos hablaban dentro, desarticulando cualquier intento de fuga. El traductor y anotador de la versión de Tucídides en la estupenda colección de clásicos de tapa azul de Gredos, Juan José Torres Esbarranch, recuerda que ahora aquellas prisiones son un bello parque mediterráneo, un tranquilo escenario para una tragedia cuyos ecos nunca se han acallado.

Como ha ocurrido desde entonces tantas veces, fueron los propios errores de una democracia los que facilitaron su final. Pese a la eficacia y al éxito de este régimen, se había mantenido activa una minoría defensora de la oligarquía y del papel de la aristocracia como único estamento capaz de regir los destinos de los ciudadanos. Se trataba de un sentimiento antiguo y profundo, que formaba parte del mundo cultural heleno, como queda claro en las obras de Homero, donde son los nobles y los dioses los que toman todas las decisiones. La libertad representa siempre una ruptura con las tradiciones antiguas. La debacle en Siracusa, y la guerra en general, dieron argumentos a todos aquellos que nunca habían ocultado su desprecio hacia al gobierno popular. «El interminable conflicto, el sufrimiento y las privaciones», escribe Kagan, «el fracaso de cada uno de los planes emprendidos para alcanzar una victoria definitiva, y por encima de todo el desastre ateniense en Sicilia, eran asuntos de los que fácilmente se podía culpar al régimen y a los hombres que lo dirigían.» Los aristócratas supieron aprovechar su momento. Así describe Moses I. Finley en *Democracia antigua y moderna*, un breve ensayo, lo que ocurrió en Atenas tras la debacle en el puerto de Siracusa:

> Apareció un complot muy bien organizado para reemplazar la democracia en Atenas por una oligarquía. Sus jefes, hombres de grandes capacidades y de estatuto social elevado en la comunidad, alcanzaron sus fines por una mezcla de terrorismo y de propaganda, no por ataques abiertos contra el principio de democracia, ataques que no hubiesen llevado a ningún lado, sino por una argumentación patriótica bien elaborada.

Pese a que llegaron al poder a través de lo que ahora llamaríamos un golpe de Estado, los responsables del complot utilizaron de forma muy hábil las instituciones principales sobre las que se articulaba la democracia ateniense: la Asamblea, el órgano ejecutivo del que formaban parte todos los ciudadanos varones libres; el Consejo del Areópago o Bulé, que marcaba lo que se discutía en la Asamblea y estaba formado por quinientos ciudadanos que se reemplazaban todos los años; y los tribunales populares, los dicasterios. Al igual que caparazones vacíos, las instituciones se conservaron, sus nombres seguían en teoría articulando la vida pública, aunque no eran más que marionetas de los auténticos poderes dictatoriales. El propio Tucídides escribe: «El pueblo se seguía reuniendo y también se reunía el consejo designado por sorteo, pero no se tomaba ningún acuerdo que no contara con el beneplácito de los conjurados». «Lo que más llama su atención de la trama es el silencio del *demo:* la forma en que la más locuaz y ruidosa de las democracias pierde repentinamente la palabra», señala Luciano Canfora sobre el relato del historiador griego. «Silencio que comporta otra consecuencia relevante para el político estudioso de los cambios constitucionales: la permanencia de las instituciones características de la democracia, pero, a la vez, su completo vaciamiento.» Se trata de una técnica que el emperador Octavio Augusto utilizó cuatro siglos más tarde: fingió que la República romana seguía vigente, aunque sus instituciones no sirviesen para nada. Muchos golpes de Estado a lo largo de la historia han sido más eficaces minando desde dentro parlamentos y tribunales que suprimiéndolos —desde Hugo Chávez en Venezuela hasta lo que está haciendo Viktor Orbán en Hungría—. Bajo el franquismo existía un Parlamento que no tenía ningún poder, mientras que la Unión Soviética estaba llena de sóviets y asambleas populares, supeditadas totalmente a la voluntad del líder. Los conjurados que establecieron el régimen ateniense de los Cuatrocientos ya habían comprendido la eficacia de mantener una fachada institucional de cartón piedra.

Pese al éxito inicial del golpe, el régimen de los Cuatrocientos apenas se prolongó durante cuatro meses. Fue reemplazado durante un periodo de transición por una asamblea de cinco mil ciudadanos, de la clase alta de los hoplitas. La división dentro de los oligarcas, la falta de control sobre otros territorios atenienses y la amenaza de un ataque espartano, derribaron un gobierno que estuvo a punto de provocar una guerra civil. En 410 la democracia plena había sido restaurada; sin embargo, la huella que dejó este breve periodo dictatorial fue profunda. La historia que nos cuenta, incluso ahora, la primera agresión seria que sufrieron las libertades de los ciudadanos atenienses por parte de la oligarquía es que la democracia es siempre frágil. Como escribió Moses I. Finley sobre aquella época de turbulencias: «Una sociedad política auténtica, donde la discusión y los debates son una técnica esencial, es siempre una sociedad llena de peligros. El precio de la libertad es la vigilancia eterna». El siguiente golpe de Estado, en 404, fue mucho más grave y duradero.

En 411, por motivos que se desconocen, Tucídides interrumpe su relato de la guerra del Peloponeso, momento en el que lo retoma Jenofonte en sus *Helénicas*. El final de este largo conflicto fue agónico para Atenas: la ciudad-Estado sufrió derrota tras derrota hasta su rendición en 405. Y, de nuevo, la consecuencia de esta debacle militar fue la instauración de una dictadura, el llamado régimen de los Treinta, prácticamente un títere de los espartanos. Apenas duró un año antes de ser derrocado, pero su huella es profunda porque instauró una era de crueldad y terror, de persecuciones y ejecuciones, que marcaría la pauta para muchas tiranías a lo largo de la historia. Lo ocurrido en Atenas aquellos meses puede recordar perfectamente a las dictaduras del Cono Sur en América Latina en los setenta y ochenta, a la España de la posguerra; a los primeros meses tras la llegada al poder de Hitler, cuando se produjeron detenciones masivas de opositores y se abrieron los primeros campos de concentración, o a la represión que desató Fernando VII en España después del Trienio Liberal. Su forma de alcanzar el poder fue similar a la de los Cuatrocientos, a través de las instituciones democráticas y también, como ha ocurrido tantas veces, prometieron que la interrupción de las libertades cívicas sería algo temporal, antes del regreso de la democracia con una nueva constitución. Naturalmente, como destaca Jenofonte, nunca tuvieron la intención de devolver sus derechos a los ciudadanos. La ferocidad con la que ejercieron la represión a diestro y siniestro resultó algo nuevo para los atenienses. «Una vez más, en Atenas, una asamblea popular derrocó la democracia», relata Luciano Canfora. «Con los espartanos en armas en la ciudad, la asamblea eligió a los Treinta: una magistratura extraordinaria que tenía el cometido de escribir una nueva Constitución. Fueron elegidos los oligarcas más destacados.»

El ensayista estadounidense Lewis Hyde estudia a los Treinta Tiranos en su ensayo *Breviario del olvido,* aunque no se centra en sus actos durante la dictadura, sino sobre todo en lo que ocurrió cuando fueron derrocados, la primera amnistía de la historia, un tema al que volveremos en estas páginas. Este historiador resume así los primeros meses de su reinado del terror:

> A partir de septiembre del año 404, arrestaron y ejecutaron a todo aquel que anteriormente los hubiera ofendido o hubiera suscitado animadversión hacia ellos. Fomentaban la colaboración de los ciudadanos para que informasen sobre sus vecinos y, de ese modo, los enviasen a la muerte. Desarmaban a sus enemigos, confiscaban sus tierras y sus propiedades; mataban a los residentes extranjeros y después vendían sus bienes para pagar a una milicia de mercenarios; ocuparon la villa de Eleusis y, para convertirla en un refugio exclusivo para ellos, ejecutaron a todos los habitantes varones. Cuando uno de los suyos ponía en tela de juicio los excesos de aquel reinado del terror, le pasaban el cuenco de la cicuta. Al final, fueron miles los empujados al exilio, y mil quinientos los asesinados, más que durante cualquiera de las décadas de la guerra que acababa de finalizar.

Solo una breve guerra civil acabó por derrocar a esta auténtica junta militar. Todas las fases de la represión suenan extraordinariamente contemporáneas: la identificación y asesinato de cualquier posible oponente; el llamamiento general a la delación; el castigo con la pena de muerte a cualquiera que, dentro del propio régimen, hiciese pública una duda. Aquellas dos primeras dictaduras fueron muy breves y tal vez por eso el recuerdo que dejaron no fue lo suficientemente profundo. Como explicaba Finley, medimos nuestras libertades con las que se dieron a sí mismos los griegos antiguos hace veinticinco siglos. Pero deberíamos medir también la fragilidad permanente de nuestros sistemas democráticos con aquellos dos periodos de despotismo, no solo con el régimen despiadado de los Treinta; sino también con el asalto oligárquico de los Cuatrocientos. Ningún país, por muy fuertes que considere sus instituciones y por muy sólido que crea el marco legal que garantiza los derechos de sus ciudadanos, está totalmente a salvo: basta con recordar lo que ocurrió en Estados Unidos el 6 de enero de 2021, cuando una turba, impulsada por milicias armadas perfectamente organizadas y azuzada por el presidente saliente Donald Trump, que se negaba a reconocer su derrota electoral, asaltó el Capitolio con el objetivo de secuestrar, incluso asesinar, a congresistas y senadores e impedir la confirmación del presidente electo, o el retroceso *iliberal* en Hungría y Polonia, dos democracias recientes, sin duda, pero que forman parte de la estructura de libertades en teoría más sólida del mundo, la Unión Europea.

Los atenienses recuperaron la libertad, pero nada volvió a ser lo mismo: la huella de dos dictaduras dejó una democracia tocada y temerosa, con graves problemas para aceptar la disidencia como demuestra la ejecución de Sócrates, otra historia a la que llegaremos más adelante. Mientras el esplendor de Atenas se iba apagando, surgía en el Mediterráneo otra república que acabaría por hacerse con el control del mundo conocido; pero los romanos, como los atenienses, también dejarían de ser ciudadanos para convertirse en súbditos. Tras derrocar a la monarquía en el año 509 a.n.e. (más o menos el mismo momento en que nació la Atenas democrática), los romanos se dotaron de instituciones, como el Consulado, destinadas a que los reyes del principio de su historia no regresaran jamás: dos magistrados elegidos se repartirían el poder durante un año y luego otros los reemplazarían. Roma no era ni de lejos algo remotamente parecido a una democracia moderna. Y no solo por los esclavos o por el nulo poder político de las mujeres, sino porque en el fondo era una oligarquía donde unos pocos ocupaban casi siempre el poder y las posibilidades de ascender en la escala social eran muy reducidas, por no hablar de la corrupción generalizada y del poder omnívoro del dinero. Era, además, un mundo violento y turbulento. Irene Vallejo escribe en *El infinito en un junco:* «la esclavitud era, para griegos y romanos, el monstruo que acechaba bajo la cama, el terror que siempre reptaba cerca. Nadie podía vivir totalmente seguro de que nunca sería esclavizado, sin importar lo rico y aristocrático que fuese su linaje. Había muchas puertas abiertas al infierno, incluso para los nacidos libres».

Pero, en ese universo despiadado en el que la vida valía muy poco, la ley era la ley, las instituciones importaban y, sobre todo, el gobierno nunca estaría a cargo de una sola persona. La República trató de blindarse con un complejo entramado —cónsules, procónsules, tribunos, senadores, ediles, pretores, censores— para garantizar la separación de poderes. El derecho romano, que se sigue estudiando en nuestra época, regulaba muchos aspectos de la vida cotidiana y política. De esta forma, la República fue construyendo un territorio inmenso, a base de conquistas feroces, pero también con la idea de que el destino de los pueblos conquistados era convertirse en ciudadanos romanos y formar parte de una red social y comercial enorme. Sobre ese proyecto planeaba una sola idea, una palabra especialmente poderosa. «La Roma republicana legó la idea de libertad», escribe la historiadora de Cambridge Mary Beard en *SPQR*. «La idea de que la República se fundó basándose en la *libertas* retumba con fuerza en la literatura romana y ha resonado a través de los movimientos radicales de los siglos posteriores en Europa y América.» Los ciudadanos premiaban a los buenos gestores y castigaban a los malos, sabían que podían acogerse a la ley para protegerse de los abusos y, si así lo deseaban (y pertenecían a la clase adecuada), podían optar ellos mismos a la magistratura. Sabían que sus autoridades se iban a ocupar de que no faltase el grano y que, aunque el servicio militar se prolongase durante décadas, iban a ser premiados con tierras y riquezas de los saqueos.

Sin embargo, a lo largo de los siglos, fueron surgiendo personajes con una ambición desmedida y una crueldad desatada, que se aprovecharon de una figura republicana: el dictador, que otorgaba a un ciudadano poderes absolutos, durante un tiempo limitado, para hacer frente a una emergencia militar o social. Políticos como Lucio Cornelio Sila o Julio César utilizaron ese cargo para cercenar las instituciones republicanas. En el caso de Sila, además, ordenó asesinar a todos sus oponentes, a los que procuraba masacrar mientras estaba reunido el Senado para que los magistrados pudiesen escuchar los gritos de los condenados y tuviesen claro cuál podría ser su destino si osaban oponerse al dictador. Sus listas de opositores a los que ejecutar, y de paso robar sus bienes, nunca dejaban de engordar, y la leyenda sostiene que el atrio de su casa estaba decorado con cabezas cortadas. A partir del consulado de Sila en el año 88 antes de nuestra era, Roma entró en un largo periodo de turbulencias políticas, guerras civiles y luchas por el poder que corrompieron sus cimientos. «Ninguna república es eterna», escribe el historiador de la Universidad de San Diego Edward J. Watts en *República mortal. Cómo cayó Roma en la tiranía.* «Solo perdura mientras la desean sus ciudadanos. Ya sea en el siglo XXI d.C. o en el siglo I a.C., cuando una república no cumple sus expectativas, los ciudadanos pueden escoger la estabilidad de un gobierno autocrático por encima del caos de una república rota.» Pompeyo, Julio César, Marco Antonio son nombres que, incluso antes de Shakespeare, forman parte del imaginario popular como sinónimo de política, casi siempre ensalzados como grandes defensores de Roma y de los asuntos públicos. Sin embargo, destruyeron la República y contribuyeron a una de las cosas más peligrosas que le pueden pasar a una democracia: la llegada de un hombre providencial dispuesto a hacer cualquier cosa para salvar a los ciudadanos de sí mismos.

El asesinato de César en los idus de marzo del año 44 antes de nuestra era no logró detener un proceso que ya estaba en marcha. El objetivo de los conjurados era evitar el poder creciente de una sola persona y que Roma tuviese de nuevo un monarca absoluto; pero no lo consiguieron. Las instituciones republicanas estaban demasiado dañadas por la violencia y por la desconfianza de los ciudadanos hacia sus representantes. El lugar exacto donde fue asesinado César fue localizado ya en el siglo XXI por un equipo de arqueólogos del Consejo Superior de Investigaciones Científicas (CSIC) español. La Curia del Teatro de Pompeyo, en el Campo de Marte, donde el Senado celebraba sus sesiones, y donde César recibió veintitrés puñaladas de los conjurados, se encuentra en el Largo Argentina, en el centro de Roma. Allí se mantienen una de las pocas ruinas de la época republicana que quedan en la ciudad, en las que campa a sus anchas una amplia colonia de gatos. Los restos no se pueden visitar y los felinos han tomado esa manzana donde se encuentra uno de los lugares más famosos de la historia clásica. La memoria de aquellos conjurados permaneció, hábilmente manejada por los herederos de César, pero los recuerdos de la República romana se fueron enterrando bajo el peso del Imperio, de sus mitos y de sus piedras. Tras el asesinato, el político y escritor Cicerón, el más lúcido de los defensores de la democracia, pidió a Bruto que convocara el Senado y que condenase a muerte también a Marco Antonio. Pero Bruto no se atrevió: la violencia se había apoderado de las calles y al final Marco Antonio y Lépido, los aliados de César, se hicieron con el control de la situación. A ellos se sumaría el hijo adoptivo de César y su heredero, César Octaviano, el futuro emperador Augusto. Nada más llegar al poder, lo primero que hizo este triunvirato fue decretar unas *proscripciones* —la persecución y asesinato en masa de enemigos políticos— que superaron incluso a las de Sila: las listas de condenados a muerte —y a perder todas sus propiedades— crecían todos los días. Uno de los primeros en ser asesinados fue Cicerón: Marco Antonio ordenó, además, que clavaran sus manos y su cabeza en las puertas del Senado. Pocas veces ha quedado tan clara la victoria de la brutalidad sobre la inteligencia como con aquel gesto. Los triunviros derrotaron en la batalla de Filipos a aquellos que asesinaron a César y trataban de restaurar la República, pero luego estalló una guerra civil entre ellos, que enfrentó a Marco Antonio y a Octaviano. No importa que sea en la antigua Roma, Bosnia, Estados Unidos o España: los conflictos civiles siempre son los más crueles. Las guerras que asolaron todo el inmenso mundo romano desde la muerte de César hasta la victoria de Octaviano no fueron una excepción. Pero tuvieron un ganador claro: el futuro César Octavio Augusto. Y, así, tras haber logrado acabar en Egipto con sus últimos enemigos, Marco Antonio y Cleopatra, que se suicidaron, regresó a Roma en el año 29 antes de nuestra era para celebrar sus conquistas y su victoria final.

Poco a poco, con habilidad y sin la brutalidad del principio —que, por otro lado, ya no era necesaria, puesto que sus enemigos habían sido aniquilados mediante proscripciones y en guerras—, Octaviano fue acumulando poder y mantuvo un hábil equilibrio entre lo que realmente estaba haciendo, socavando las instituciones y construyendo un nuevo Estado, y la fachada que se había creado como garante de las tradiciones y libertades romanas. Resulta difícil señalar cuál fue el momento en el que no hubo ya posibilidad de dar marcha atrás; pero todo el proceso culminó el 17 de enero del año 27 antes de nuestra era cuando, como explica Edward J. Watts, recibió por parte del Senado el título que le convirtió en emperador. «Me dieron el nombre de Augusto por decisión del Senado», escribió él mismo, según el historiador del siglo III Dion Casio, «en un acto público cubrieron las jambas de la puerta de mi casa con laureles y pusieron una corona cívica encima y colocaron el escudo de oro en la Curia Julia cuya inscripción daba fe de que el Senado y el pueblo de Roma me lo habían otorgado por mi virtud, justicia y piedad.» Quinientos años después de la muerte de Tarquinio, Roma volvía a tener un rey, que había logrado además que pareciese que su nombramiento había sido democrático y por voluntad popular. Hasta que, en el año 14 de nuestra era, su hijastro Tiberio heredó el trono, Augusto fue un emperador duro y magnánimo a la vez, con el que empezó la *Pax romana* y el Imperio no hizo más que avanzar geográficamente. Fue un gobernante conservador en las costumbres, pero que mantuvo un inmenso territorio en relativo orden: controló el ejército, aseguró los caminos, hizo cumplir las leyes, instauró nuevas divisiones administrativas, reorganizó el censo —la referencia más famosa al emperador en los Evangelios (Lucas 2, 1-2) explica que «en aquellos días se promulgó un edicto de parte de Augusto César, para que todo el mundo fuese empadronado»—, impulsó una reforma tributaria, fundó colonias para los veteranos del ejército... Un ejemplo resume perfectamente su sentido del Estado: cuando ordenó construir el foro, los propietarios de unos terrenos se negaron a venderlos y él no quiso ni expropiar, ni quitárselos por la fuerza, por eso el foro no es un rectángulo, sino que le falta una esquina. Prefirió que su gran proyecto arquitectónico fuese imperfecto a saltarse su propia ley. Esta contradicción es uno de los grandes temas que trata el británico Adrian Goldsworthy en su biografía del emperador: instauró una dictadura, pero fue un buen gobernante, y, sobre todo, abandonó el uso irracional de la violencia. Seguramente porque ya no la necesitaba. Tal vez sea el único tirano que se volvió menos violento cuando alcanzó el poder. Siempre dentro de unos límites bastante estrechos, permitió una cierta libertad de expresión —no hay que olvidar que mandó a Ovidio al exilio, pero no lo mató—, aunque fue un profundo moralista en las costumbres.

En su *Vidas de los doce césares,* el historiador romano Suetonio lo describe como un hombre austero —«Comía muy poco y generalmente alimentos vulgares. Lo que más le gustaba era el pan hecho en casa, los pescaditos pequeños, el queso de vaca prensado a mano y los higos verdes»—, que entraba en los pequeños detalles del Estado —«Él mismo administró justicia con asiduidad y a veces hasta la noche, haciendo colocar su litera delante del tribunal, o incluso tendido en el lecho, en su casa»— y que llegó a plantearse en dos ocasiones restablecer la República. «Pero reflexionando por una parte en el peligro que correría volviendo a la vida privada y, por otra, en que sería una temeridad dejar la República al arbitrio de varias personas, continuó reteniéndola.» El gran problema que Augusto legó al Imperio romano fue la sucesión. Puesto que en teoría no se trataba de una monarquía, sino que se conservaba la ficción de que había sido elegido por el pueblo, nunca se creó un mecanismo claro, lo que provocó numerosos conflictos civiles a lo largo de la historia. En su caso, además, sus sucesores —Tiberio, Calígula, Claudio y Nerón— dejaron, salvo Claudio, una huella de maldad y crueldad, aunque no está claro si esto se debe a la mala fama que se labraron ellos mismos con sus actos o a que historiadores posteriores los calumniaron. Con Nerón acabó la dinastía Julio-Claudia y comenzó la Flavia, y era muy conveniente embarrar a los emperadores anteriores. Augusto, en cambio, quedó como sinónimo de grandeza y ejercicio responsable del poder, que ocupó durante cuarenta años, olvidando el pequeño detalle de que se había convertido en emperador tras haber ganado de manera brutal varias guerras civiles, haber asesinado a todos sus rivales y destruido una República que había sobrevivido durante medio milenio.

Uno de los grandes libros sobre el primer emperador —y en general sobre la antigua Roma— es *La revolución romana,* de Ronald Syme (1903-1989). Este profesor de historia antigua de Oxford tuvo una vida fascinante. Nació en Nueva Zelanda, fue agente del espionaje británico en los Balcanes durante la Segunda Guerra Mundial, antes de lanzarse a una carrera académica que le otorgaría prestigio internacional; sin embargo, nunca abandonó la aventura: recorrió todas las provincias del antiguo Imperio, muchas a veces a pie. Sus *Roman papers,* su biografía de Tácito o sus ensayos sobre la Roma de provincias o la aristocracia en la época de Augusto son libros, desgraciadamente, casi imposibles de encontrar. Sin embargo, *La revolución romana* se mantiene vivo y sigue siendo una obra muy citada. Publicado por primera vez en 1939, este libro habla tanto del pasado como del presente durante el que fue escrito: Syme fue testigo de la destrucción de las democracias europeas a manos del fascismo y del nazismo, y se dio cuenta de que el mundo ya había pasado por un proceso similar muchos siglos atrás. La importancia del estudio de Syme reside en que logró cambiar la imagen de Augusto, del gobernante que construyó un imperio al dictador que destruyó una república. «En el principio los reyes gobernaron Roma y, al final, como estaba prescrito por el Hado, se volvió de nuevo a la monarquía», escribe. «La monarquía trajo la concordia. Durante las guerras civiles cada partido y cada líder declaraban estar defendiendo la causa de la libertad y de la paz. Aquellos ideales eran incompatibles. Cuando la paz llegó, fue la paz del despotismo: "Con el señor vino esta paz" (Lucano, *Farsalia).*»

Detrás de los aristócratas atenienses, de Julio César, de Marco Antonio, de Augusto, vinieron muchos otros tiranos que se atribuyeron, casi siempre basándose en invenciones, el deber de salvar al Estado de la decadencia y a los ciudadanos de su libertad. La diferencia es que no fueron capaces de dejar nada más que ruinas, ni tampoco dejaron atrás la violencia, más bien todo lo contrario. Se sintieron hombres providenciales, con una misión casi divina, que cumplirían arrasando con todo y sobre miles de cadáveres. Desde las repúblicas de la Antigüedad, comenzó una larga saga de salvadores de la patria que llega hasta nosotros. La batalla de Salamina forma parte de nuestra mitología como el momento en el que Occidente, encarnado en los griegos, logró parar el avance del despotismo oriental que trataban de imponer los persas. Sin embargo, la libertad duró muy poco: con la conquista de Atenas por parte de los macedonios y con la caída de la República romana varios siglos después, se inauguró un larguísimo periodo de reyes y tiranos en el continente. Está claro el instante en que Roma, definitivamente, dejó de ser una república: cuando Augusto murió en el año 14 de nuestra era y su heredero, Tiberio, asumió el trono imperial, ya no cabía duda de que iba a ser gobernada por monarcas. Pero los historiadores se preguntan todavía cuándo Roma se asomó al abismo de la dictadura, en qué momento se hizo imposible salvar sus instituciones, y no es un detalle baladí, porque los europeos no volverían a ser ciudadanos hasta la segunda mitad del siglo xx salvo durante algunos periodos cortos y aislados de libertad, muy localizados en el tiempo y en el espacio. Comprender cuándo no hay marcha atrás, cuándo los ciudadanos han dejado de serlo para convertirse en súbditos, pero todavía no son totalmente conscientes de ello, puede proporcionar muchas lecciones para el presente.

Tal vez la imagen más simbólica de aquella decadencia romana hacia la tiranía sea el cruce del Rubicón por parte de César —con el nombre de ese río del norte de Italia titula el historiador Tom Holland su ensayo sobre el final de la República—. Cuando aquel general cruzó un pequeño río con sus legiones hizo algo más que violar una vieja ley romana que impedía a un militar entrar al frente de sus tropas en Italia. Rompió para siempre el orden de la República y abrió camino a la autocracia, un proceso que su muerte no detuvo, más bien lo aceleró. En la actualidad, no se sabe muy bien dónde estaba el Rubicón, ni siquiera qué día tuvo lugar el sacrilegio —fue en el invierno del año 49 antes de nuestra era, seguramente a principios de enero—; pero aquel cruce ha sido estudiado hasta el más mínimo detalle, porque simboliza el final de una época. «Con él se cerró una era en la historia», escribe Holland, y prosigue:

> Hubo un tiempo en que el Mediterráneo estuvo salpicado de ciudades libres. En el mundo griego, y también en Italia, los habitantes de estas ciudades no se consideraban súbditos de un faraón ni de un rey de reyes, sino ciudadanos y alardeaban de los valores que los distinguían de los esclavos: libertad de expresión, propiedad privada y derechos plasmados en leyes. No obstante, gradualmente, conforme iban surgiendo nuevos imperios, primero el de Alejandro Magno y sus sucesores y luego el de Roma, la independencia de tales ciudadanos se iba cons-

triñendo. Llegados al siglo I antes de nuestra era quedaba solo una única ciudad libre: la propia Roma. Y, cuando César cruzó el Rubicón, la República se vino abajo y no quedó ninguna.

Es cierto que hubo destellos de libertad en Europa durante los siglos siguientes, sobre todo tras el advenimiento de la Ilustración, desde la Revolución francesa antes de la irrupción del terror de Robespierre hasta la República de Weimar en Alemania antes de la toma del poder por parte de los nazis, y que surgieron documentos legales destinados a torcer la voluntad de los reyes, como la Carta Magna, firmada el 15 de junio de 1215, que limitaba el poder de la Corona inglesa con la introducción de una de las figuras jurídicas más poderosas de la historia, el *habeas corpus*. Durante siglos, la libertad se mantuvo como una quimera, salvo algunas excepciones como el parlamentarismo inglés del siglo XIX (si obviamos que era una sociedad profundamente clasista y racista con los pueblos colonizados, que las mujeres no pudieron votar hasta 1918 y que ocupaban un puesto secundario en la jerarquía social, sin acceso a la independencia económica ni al control sobre su propio cuerpo, o matanzas de obreros como la de Peterloo en 1819, así como la pobreza dickensiana que condenaba al hambre constante a una parte importante de la población), las Cortes de Cádiz (un espejismo liberal destruido por Fernando VII), la Segunda República española (aniquilada por el fascismo) o la Tercera República francesa (si nos olvidamos de la represión contra la Comuna).

Pero, hasta finales del siglo XX, muchos de esos avances fueron seguidos de retrocesos: ¿cuántos ciudadanos europeos han sido arrestados desde la implantación del *habeas corpus* sin motivo ni explicaciones, asesinados, torturados, exiliados, encarcelados, privados de sus propiedades y de su libertad? ¿Cuántos lo son todavía en Rusia o Bielorrusia? Y, eso, si nos ceñimos solo a Europa, porque en el resto del mundo la libertad es una excepción: basta con pensar en China, el país más poblado de la Tierra, que es una dictadura cada vez más implacable, o en la India, que se dirige con paso firme hacia la autocracia. ¿Estamos seguros de que el camino que hemos emprendido en Europa no tiene marcha atrás? La respuesta que nos da la historia resulta bastante inquietante. Tras la caída de Roma, el continente entró en un periodo sombrío sobre el que tenemos poca información por la falta de documentos —no en vano se llama los Años Oscuros—, durante el que se produjeron grandes movimientos de pueblos en busca de nuevos territorios —los vikingos y los árabes son los más famosos, aunque hubo muchos más—. La formación de los grandes estados nacionales, en la alta Edad Media y el Renacimiento, trajo consigo estructuras administrativas mucho más sólidas, con amplios aparatos represivos. Paradójicamente, el nacimiento de regímenes parlamentarios más o menos libres, sobre todo durante el siglo XIX, desencadenó una nueva forma de llegar al poder —o tal vez no tan nueva si tenemos en cuenta lo ocurrido en Atenas en 411 y 404—: el golpe de Estado, una de las instituciones más duraderas y desgraciadas del mundo moderno y contemporáneo. El periodista Manu Leguineche, que sabía de lo que hablaba porque cubrió muchas asonadas durante su larga carrera como reportero internacional, explica en *El estado del golpe* —un libro que publicó un año después de la intentona del 23 febrero de 1981— que el primer golpe moderno tuvo lugar en 1648, cuando Oliver Cromwell ordenó al coronel Thomas Pride desplegarse ante la Cámara de los Comunes e impedir la entrada de todos aquellos parlamentarios que no le gustaban y que fueron detenidos inmediatamente. «Cromwell instaura la dictadura puritana», escribe Leguineche. «Es una reacción a los excesos del Renacimiento con la inmersión en el rigor del credo calvinista. Desde el punto de vista político inspira dos tendencias, la burguesa-liberal y la militar-comunista.» Cuando el líder puritano entró en el Parlamento inglés, en 1653, dejó muy claro lo que pensaba de los representantes del pueblo: «Ya basta de habladurías. Queréis un parlamento, pero no sabéis qué hacer con él. Os gustan el vino y las mujeres. Fuera de aquí». Palabras como las de Cromwell han sido repetidas hasta la saciedad a lo largo de la historia por cientos de iluminados que piensan que los ciudadanos no sabían qué hacer con su libertad, por lo que debían encargarse ellos de explicárselo.

Lo ocurrido en Grecia y Roma, en el albor de las democracias, marcó un camino transitado a lo largo de los tiempos por numerosos tiranos. Algunos, como Napoleón en el 18 brumario de 1799 (equivalente al 9 de noviembre), construyeron un nuevo Estado acabando con el anterior. Napoleón liquidó las instituciones de la Revolución francesa y sembró Europa de guerras, pero también impulsó un código civil que seguimos utilizando en la actualidad. Otros, como Benito Mussolini, erigieron una parodia, más que una imitación, de la antigua Roma imperial. Lograron, pues, cambiar las costumbres de toda la sociedad e influir de una manera espeluznante en su tiempo.

Como ocurrió en la Atenas del siglo v, no solo los partidarios de los regímenes oligárquicos, que nunca consideraron las libertades ciudadanas como un derecho, fueron los responsables del final de las democracias. Muchos golpes de Estado fueron propiciados por los defensores del orden constitucional. El historiador y diplomático español Ángel Viñas ha analizado desde ese punto de vista el 18 de julio de 1936, con el que empezó la Guerra Civil española, que acabaría por aupar al poder a un cruel general africanista, Francisco Franco. Es evidente que la pulsión conservadora, violenta y oligárquica estaba profundamente insertada en la sociedad española, pero también que la ceguera de los dirigentes republicanos ante la magnitud de la amenaza, sus errores y divisiones acabaron por propiciar la llegada del fascismo a España. «De la misma forma que los gobiernos republicanos, en particular los de izquierdas, subestimaron la influencia de la trama civil apoyada por el fascismo italiano, también menospreciaron el alcance y la significación de las actividades extremistas de derechas en el seno del Ejército», escribe Viñas. No se puede culpar a la República de su propio final, sino a los que dieron el golpe de Estado y lanzaron una campaña de represión salvaje para destruir a todos los que no pensaban como ellos; pero lo ocurrido el 18 de julio no era inevitable. La historia pudo ser diferente: una República con las fuerzas de izquierdas menos divididas, con instituciones más sólidas, con menos violencia política y revolucionaria y consciente de la capacidad de reacción y movilización de los sectores más reaccionarios de la sociedad tal vez hubiese podido esquivar la Guerra Civil. No deja de ser lamentable que España estuviese a punto de cometer el mismo error en 1981 cuando, entre militares golpistas nostálgicos del franquismo y minusvalorados por los servicios secretos, atentados terroristas constantes de ETA y del Grapo, y algunos políticos, empresarios y periodistas poderosos que pensaron que ellos —y no el conjunto de los españoles con su voluntad expresada en las urnas— tenían la solución a los problemas de la naciente democracia española, el coronel Antonio Tejero entró en el Congreso de los Diputados en la tarde del 23 de febrero de 1981. El golpe, esta vez, no salió adelante, pero también las cosas pudieron ser de otra forma. La mayoría de los historiadores consideran que tuvo posibilidades reales de triunfar, al menos durante unas primeras horas cruciales. La neutralidad con la que Estados Unidos —entonces el mayor exportador mundial de golpismo— recibió la asonada resultaba un indicador de que las cosas no estaban claras. La Europa de los años ochenta no era la del siglo XXI. Afortunadamente, con el fracaso de los conjurados, tras el crucial discurso del rey Juan Carlos I, que antes había dejado a claro a los militares que no había cambiado de bando, se rompió para siempre una vieja tradición española: junto a «guerrilla», una de las palabras que el castellano ha prestado al resto del mundo es «pronunciamiento». En la España e Italia fascistas, en la Francia de Vichy, en la patética incursión de Tejero, en los coroneles griegos, en los militares chilenos y argentinos, en los camisas pardas hitlerianos latían los mismos impulsos que acabaron con la democracia en Atenas dos mil quinientos años antes, la peligrosa idea de que el pueblo no puede decidir por sí mismo y que necesita a líderes preclaros para ser salvado. Si para ello, como hicieron los Treinta, hay que recurrir a ejecuciones, se trata de un mal inevitable, del que saldrá una sociedad mejor. Lenin, tras la caída del zar, también comprendió rápidamente eso. Como Augusto, pensó que para construir una sociedad nueva y para llegar al poder y mantenerlo, debían utilizarse todos los medios.

El zarismo no cayó durante la Revolución bolchevique de octubre de 1917, sino meses antes, en febrero. Existió un Gobierno provisional dispuesto a instaurar un régimen democrático, que contaba entre sus líderes con un político honesto, Aleksandr Kérenski, fallecido en el exilio en Nueva York en 1970 a los ochenta y nueve años, que creyó que Rusia podría pasar de los zares al parlamentarismo moderno. Como le ocurrió al Gobierno de la Segunda República, Kérenski tampoco supo ver el peligro inmediato que representaba la despiadada habilidad política de Lenin. «Uno de los muchos hechos notables acerca de la conquista del poder de los bolcheviques es que fuera esperada durante tanto tiempo sin que nadie adoptara las medidas necesarias para evitarla», escribe

Orlando Figes en *La Revolución rusa (1891-1924). La tragedia de un pueblo*. Lenin sabía que la elección por sufragio universal de una asamblea constituyente, prevista para el 25 de noviembre de 1917, representaba un peligro para sus planes y se apresuró no solo a decretar la dictadura del proletariado, sino que creó la Checa, la policía política para imponer la voluntad revolucionaria mediante el terror. Pero Lenin no solo alcanzó el poder mediante el asesinato masivo, sino que creó una nueva estructura organizativa institucional, que le permitió vaciar por completo la incipiente democracia rusa. «La importancia del éxito bolchevique residió en el proceso doble de construcción del Estado y de destrucción», escribe Figes. «En los niveles superiores del Estado centralizaron todo el poder en manos del partido y, mediante la utilización del terror, barrieron toda oposición política. En el nivel inferior estimularon la destrucción de las antiguas jerarquías estatales desplazando todo el poder hacia los sóviets locales, las organizaciones de fábrica, los comités de soldados y otras formas descentralizadas de gobierno de clase.» La historia es conocida: tras una brutal guerra civil entre rojos y blancos y la temprana muerte de Lenin, Stalin tomó el mando y, en los años veinte y treinta, llevó el crimen de Estado a niveles hasta entonces desconocidos. Un siglo después de estos acontecimientos, Rusia sigue gobernada por un tirano.

Pero si hay un momento en la historia del siglo XX que encarna la fragilidad de la democracia, este es sin duda la República de Weimar, que proporcionó a los alemanes, entre 1919 y 1933, un grado de libertad que en algunos lugares de Europa no se alcanzaría hasta los años noventa del siglo pasado. Sin embargo, la democracia y los derechos sociales logrados por el pueblo alemán y el ambiente abierto de Berlín estuvieron manchados durante los catorce años de Weimar por la violencia política: las calles de las grandes ciudades eran especialmente peligrosas, sacudidas por la miseria y los enfrentamientos. «La muerte violenta se había convertido en un elemento natural, normal», escribe el periodista y escritor francés Joseph Kessel en un reportaje firmado en Berlín en 1932, un año antes de la llegada de los nazis al poder. «La nación más ordenada, más educada, se había convertido en esas jornadas cruciales en una inquietante sustancia nutrida por la violencia y la locura. Estaba alimentada, intoxicada, por el odio.» Aunque no fue solo este clima tóxico y violento lo que acabó con Weimar, ni tampoco la hiperinflación vivida entre 1921 y 1923, ni las consecuencias de la crisis económica de 1929, ni la pobreza devastadora que padecía una población hambrienta, lisiada en las trincheras, traumatizada por la guerra y todavía sacudida por la epidemia de gripe española. No fue capaz de sobrevivir a un charlatán de cervecería, pintor frustrado, golpista y asesino de masas llamado Adolf Hitler, ni a la incompetencia, ceguera y egoísmo de muchos de sus principales políticos y empresarios, que creyeron que podrían dominar la fuerza maléfica a la que habían entregado el poder. En 1933, Alemania entró en un túnel de represión y muerte del que una parte importante de su población no saldría hasta 1989, con la caída del Muro de Berlín. Las lecciones de la caída de Weimar, como las del final de la democracia ateniense y la República romana, se mantienen más vivas que nunca.

3
Una dictadura interminable
Berlín, 1933-1989

Otra vez es asombroso ver con qué indefensión se derrumba todo.

VICTOR KLEMPERER

En la doble página anterior, imagen tomada en el astillero Blohm de Hamburgo el 13 de junio 1936. Todos los trabajadores hacen el saludo nazi con entusiasmo durante una visita del Führer para la botadura de un barco, todos menos uno, que se queda de brazos cruzados. Se trataba de August Landmesser, que acabó detenido en 1937 por haberse casado con una mujer judía, fue enviado primero a un campo de concentración y luego, en 1941, al frente, donde falleció en 1944. Su hija, Irene Eckler, que había sido adoptada tras el fallecimiento de sus padres, dio a conocer la foto y la historia en 1991.

Lo más extraño de aquel verano en Berlín fueron las avispas. Estaban por todas partes, en medio de una de las peores olas de calor que había padecido la capital alemana en su historia. Dos amigos nos prestaron una casa preciosa en julio de 2018 en Prenzlauer Berg, un barrio muy agradable, un poco bohemio, un poco burgués. La condición de tan generosa oferta era cuidar de un gato anciano, de carácter perruno, tan pesado como cariñoso, y de una tomatera, que habían plantado en una maceta en el salón para que su hijo fuese consciente de que las verduras no crecen en los supermercados Rewe. Aparte del calor y de los voraces insectos, que se abalanzaban en enjambres hacia las cervezas o la comida en los *biergarten* ante la indiferencia de los alemanes —luego leí que uno de los motivos de aquella invasión fue la sequía, que provocó que las avispas se plantaran en masa en las ciudades en busca de su sustento—, resultó un verano divertido e instructivo. Tardamos poco en descubrir que nuestra calle, una vía arbolada de amplias aceras y jardines, acababa en lo que fue el Muro de Berlín. En cualquier ciudad que alguna vez estuvo dividida los detalles son importantes y aquel verano nos fuimos acostumbrando a ellos. En Sarajevo, por ejemplo, uno se da cuenta de que cruza desde la parte bosnia a la serbia no solo por los carteles de las calles (el serbio y el bosnio son prácticamente la misma lengua, aunque un idioma se escribe en alfabeto latino y el otro en cirílico), sino sobre todo por los árboles: en la parte que estuvo sitiada durante el cerco serbio fueron cortados para hacer leña, mientras que la zona que estuvo siempre en manos de los sitiadores conserva árboles viejos, anteriores al asedio. En Berlín, el principal indicador son los tranvías: existían en el Este, pero no en el Oeste.

Conforme nos pateábamos la ciudad, surgían más indicios de la antigua partición: en los barrios más alejados del centro se multiplicaban los feos edificios soviéticos, auténticas colmenas humanas del socialismo real, y se mantenían, como náufragos fuera de su tiempo, solemnes y un poco absurdos, monumentos de la época comunista. Cuando el Muro fue derribado, se conservaron muchos símbolos de aquella época, más allá del famoso Check Point Charlie, convertido en una atracción turística: el llamado Palacio de las Lágrimas, uno de los pocos pasos del Oeste al Este, cerca de la principal estación de tren; la majestuosa avenida Karl Marx, con sus estatuas, pero también con sus edificios civiles, cines y cafeterías, que querían demostrar la potencia económica y cultural del régimen; o la estación de metro Warschauer Straße, situada junto a una amplia sección del Muro, que estuvo cerrada desde 1961 y que se conserva tal y como fue construida en 1902. Allí se cambia de tren, en un transbordo absurdo porque se trata claramente de la misma línea, pero sirve para recordar que, hasta 1989, el metro se acababa ahí porque empezaba otra ciudad. El Treptower Park, que visitamos un día de calor especialmente sofocante, conserva el monumento soviético construido en 1949, dedicado a los ochenta mil soldados de la Unión Soviética que fallecieron en la batalla de Berlín. Sobre una colina artificial, que en realidad es un gigantesco mausoleo que contiene los restos de siete mil militares, se yergue una estatua de 12 metros de un soldado del Ejército Rojo con una niña en brazos, que simboliza a Alemania salvada del nazismo. En muchas otras ciudades del antiguo bloque soviético, ese tipo de monumentos fueron destruidos o trasladados a parques remotos, especialmente dedicados a las estatuas socialistas. En Berlín, muchas se mantienen en su sitio: han sido asimiladas por el paisaje urbano como una parte importante de la memoria colectiva. De hecho, la cicatriz del antiguo Muro, aunque derruido casi en su totalidad salvo algunas secciones convertidas en paneles de arte urbano o en museos históricos al aire libre, es muy visible y una parte importante de su trazado se puede seguir paseando o en bicicleta. Pero las marcas dejadas en la piel de la ciudad por la antigua barrera de separación no son el único recuerdo siniestro que queda de aquella época. El 9 de noviembre de 1989, cuando la República Democrática Alemana se derrumbó en cuestión de horas, muchos berlineses se movilizaron para preservar la memoria de la dictadura comunista: la antigua prisión soviética utilizada luego por la Stasi, situada en un arrabal, y, sobre todo, el cuartel general de la policía política, en la avenida Karl Marx, lleno de papeles comprometedores, fueron ocupados para evitar la destrucción de pruebas. Ahora se han convertido en museos.

Ambos revelan algo que tendemos a olvidar: que cuando acabó la Segunda Guerra Mundial una parte muy importante de los europeos siguieron viviendo bajo dictaduras extremadamente represivas, que además aprovecharon unos medios cada vez más sofisticados para someter a la población a un régimen de control constante, basado no solo en la delación, como había ocurrido hasta entonces, sino también en una tecnología que iba mejorando cada década. Alguien que hubiera residido en el edificio en el que nos quedamos perdió su libertad el 30 de enero de 1933, cuando el presidente Paul von Hindenburg nombró canciller a Adolf Hitler en uno de los más estúpidos y funestos errores de cálculo de la historia (los conservadores querían acabar con la República de Weimar, pero no someter a los alemanes a un régimen de terror generalizado y, sobre todo, no perder ellos mismos el control de la situación) y no la recuperaría hasta el 9 de noviembre de 1989. Además, casi todos los días de su vida debió de pasar ante un Muro que le recordaba que, más allá, existía otro mundo de libertad política (y consumo), en el que vivían seguramente una parte de sus familiares y amigos. Prenzlauer Berg era el barrio de los intelectuales, que las autoridades de la RDA sometieron a una consciente decadencia: se convirtió en una de las partes menos restauradas y cuidadas de la ciudad, con muchas viviendas que se caían a pedazos. Luego, tras la caída de la RDA y la entrada en tromba del capitalismo, aquellos edificios destartalados fueron presa de los especuladores y hoy es una de las zonas más revalorizadas de Berlín. Cuando visitamos el museo de la Stasi, comprobamos que el régimen se tomaba el barrio muy en serio: en una de las salas se exhibe un mapa de Berlín con el número de micrófonos colocados en cada lugar de la ciudad. Nuestra calle tenía el récord: estaba llena de puntos rojos que señalaban que hubo dispositivos de escucha escondidos en muchísimas viviendas.

Una película interesante, aunque a veces un poco melodramática, refleja muy bien el paso de una dictadura a otra. El filme, *La sombra del pasado*, de Florian Henckel von Donnersmarck (el director de *La vida de los otros)*, transcurre en Dresde, la ciudad arrasada por los aliados al final de la Segunda Guerra Mundial, que se quedó al otro lado del Telón de Acero. Narra, entre otras muchas cosas, la historia de un pintor que de niño visita con su tía la famosa exposición de arte degenerado, organizada por los nazis. Tras el final del conflicto, cuando entra en la facultad de Bellas Artes, se da cuenta de que, también en Alemania Oriental, solo existe un camino posible para un artista, el realismo socialista. Se convierte en un respetado autor de murales que celebraban el triunfo del comunismo y el avance imparable del pueblo —en Dresde quedan unos pocos, que ahora provocan una cierta ternura por su ingenuidad, aunque reflejan una época siniestra—, hasta que decide huir al Oeste. Otro tema que trata el filme es el precedente más claro, también relativamente olvidado, del Holocausto: el asesinato en cámaras de gas de los enfermos mentales y de personas con discapacidad, que según Hitler no merecían vivir, dentro de su visión racial y supremacista del mundo. Algunos historiadores creen que el exterminio industrial de los judíos europeos, que convierte a la Shoah en un crimen único, se basó en un modelo con el que los nazis experimentaron desde el principio de la Segunda Guerra Mundial: el llamado Programa T4. «El asesinato de los discapacitados precedió el de los judíos y los gitanos y podemos concluir que la operación T4 sirvió de modelo para la solución final», escribió el historiador y superviviente de la Shoah Henry Friedlander en su ensayo *Los orígenes del genocidio nazi. De la eutanasia a la solución final.* Impulsado directamente por Hitler con la ayuda de su médico personal, Karl Brandt, entre 1939 y 1945 fueron asesinados en torno a trescientos mil discapacitados en más de cien hospitales. Casi no hubo supervivientes: niños, mujeres, hombres, indefensos y engañados, fueron gaseados en masa. El Ministerio de Interior dirigió esta masacre a través de una organización conocida como T4, porque estaba ubicada en el número 4 de la Tiergartenstrasse, en Berlín. Los nazis copiaron las características únicas del Holocausto de lo que antes habían hecho con los discapacitados. Que los médicos tuvieran un papel esencial en el programa T4 y en la Shoah (no solo por los siniestros experimentos del doctor Mengele, sino porque las cámaras de gas se operaban siempre en presencia de un sanitario de las SS) revela hasta qué punto la ideología racista nazi llegó hasta los confines de la sociedad.

La idea de ese asesinato organizado empezó prácticamente con la llegada de Hitler al poder. La estulticia y ceguera de las élites alemanas, que querían utilizar a los nazis para acabar con el comunismo pensando que iban a controlarlos como títeres, les impidió ver que nunca tuvieron otra política más que el exterminio o la esclavitud de todos aquellos que no cuadrasen con su concepción racista del mundo. Desde que alcanzaron la Cancillería en 1933, tuvieron claro que este era su único objetivo. Solo era una cuestión de tiempo que lo llevasen a cabo: la guerra les brindó la oportunidad para hacerlo, pero los crímenes estaban planificados mucho antes. De hecho, en enero de 1934 entró en vigor una ley de esterilización forzosa que había sido promulgada en julio, casi inmediatamente después de que Hitler llegase al poder. El médico Walter Gross, que desde 1933 dirigía la Oficina de Políticas Raciales del Reich, proclamaba arengas en la radio en las que explicaba que los nazis tenían el objetivo de crear «un nuevo tipo de seres humanos» y que la empatía o la piedad tenían que dejarse atrás. Friedlander relata que uno de los referentes intelectuales del racismo nazi fue el antropólogo Eugen Fischer, que trabajó en el suroeste de África después del exterminio de dos etnias, los hereros y los hotentotes, que Alemania solo reconoció como genocidio en 2021, y al que en 1933 nombraron director de la Sociedad para la Higiene Racial, un nombre que lo dice todo. «Aún no sabemos mucho sobre la mezcla de razas», escribió en su obra magna, *Los bastardos rehobot y el problema del mestizaje entre humanos*, publicada en 1913. «Pero sí sabemos esto: sin excepción, toda nación europea que ha aceptado la sangre de razas inferiores —y solo los románticos pueden negar que los negros, los hotentotes y muchos otros son inferiores— ha pagado por su aceptación de elementos inferiores con degeneración espiritual y cultural.»

El Estado nazi consideraba que debía ocuparse de que lo que, según su pensamiento racista, eran vidas indignas de ser vividas no pudiesen reproducirse, un primer paso antes del asesinato. La invasión de Polonia, con la que empezó la Segunda Guerra Mundial, se produjo el 1 de septiembre de 1939. Apenas un mes después empezaron a operar las cámaras de gas. Resulta muy interesante que el programa T4 provocase las protestas de partes significativas de la población: el obispo católico Clemens von Galen y el protestante Theophil Wurm Wüttemberg mostraron su indignación en público. «Fue la única vez en la historia del Tercer Reich en la que importantes representantes de las iglesias cristianas de Alemania expresaron su condena pública de los crímenes cometidos por el régimen nazi», escribe Friedlander. Las quejas no detuvieron los asesinatos, sino que los hicieron más secretos. Es uno de los motivos por los que el Holocausto se desarrolló en el Este de Europa, lejos de las miradas de los ciudadanos, pese a la compleja infraestructura que tuvieron que desplegar los perpetradores, que trasladaron a millones de personas a miles de kilómetros de distancia para matarlas. Pero una cosa quedó clara para los nazis: no iban a tener ningún problema para encontrar la colaboración y el silencio necesarios para cometer un genocidio. Todo el mundo sabía lo que ocurría, otra cosa es que la población alemana no quisiese verlo (aunque sí fuese testigo de las deportaciones, de cómo los barrios y las casas de los judíos se quedaban vacías, y también de que los enfermos, los más débiles, nunca regresaban de sus supuestos ingresos hospitalarios). Los nazis triunfaron no solo impulsados por la violencia, sino también por la propaganda, el momento histórico, las promesas para salir de la crisis; pero su idea del mundo y de la sociedad pasaba por el exterminio no solo de la oposición política, sino de todos aquellos que consideraban inferiores. Eso, a diferencia de las cámaras de gas, nunca lo ocultaron.

La llegada del nacionalsocialismo al poder es uno de los momentos más escrutados de la historia del siglo XX. Es indudable que contiene una advertencia que va mucho más allá de Alemania y del contexto de los años veinte y treinta:

Hitler fue un golpista fracasado, condenado a una leve pena de prisión. En la cárcel aprendió una lección fundamental: alcanzaría el gobierno dentro del sistema y luego lo haría saltar todo por los aires. Buscaría apoyos entre las clases que querían mandar a toda costa porque creían que les pertenecía —políticos conservadores y empresarios— y solo entonces aplicaría su auténtico programa, que, por otro lado, era bastante público. Su antisemitismo era notorio: se trataba de un odio que compartía una parte significativa de la población. No resultaba fácil adivinar hasta dónde iba a llegar, pero estaba claro que los judíos iban a ser expulsados de la sociedad. Muchos hebreos, intelectuales, izquierdistas, como Victor Klemperer, cuyos diarios representan un testimonio fundamental para analizar el cerco que se iba estrechando sobre los defensores de la libertad, lo comprendieron. «Hitler, canciller», escribe Klemperer, que pese a ser judío sobrevivió a la guerra en Alemania. «Lo que llamé terror antes del domingo de las elecciones (5 de marzo) fue un suave preludio. Ahora se repite hasta el menor detalle lo de 1918, pero bajo un signo diferente, el de la cruz gamada. Otra vez es asombroso ver con qué indefensión se derrumba todo.» Hannah Arendt explica en *Los orígenes del totalitarismo* que aquellos que le apoyaron desde fuera del partido nazi pensaron que se parecería a Mussolini, que su revolución estaría centrada en mantener el orden establecido y en defender los privilegios de las clases dominantes (como ocurrió con el franquismo un poco más tarde). «Los nazis hallaron muy conveniente fingir que seguían fielmente el modelo del fascismo italiano. Así pudieron lograr la ayuda de aquellas élites de las clases altas y empresariales que confundieron a los nazis con grupos más antiguos que ellos habían promovido frecuentemente. Los empresarios creían ingenuamente que estaban apoyando a un dictador, y a un dictador que era hechura suya, y que naturalmente gobernaría a favor de su propia clase y en contra de las demás», escribe la pensadora alemana.

A principios de los años veinte, Hitler creía que la única forma de gobernar era por la fuerza, con el Partido Nacionalsocialista (NSDAP) fundado en 1920, imitando la Marcha sobre Roma de 1922 que llevó a Mussolini a controlar Italia. Se trata de los años más violentos de la República de Weimar, con un país empobrecido, sacudido por las luchas callejeras entre los nazis y los comunistas. La hiperinflación arruinó a la clase media entre 1920 y 1922. El intelectual alemán antinazi Sebastian Haffner, que tuvo la suerte de poder huir a Inglaterra en 1938, poco antes del comienzo de la guerra, describe así en sus diarios aquellos momentos: «El marco enloqueció. Nadie supo lo que había ocurrido exactamente. Todos los que tenían una cuenta de ahorro, una hipoteca o cualquier otro tipo de inversión vieron que desaparecían de la noche a la mañana. Pronto dejó de importar si se trataba de calderilla ahorrada o de un gran capital. Todo se esfumó». Haffner relata en *Historia de un alemán* cómo el dólar llegó a valer un millón de marcos en agosto, pero en septiembre el millardo ya se había convertido en la unidad más pequeña. Y llegó un momento en que el Reichsbank dejó sencillamente de imprimir billetes.

Fui testigo de la última hiperinflación que vivió Europa en el siglo XX: en Serbia, a principios de los años noventa, durante las guerras en la ex-Yugoslavia. Ningún pago importante se hacía en dinares, la moneda local, solo las divisas, marcos alemanes o dólares, permitían comprar o ir a un restaurante. Todavía tengo en casa un billete de mil millones de dinares. Tuvimos que pagar el viaje en tren a Bucarest con bolsas de plástico llenas de billetes (que no valían nada) porque era imposible utilizar dólares al tratarse de los ferrocarriles estatales. En los supermercados dejaron de poner precios a los productos, y los clasificaban por colores; así no tenían que estar cambiado todo el rato las etiquetas. Cada hora se proporcionaba a los cajeros hojas con el equivalente de los colores y los precios. De todos modos, apenas había nada que consumir: los estantes no estaban vacíos, era más sutil, estaban llenos de cosas absurdas. La economía se basaba en el trueque, en una sociedad todavía relativamente rural. La Alemania en la que se fundó el partido nazi salía de la derrota y la hambruna de la Primera Guerra Mundial, no existía la protección social y la clase media estaba siendo desterrada a la pobreza. «El caldo de cultivo es ideal para un audaz golpe de fuerza», escribe el historiador francés Pierre Servent en su biografía de Rudolf Hess, lugarteniente de Hitler durante aquellos años decisivos. Sin embargo, relata el propio Servent, hay algo en su plan, basado sobre todo en la brutalidad de sus fuerzas de choque, las SA, que fallaba: «Para estas élites conservadoras, el NSDAP sigue siendo una pandilla de matones incontrolables dirigidos por un derviche giratorio con bigote». El golpe de Múnich fue un fracaso, aunque le dio relevancia nacional a un político que hasta entonces no era conocido ni en Baviera. Las penas fueron entre leves y ridículas: cinco años de reclusión por alta traición (aunque solo cumplió un año), en una celda muy cómoda y compartiendo centro penitenciario con una parte de sus camaradas, como Hess. Allí aprovechó para escribir *Mi lucha* y para trazar un plan para alcanzar la Cancillería.

De los muchos relatos de la llegada de Hitler al poder resulta especialmente interesante *The Death of Democracy. Hitler Rise to Power,* del historiador estadounidense Benjamin Carter Hett. El libro, que compré durante aquel verano berlinés, fue escrito cuando se estaba produciendo un asalto indudable contra la democracia en numerosos lugares del mundo, no solo en países donde las instituciones eran recientes y frágiles, Hungría y Polonia por ejemplo, sino también en Estados Unidos de la mano de Donald Trump. Partidos que aspiran a gobernar ponen en duda los valores sobre los que se asientan nuestra convivencia y nuestras libertades: la tolerancia hacia el otro, la igualdad de todos los ciudadanos, la defensa de los avances sociales... Carter Hett no pretende establecer paralelismos con el pasado, pero sí sacar todas las lecciones posibles de lo ocurrido entonces. Claro que, tras el fracaso del golpe de Múnich, Hitler enfocó sus esfuerzos en integrarse en el sistema político y convencer a los partidos de derechas tradicionales de que era la única barrera contra el comunismo y el caos (que el partido nazi se había ocupado convenientemente de provocar con sus camisas pardas). También supo manipular la derrota de la Primera Guerra Mundial y el error que supuso el Tratado de Versalles, que impuso unas condiciones humillantes a Alemania, para convertirse en el adalid del orgullo nacional y en el personaje providencial para devolver el honor perdido a la patria. Culpar a los judíos de una derrota de la que fue claramente responsable la misma clase militar y política que le apoyaba fue una de las muchas habilidades de Hitler. El panorama que describe Carter Hett es el de una democracia que se va destruyendo poco a poco porque prácticamente todos los partidos dejaron de creer en ella o fueron incapaces de forjar acuerdos en ningún asunto importante. No se trata solo de la crisis económica posterior a la Primera Guerra Mundial, ni del *crash* de 1929, que envió a millones de alemanes al paro cuando apenas se estaban recuperando de los efectos de la hiperinflación, ni de Versalles, sino de una división tan profunda y un deterioro tan avanzado del sistema que muy pocos parecían confiar en las instituciones. «Para que una democracia funcione», escribe Carter Hett, «todos los partidos tienen que ser conscientes de la necesidad de compartir unos principios por muy pequeños que sean y creer en que los compromisos son posibles y necesarios. En los años treinta, no quedaba prácticamente nada de ese espíritu en la sociedad alemana, que cada vez estaba más dividida. Los defensores de la República a menudo parecían los defensores de un sistema corrupto. Los que estaban en contra de la democracia, con su defensa de la antipolítica, parecía que operaban desde una posición moral más elevada. Hitler estaba encantado cuando el teórico del racismo Houston Stewart Chamberlain le llamó "lo contrario de un político".»

La situación se fue deteriorando cada vez más, mientras Hitler ganaba adeptos en las clases populares, pero también en los estamentos más poderosos del país. Fue un avance paulatino, muy hábil. Por un lado, disimulaba sus ideas más radicales, mientras bajo cuerda agitaba la violencia con su organización paramilitar. Por otro, se apoyaba en una eficaz maquinaria de propaganda y en el miedo al comunismo. Y por encima de todo estaba el antisemitismo, un odio que marcó Europa durante los siglos XIX y XX —no solo en Alemania sino también en Francia, Polonia, Hungría, Rusia, Eslovaquia, Croacia...— y que servía en muchos casos como elemento de cohesión de las fuerzas de la derecha. El historiador de la Roma clásica y segundo premio Nobel de Literatura, Theodor Mommsen, sostenía que el antisemitismo no solo representaba el odio a los judíos, sino también «a la educación, la libertad y la humanidad»; pero pocos con su autoridad moral se atrevían a alzar la voz —Zola con «J'Accuse» había sido uno de ellos—. Se responsabilizaba a los judíos de la derrota en la Primera Guerra Mundial —curiosamente, en Francia, uno de los países vencedores, el antisemitismo era un sentimiento también tremendamente asentado, como demostró el caso Dreyfus o la política del Gobierno títere de Vichy tras la ocupación de 1940—, se les acusaba de enriquecerse durante la crisis económica —cuando la mayoría de los judíos de Europa vivían en la pobreza— o de ser comunistas —cuando fueron también perseguidos en la Unión Soviética y en otros países del socialismo real—. Pero

Hitler supo canalizar ese odio y ponerlo en el centro de su programa para el futuro de Alemania. Su mensaje no podía estar más claro: los judíos son una enfermedad y si acabamos con ellos se terminarán nuestros problemas. Y, así, poco a poco, su partido fue ganando espacio electoral, no en Berlín, una ciudad que, pese a los problemas sociales, vivía una explosión de imaginación y libertad y donde los socialdemócratas seguían siendo el primer partido, sino en las zonas rurales, en la Alemania profunda, donde fue ocupando el lugar de los partidos tradicionales de la derecha.

Nada es comparable al nazismo, quiero insistir, pero la desaparición de las formaciones políticas conservadoras en numerosos países, engullidas por partidos mucho más derechistas o por su ala más radical o, directamente, lunática —es lo que está ocurriendo en Estados Unidos con los republicanos— da mucho que pensar si se mira desde la perspectiva de lo que ocurrió entonces. Su progresión empezó en la periferia, donde, como en Turingia en 1929, lograron entrar en un gobierno local.

En septiembre de 1931, Hitler consiguió por primera vez un resultado electoral importante en el Reichstag: alcanzó el 18,3 por ciento de los votos y 107 escaños (en 1928 se había quedado en 12 escaños y un 2,6 por ciento de los sufragios). Carter Hett destaca tres hechos de aquel resultado: nunca un partido en la República de Weimar había logrado un crecimiento tan rápido, sus votos provenían de la derecha conservadora y tradicional, a la que estaba robando su electorado, y en un Parlamento de 507 escaños, más de doscientos diputados —entre nazis, comunistas y algún otro partido pequeño— no creían en el sistema de valores que garantizaba las libertades de los alemanes. Hitler estaba cada vez más cerca de su objetivo: ni siquiera iba a necesitar destruir la democracia, esta se iba a derrumbar sola. El gran avance electoral fue celebrado por las SA con un pogromo en el barrio judío de Berlín. Como ocurre tantas veces en la historia, sus aliados lo despreciaban y sus enemigos lo minusvaloraban, pero el líder nazi no solo era un golpista de cervecería y un fanático antisemita capaz de soltar discursos magnéticos; era, destaca Sebastian Haffner en sus lúcidas *Anotaciones sobre Hitler*, un político con una enorme capacidad de organización, «para crear y dominar potentes y eficaces aparatos de poder». «Es algo que los observadores y críticos de Hitler deberían haber notado antes de 1933 si hubiesen estado más atentos», prosigue Haffner. Los nazis no solo ocuparon espacios cada vez más importantes de la sociedad a través del partido, sino que crearon todo tipo de organizaciones juveniles, femeninas, obreras... «Para el verano de 1932, el NSDAP podía afirmar, con cierta credibilidad, que era lo que siempre dijo ser: un genuino partido popular», escribe Thomas Childers en *El Tercer Reich. Una historia de la Alemania nazi*. Su estrategia de buscar el voto rural y consolidar su presencia en toda Alemania comenzó a dar frutos aquel año: el 31 de julio de 1932 logró el 51 por ciento de los votos en las elecciones en el estado de Schleswig-Holstein. Por primera vez, los nazis alcanzaron una mayoría absoluta. Robert Paxton, el historiador estadounidense experto en fascismo, explica que en cuatro años pasaron de ser el noveno partido de Alemania a convertirse en el primero con una estrategia que mezclaba el odio, el desprecio a las formaciones tradicionales y la hábil detección de los agravios que padecían los diferentes grupos sociales. «Hitler sabía cómo tratar a un electorado de masas», escribe Paxton. «Jugó hábilmente con los resentimientos y los temores de los alemanes ordinarios, en mítines públicos animados con escuadras uniformadas de acción directa, con la intimidación física del enemigo, el entusiasmo de multitudes enfebrecidas.»

Ni los partidos tradicionales ni la izquierda socialdemócrata fueron capaces de calibrar la dimensión de lo que estaba pasando. Es cierto que las instituciones de la República de Weimar se encontraban ya al borde del colapso. De hecho, el canciller Franz von Papen, aristócrata y profundamente conservador, estaba más cerca de un gobierno autoritario que de una democracia. Aprovechó un enfrentamiento especialmente violento entre nazis y comunistas para abolir una parte importante del sistema federal alemán y para aumentar los poderes de las fuerzas de seguridad (que dejaron de estar al servicio de los ciudadanos). Sin embargo, solo los más lúcidos comprendieron lo que significaría la llegada de Hitler al poder: la aniquilación de cualquiera que no pensase como él, que se entrometiese en sus planes o que no encajase en su idea racista del mundo. Entre los muchos que no supieron intuir la capacidad de Hitler para destruir el sistema estaba el presidente Hindenburg. En julio de 1932, los nazis se convirtieron en el primer partido de Alemania, con un 37,3 por ciento de los votos y 230 escaños en el Reichstag. Los socialdemócratas lograron un 21,5 por ciento y 133 diputados. Prácticamente eran los únicos que seguían creyendo en la democracia: los comunistas, a las órdenes de Moscú, se negaron a buscar ningún tipo de pacto porque los creían igual de nocivos que los nazis. En noviembre volvieron a celebrarse elecciones y Hitler las ganó de nuevo, aunque perdió treinta escaños. El 29 de enero, Hindenburg le nombró canciller como solución al callejón sin salida en el que se encontraba la política alemana, pero también gracias al apoyo de los industriales más poderosos del país, que ayudaron a convencerle, porque pensaban que era el único que podía frenar a los bolcheviques. Hitler había logrado su objetivo: destruir la democracia desde dentro. El misterioso incendio del Reichstag, el lunes 27 de febrero de 1933, un siniestro que nunca se ha aclarado, le dio el pretexto para suspender el Estado de derecho. Los alemanes habían perdido su libertad y, en muchos casos, perderían la vida. Carter Hett recuerda que aquel mismo día comenzaron los arrestos masivos por parte de la policía, que disponía de listas cuidadosamente elaboradas desde hacía meses, que incluían a «comunistas, pacifistas, clérigos, artistas, juristas, escritores, cualquiera que determinaban que podría llegar a ser hostil a los nazis». Fueron torturados, encarcelados, asesinados, los hicieron desaparecer. Y era solo el principio. Saul Friedländer narra en *El Tercer Reich y los judíos. Los años de la persecución (1933-1939)* que los primeros objetivos de los nazis no fueron los judíos, sino los comunistas, lo que llevó a algunos a pensar que tal vez se produjese un golpe de Estado conservador contra los nacionalsocialistas una vez que hubiesen cumplido ese objetivo. Sin embargo, después de que el Parlamento aprobase la ley que daba poderes especiales al gobierno y que suspendía jurídicamente unas libertades que ya no existían *de facto*, la violencia antisemita comenzó a aparecer no solo en forma de pogromos, sino también con la detención de judíos provenientes de otros lugares de Europa, con el acoso a abogados en los tribunales o con el boicot organizado contra comercios judíos del 1 de abril de 1933. «El boicot era algo predecible», escribe Friedländer. «Durante los dos años anteriores se mencionaba a menudo esta posibilidad, a medida que los pequeños negocios de judíos se veían cada vez más acosados y los empleados judíos eran cada vez más discriminados en el mercado de trabajo.»

En sus primeros tres años de gobierno, Alemania pasó de un paro generalizado, que afectaba a seis millones de personas, a algo muy cercano al pleno empleo, aunque todo ese impulso económico iba dirigido a un solo objetivo: la guerra que Hitler consideraba inevitable para conseguir el espacio vital que su Reich imaginario necesitaba para sobrevivir. Y, aunque el primer campo de concentración, Dachau, se inauguró en 1933, en los primeros años de gobierno el terror no fue absoluto: no se generalizó por lo menos hasta 1936, después de la celebración de los Juegos Olímpicos de Berlín, o incluso hasta 1938, con el pogromo de noviembre (la Noche de los Cristales Rotos), que implicó las primeras deportaciones de judíos. Ese año la Gestapo tomó el control total de la seguridad y se produjo la anexión de los Sudetes, en Checoslovaquia. Pero, incluso teniendo en cuenta los resultados económicos, es espeluznante comprobar hasta qué punto los alemanes fueron cautivados por Hitler. Una cosa es que no se produjesen deportaciones de millones de personas, como ocurriría después, y otra que las desapariciones no fuesen constantes y afectasen a todas las capas de la sociedad, incluso a algunos conservadores que ayudaron a Hitler. Los nazis habían preparado nutridas listas negras con todo tipo de enemigos y, además, no solo contaban con sus propias milicias, sino que una parte importante de la policía y de la judicatura los apoyaba. El historiador Peter Fritzsche calcula en su libro *Life and Death in the Third Reich* que solo entre 1933 y 1934 cien mil personas fueron enviadas a los recién inaugurados campos de concentración.

«La grata admiración con que los alemanes reaccionaron ante ese milagro desborda lo imaginable», escribe Haffner en referencia al empleo. «Después de 1933, los obreros desertaron en desbandada de las filas del SPD y del KPD para pasarse al bando de Hitler. Entre 1936 y 1938 tal admiración dominaba tan absolutamente el sentir de las masas que todo el que seguía rechazando a Hitler era tachado de criticón inveterado.» Uno de los grandes expertos en la figura de Hitler, Ian Kershaw, hace una lectura parecida en uno de sus libros más interesantes, *El final* (comprado por cuatro euros en la edición inglesa en tapa dura, el mismo verano, en la misma estupenda librería inglesa de Prenzlauer Berg). El investigador británico analiza cómo fue posible que, incluso después de la destrucción total del país en los dos años finales de la Segunda Guerra Mundial, el dictador siguiese manteniendo tanta popularidad que la Gestapo nunca barajó la posibilidad de que estallase una rebelión popular contra el régimen (temían, en cambio, una revuelta de los trabajadores extranjeros, explotados como esclavos, omnipresentes en Alemania y de los que hablaremos más adelante). «La dictadura de Hitler puede ser descrita apropiadamente como una forma de "gobierno carismático", estructuralmente se parecía a las monarquías absolutas modernas», señala Kershaw. Frente a la teoría de que Hitler había logrado dominar a la sociedad alemana a través del terror y que la derrota fue una liberación, este historiador sostiene —y con él la mayoría de los estudiosos actuales del Tercer Reich— que el apoyo a las políticas nazis fue muy amplio, y eso incluye el genocidio judío. Y recuerda una frase del escritor alemán Heinrich Jaenecke: «Una pregunta se mantiene. ¿Qué nos llevó a seguir a Hitler al abismo como los niños del flautista de Hamelín? El misterio no es Adolf Hitler, el misterio somos nosotros». Todo esto no quiere decir que no hubiese alemanes que combatieron el nazismo. Muchas personas se jugaron la vida tratando de oponerse al totalitarismo nacionalsocialista —un régimen que no permitía la más mínima disidencia—. Cualquier acto de resistencia, por muy nimio que fuera, se pagaba con la vida. Hubo alemanes, honestos y valientes, que trataron de ayudar a sus vecinos judíos, que se apiadaron de las víctimas, que protagonizaron pequeños, y sin embargo extremadamente peligrosos, actos de protesta. Pero el aparato represivo era terrible y muy eficaz. Muy pronto la mayoría de los opositores habían sido asesinados, encarcelados, obligados a exiliarse o deportados a campos de concentración. Pese a todo esto, pese a tantas pruebas de dignidad y coraje, la metáfora de Jaenecke continúa siendo válida: demasiados alemanes siguieron a Hitler como los niños al flautista de Hamelín. Y lo hicieron conscientes de la violencia que el nuevo régimen había desatado contra su propia población.

Solo una minoría se dio cuenta de lo que iba a ocurrir antes de que Hitler ocupara la Cancillería. Muchos, demasiados, quisieron huir cuando ya era demasiado tarde y el mundo había cerrado sus puertas a los refugiados que trataban de salir de Alemania. Benjamin Carter Hett recuerda que entonces era imposible imaginar lo inimaginable, el Holocausto, Auschwitz, Treblinka, Babi Yar... Aunque en el siglo XX, el mundo ya había contemplado episodios recientes de violencia extrema —la guerra civil rusa posterior a la Revolución o el genocidio armenio por parte del Imperio otomano durante la Primera Guerra Mundial—, muy pocos fueron capaces de intuir hasta dónde iban a llegar los nazis. Sin embargo, la violencia contra sus enemigos y su antisemitismo enfermizo eran evidentes desde hacía años. Ya hemos hablado de la lucidez del novelista Lion Feuchtwanger. Alfred Kerr fue otro de los que huyeron incluso antes de que Hitler alcanzase la Cancillería. Su fuga de Alemania con su familia, contada por su hija Judith, forma parte de un clásico de la literatura infantil, *Cuando Hitler robó el conejo rosa.* La novela arranca poco antes de la victoria electoral de Hitler, en 1933. La protagonista, Anna, trasunto de Judith Kerr, y otra niña vuelven a casa desde el colegio caminando y van comentando los acontecimientos de la política alemana, sobre todo si Hitler se parece a Charlie Chaplin. «Quiere que todo el mundo le vote y va a detener a los judíos. "¿Crees que será capaz de parar a Rachel Lowenstein?"», pregunta una niña. «Nadie puede parar a Rachel Lowenstein. Fue capitana. Tal vez me parará a mí. Soy también judía», replica la protagonista. «¡No lo eres!», sentencia su amiga. Cuando llega a casa, su madre le explica que su padre se ha ido a Suiza y que en breve se tendrán que ir todos, aunque no se lo pueden decir a nadie. Ni sus profesores ni sus amigos pueden enterarse de lo que están tramando. Así le explica su madre el motivo de la fuga: «Es muy sencillo. Papá cree que Hitler y los nazis podrían ganar las elecciones. Si eso ocurriera, él no querría vivir en Alemania mientras ellos estuvieran en el poder, y tampoco ninguno de nosotros». «"¿Porque somos judíos?", preguntó Ana. "No solo porque seamos judíos. Papá cree que ya no se permitiría a nadie decir lo que piensa, y él no podría escribir. A los nazis no les gusta que la gente no esté de acuerdo con ellos".» No se equivocaba: las obras de Alfred Kerr estuvieron entre las primeras en ser enviadas a la hoguera —junto a las de Feuchtwanger— en la famosa quema de libros del 10 de mayo de 1933. Una placa todavía recuerda aquel siniestro aquelarre de la intolerancia en la plaza Bebelplatz (Opernplatz entonces) de Berlín.

Mientras la familia Kerr huía a Suiza de las hogueras del fanatismo, Alemania entraba en una nueva era. Los nazis no se centraron solo en la represión, sino también en la propaganda y en la construcción de un nuevo país, en el que el Partido Nacionalsocialista iba a fundirse poco a poco con el Estado hasta convertirlos en lo mismo. El libro de Fritzsche citado anteriormente y *No solo Hitler,* de Robert Gellately, tratan de reconstruir cómo los alemanes comunes y corrientes vivieron aquellos años. La tesis de ambos historiadores —y de observadores como Sebastian Haffner o Victor Klemperer— es que contaban con un apoyo importante, aunque no total, que les permitió desarrollar una revolución, que implicaba convertir el racismo en una política nacional, pero también moldear todos los aspectos de la existencia. Precisamente porque muchos alemanes abrazaron el nazismo es muy famosa la foto, tomada en el astillero Blohm de Hamburgo el 13 de junio 1936, en la que todos los trabajadores hacen el saludo nazi con entusiasmo durante una visita del Führer para la botadura de un barco, todos menos uno, que se queda de brazos cruzados. Se trataba de August Landmesser, que acabó detenido en 1937 por haberse casado con una mujer judía, fue enviado primero a un campo de concentración y luego, en 1941, al frente, donde falleció en 1944. Su hija, Irene Eckler, que había sido adoptada tras el fallecimiento de sus padres, dio a conocer la foto y la historia en 1991.

Eso no quiere decir que muchos ciudadanos no viesen con desconfianza la brutalidad de los nazis, que no creyeran deplorables sus políticas raciales o que no se unieran al partido por temor a represalias o por necesidad —cada vez iba a resultar más complicado encontrar un trabajo para los que no eran adeptos— o que se jugasen la vida (y la perdiesen) en la resistencia. Pero, explica Ian Kershaw, «no hay duda de la inmensa y genuina popularidad de Hitler por lo menos hasta la mitad de la guerra o el invierno de 1941». Klemperer en sus diarios va más allá y el 4 de enero de 1945, cuando la derrota es evidente y los aliados avanzan hacia Alemania desde todos los frentes, escribió: «Que la masa de la gente siga al pie del cañón, lo consiguen no solo con su tiranía, sino sobre todo con lo que siempre repiten: los enemigos y en especial los bolcheviques quieren aniquilarlos, quieren matarlos, así, literalmente. Se lo deben todo al fantasma del bolchevismo». El odio y el temor al otro fueron desde el principio elementos centrales de la política de Hitler. Antes de las leyes antisemitas de Núremberg, promulgadas el 15 de septiembre de 1935, ya estaba dispuesto a edificar un nuevo país desde cero: la idea de la *Volksgemeinschaft*, la construcción de una comunidad alemana, era un pilar del pensamiento conservador germano desde antes de la Primera Guerra Mundial y los nazis supieron aprovecharlo a fondo. De hecho, Fritzsche relata que después de estudiar numerosos diarios de ciudadanos anónimos durante aquel primer año, la represión no resulta tan importante —aunque aparece en bastantes comentarios— como la creciente presencia de las diferentes organizaciones del NSDAP y las propias ideas nazis, de raza y de unión ante los enemigos externos, sobre todo los bolcheviques y los judíos. En su libro *Los amnésicos,* en el que relata la historia de su familia en la Alemania nazi, la periodista francoalemana Géraldine Schwarz utiliza el término de *Mitläufer* para describir la actitud de muchos ciudadanos, «personas que siguen la corriente», no se pusieron ni del lado de las víctimas, ni de los verdugos, trataron de no escoger un bando, aunque de hecho lo hicieron y se aprovecharon de los bienes incautados a los judíos o malvendidos antes de huir. En cualquier caso, Schwarz no recurre a esta palabra con una voluntad exculpatoria, más bien todo lo contrario: «Sin la participación de los *Mitläufer,* Hitler no habría estado en condiciones de cometer crímenes de aquella magnitud». Los nazis, además, con una política industrial destinada a un rearme cada vez más descarado pese a las prohibiciones del Tratado de Versalles y con importantes inversiones en infraestructuras, fueron capaces de crear muchos puestos de trabajo en muy poco tiempo, supieron ofrecer el espejismo de que habían encontrado una solución para los problemas económicos que el país padecía desde hacía casi quince años. Se trataba, naturalmente, de un pacto fáustico que acabaría por arrastrar al mundo al desastre. Más allá de la economía y de las persecuciones, el día a día de todos los ciudadanos se transformaba de un modo cada vez más acelerada en lo que el ensayista francés Johann Chapoutot ha definido como «una revolución cultural». Cambiaron los periódicos, las carteleras de los cines, los uniformes, las insignias en las solapas, los juegos infantiles, los libros de texto, las relaciones personales. Cualquier cosa se convirtió en objeto de propaganda dentro de la construcción de un mundo que pretendían que fuese totalmente nuevo y en el que solo una parte de los habitantes de Alemania (y de los países que planeaban conquistar) tenían derecho a la libertad y a la vida. Tal vez el símbolo más inmediato y omnipresente del cambio fueron dos palabras que empezaron a escucharse por todas partes.

En su libro de recuerdos *School for Barbarians: Education Under the Nazis,* Erika Mann, hija de Thomas Mann, explicó que en el verano de 1933 los niños utilizaban la expresión «Heil Hitler!» entre cincuenta y ciento cincuenta veces al día, mucho más que los antiguos «hola» o «buenas tardes». ¿Significa eso que todos los alemanes se volvieron nazis de repente? En algunos casos, mostraba indudablemente el apoyo al nuevo régimen, en otros su uso trataba de evitar meterse en un lío, convertirse en sospechoso con la posibilidad de acabar en un campo de concentración siempre en el horizonte (no era una amenaza en absoluto imaginaria). Como contamos páginas atrás, la presión del Tercer Reich sobre los ciudadanos fue tan intensa que acabó por colarse en sus sueños. Al principio, utilizar «Heil Hitler!» era una forma exterior de mostrar el entusiasmo por el partido y su líder, y servía para exhibir lealtad en público. Pero, según el nazismo fue ocupando un espacio mayor en la existencia de los alemanes, quedarse fuera era cada vez más peligroso. Los signos exteriores resultaban esenciales, incluso vitales para conservar el trabajo o la libertad: si Joseph Goebbels, el ministro de Propaganda, ordenaba exhibir banderas nazis con motivo del cumpleaños del Führer, cada año que pasaba era más complicado ignorar esa orden. Lo mismo ocurrió con enviar a los niños a campamentos de las Juventudes Hitlerianas, con tener un retrato de Hitler en casa... Y, conforme transcurrían los meses, mantener amigos judíos pasó de representar un desafío al nuevo poder establecido a transformarse en una actividad sospechosa y peligrosa. Klemperer escribió en 1935: «El antisemitismo se ha filtrado por todas partes y está en una fase de expansión e intensificación».

No hay nada que explique de una forma tan clara lo que representó el nazismo como sus leyes racistas y su voluntad de sacar a los judíos de la sociedad para luego asesinarlos en masa. Hitler tuvo mucho cuidado en no dejar por escrito la orden más trascendental de su mandato: poner en marcha lo que llamó la Solución Final del pueblo judío —el exterminio—, aunque la mayoría de los historiadores cree que la dio en algún momento del invierno de 1941. Está claro que la conferencia de Wannsee, celebrada el 20 de enero de 1942 en una villa de los alrededores de Berlín que todavía se conserva, estaba destinada a ordenar la ejecución de una masacre que ya se había decidido. En los meses siguientes, los nazis asesinaron a 1,5 millones de judíos en cien días en las cámaras de gas de Treblinka, Sobibor y Bełżec, en la llamada operación Reinhard. Sin embargo, el Holocausto ya había empezado: el Zyklon-B se utilizó por primera vez en Auschwitz en septiembre de 1941, con seiscientos prisioneros de guerra soviéticos, y, como hemos visto, el gas ya se usaba para acabar con discapacitados y enfermos mentales desde 1939. El llamado Holocausto de las Balas, el fusilamiento masivo de judíos, arrancó con la invasión de la Unión Soviética, en junio de 1941, y entonces ya se habían transmitido órdenes de asesinar también a las mujeres y a los niños. Pero la Shoah no empezó con las matanzas, arrancó mucho antes, con el odio, con la deshumanización, con la propaganda. La cúpula nazi tardó años en preparar a los alemanes para el crimen en el que iban a participar porque —y eso es algo en lo que también coinciden la mayoría de los historiadores— el exterminio no solo fue ejecutado por los verdugos, por los médicos que actuaban en las cámaras de gas, por los SS, por los pelotones de fusilamiento o los guardianes de los campos, sino que participaron todos los estamentos de la sociedad. Las deportaciones requirieron una infraestructura enorme y una colaboración muy amplia: había que identificar a los judíos, arrestarlos y meterlos en un tren hacia el Este en todos los países ocupados. Solo años de odio lograron que algo así pudiera realizarse. Comprender esto es esencial, porque una vez que se activa ese mecanismo resulta muy difícil pararlo:

los responsables del Memorial de Auschwitz repiten que los genocidios siempre empiezan con palabras, las cámaras de gas son el final de un proceso, no su principio. Hitler dio la orden de asesinar a los judíos europeos en el invierno de 1941, pero había tomado la decisión mucho antes, desde el mismo momento en que llegó al poder o, incluso, desde que empezó su carrera política en los años veinte. De hecho, toda la arquitectura legislativa nazi tenía un único objetivo: el racismo.

Las Leyes de Núremberg, promulgadas el 15 de septiembre de 1935, no solo convirtieron a los judíos en ciudadanos de segunda clase, sino que fueron mucho más allá: los transformaron en apestados sociales. Se creó el delito de «infamia racial», que prohibía a los judíos casarse o mantener relaciones sexuales con ciudadanos arios y, además, perdieron sus derechos y dejaron de ser *Reichsbürger* (ciudadanos del Reich) para convertirse en *Staatsangehörige* (súbditos del Estado). A diferencia de lo que ocurría en la Inquisición, no se trataba de perseguir una religión, sino lo que los nazis consideraban una raza: resultaba imposible dejar de ser judío, aunque uno se hubiese convertido. Si se tenían tres abuelos judíos, se seguía siéndolo. Más que por la pertenencia al Partido o la ideología, la sociedad nazi se organizaba por la raza. A partir de las Leyes de Núremberg se estableció el llamado *Ahnenpass* o pase racial, un documento que desde entonces resultaría esencial para cualquier alemán y del que iba a depender su vida. «Era un ejemplo extraordinario de la ambición de los nazis de crear una sociedad racialmente compacta y de segregar a los judíos o echarles del país», explica Fritzsche. El documento podía comprarse en cualquier papelería o librería y luego el ciudadano debía rellenarlo certificando la genealogía de su familia según criterios raciales, consignando los matrimonios y los nacimientos. Uno podía ser alemán con cuatro abuelos arios; judío, con tres o más abuelos judíos; medio judío, *Mischlinge,* en primer grado, con dos abuelos judíos, o en segundo grado, con un abuelo judío. Los alemanes arios tuvieron que recurrir a los archivos o a detectives privados para encontrar documentos que certificasen su origen y los pusiesen fuera de peligro. Los judíos, en cambio, muy pronto tuvieron que someterse a un interminable proceso administrativo destinado primero a robarles sus bienes y, posteriormente, a asesinarlos. Klemperer narra que el 29 de junio de 1938 lo pasó haciendo un inventario de sus posesiones. Al igual que ocurrió con los discapacitados y enfermos mentales, las persecuciones se fueron haciendo más intensas y con el estallido de la Segunda Guerra Mundial comenzaron las deportaciones en masa. Entonces, aquellos judíos que no habían logrado salir de Alemania o de los países ocupados por el Tercer Reich tendrían muy pocas posibilidades de sobrevivir.

Sin embargo, las democracias occidentales se cerraron a los refugiados pese a la persecución cada vez más evidente de los seiscientos mil judíos que vivían entonces en Alemania. En julio de 1938, se celebró en la ciudad francesa de Évian una conferencia a la que asistieron treinta y dos estados, desde Canadá hasta Nueva Zelanda, pasando por numerosas naciones europeas. La idea era hacer frente a la crisis de refugiados que trataban de huir de las políticas antisemitas nazis. La conferencia fue un fracaso. Jaim Weizmann, un judío ruso y líder sionista que acabaría por convertirse en el primer presidente de Israel, resumió el encuentro con una frase: «El mundo parece estar dividido en dos partes: una donde los judíos no pueden vivir y la otra donde no pueden entrar». El símbolo de aquella política de fronteras fue el barco *St. Louis,* que zarpó de Hamburgo con destino a Cuba en mayo de 1938 con 937 pasajeros a bordo, la inmensa mayoría judíos. No fueron aceptados en América, ni siquiera en Estados Unidos, y tuvieron que regresar a Europa. La mayoría se quedaron en países que fueron invadidos por los nazis —solo 288 encontraron refugio en Reino Unido—. Murieron asesinados 278.

Las políticas racistas no solo afectaron a los judíos. En la clasificación nazi muchos otros pueblos, sobre todo los eslavos, eran infrahumanos: no estaban destinados al exterminio, pero sí a trabajar a las órdenes de sus amos arios. Uno de los aspectos menos conocidos de la vida cotidiana en el Tercer Reich durante la Segunda Guerra Mundial es que el país se llenó de trabajadores esclavizados de todos los países ocupados. La mayoría procedían de Rusia y Polonia, aunque también había bastantes ciudadanos franceses. El historiador estadounidense Robert Gellately explica en *No solo Hitler* que en 1944 vivían en Alemania 5.721.883 «trabajadores extranjeros» —eufemismo con el que se trataba de ocultar su condición de esclavos—, de los que 1.659.764 eran polacos y casi dos terceras partes de ellos trabajaban en la agricultura. Cuando el régimen se estaba desmoronando, la Gestapo y las SS nunca temieron un levantamiento de la población, pese a los constantes bombardeos y a que la existencia cotidiana era cada vez más miserable, pero sí de los esclavos extranjeros, que junto a los prisioneros de guerra en suelo alemán sumaban siete millones de personas. Ian Kershaw explica que las fuerzas de seguridad llegaron a preparar planes de contingencia ante una posible rebelión de estos deportados, «pero en cambio nunca hubo una expectativa real de una revolución del pueblo alemán». Muchos de estos trabajadores se encontraban recluidos en campos especiales: solo en Berlín se han documentado seiscientos —seguramente la cifra sea muy superior—, mientras que en Múnich se construyeron 407 (trece de ellos enormes). Trabajaban en todos los negocios, desde las panaderías hasta las fábricas de armamento además de, naturalmente, desempeñar las labores más duras en el campo. Y, con los varones jóvenes en el frente, esta presencia de hombres, en muchos casos de razas consideradas inferiores, significaba un quebradero de cabeza para la mente enferma de racismo de los nazis. Gellately ha estudiado los procesos que la Gestapo emprendió contra ciudadanos alemanes por sus tratos ilícitos con extranjeros en diferentes territorios del Reich: no se trata solo de relaciones sexuales o sentimentales, que eran crímenes muy graves, sino que bastaba con ser amable o generoso con la comida para convertirse en sospechoso. El novelista alemán Harald Gilbers retrata en su serie policiaca protagonizada por el excomisario Richard Oppenheimer, un judío que ha logrado evitar la deportación al estar casado con una aria, muchos detalles de la vida cotidiana en Alemania en los momentos finales del Reich. Relata por ejemplo que los *Fremdarbeiter* —trabajadores extranjeros— estaban por todos lados y se les reconocía por una F que llevaban en la pechera, como la estrella amarilla de los judíos. Describe una estación de tren en la que se oyen muchas lenguas, lo que le recuerda a la Alemania plurinacional aniquilada por los nazis. También, en otra novela, explica que un personaje tuvo que pasar a la clandestinidad solo por haber asistido al funeral de uno de sus trabajadores, un checo. Y se trataba de alguien que hasta entonces se había mostrado leal al régimen.

El maltrato formaba parte de su vida cotidiana y, en el caso de las mujeres, los abusos sexuales. En Baja Franconia, Gellately encontró 81 expedientes de la Gestapo por «relaciones personales íntimas/amistosas» entre alemanes y polacas, otros 36 por «conducta amistosa» y otros 28 por «donaciones a polacos», esto es, por pagarles por su labor. En la mayoría de los casos, las persecuciones se habían iniciado por denuncias de la población. Naturalmente, los castigos no eran iguales para las dos partes. Muchos de los casos que relata este historiador son espeluznantes. En julio de 1942, la policía de Wurzburgo investigó las repetidas violaciones que padeció una muchacha polaca de dieciséis años por parte de un padre y un hijo en cuya casa trabajaba como criada. El padre fue amonestado y se le prohibió volver a reclutar a trabajadores extranjeros, el hijo fue enviado de vuelta a su batallón. No se sabe qué ocurrió con la muchacha polaca, aunque los castigos que había previsto Himmler para este tipo de delitos en 1940 era que las víctimas no serían ejecutadas, sino condenadas a tres semanas de arresto y a cambiar de casa o enviadas a un campo de concentración si se demostraba que «habían tentado» a sus amos. El hecho de que no fueran fusiladas no se debía a ningún tipo de clemencia, sino a que estos abusos eran tan frecuentes que las autoridades no querían arriesgarse a quedarse sin mano de obra esclava. En otro caso, el 20 de junio de 1943, una carta anónima denunció que una trabajadora agrícola se había quedado embarazada de otro bracero también polaco, que fue enviado a un campo de concentración. A veces, los chivatos eran médicos rurales que violaban el secreto profesional, como un doctor del distrito de Landrat que en agosto de 1941 denunció que una joven de quince años estaba embarazada. El médico argumentó: «Me siento obligado a comunicarlo para la protección del resto de la juventud del pueblo». La investigación descubrió que ella y una amiga habían mantenido una relación consentida con dos polacos. La Gestapo decidió ejecutarlos, pero prefirió no hacerlo en público porque, según el expediente, «provocaría una fuerte agitación entre la población católica», así que fueron enviados a un campo de concentración para cumplir la sentencia de muerte.

El repaso que hace este historiador de los archivos de la Gestapo en diferentes lugares de Alemania muestra todas las delirantes vertientes que alcanzaba el racismo legalmente codificado en el Tercer Reich: en Düsseldorf, por ejemplo, la Gestapo dividió los expedientes relacionados con trabajadores extranjeros en cincuenta y dos categorías, que iban desde las relaciones sexuales de un trabajador con una alemana hasta haber recibido una carta. De los ochenta y seis casos estudiados por el historiador en esta ciudad alemana, ninguno fue abierto como consecuencia de una investigación propia de la Gestapo, ni de su red de espías, aunque sí de otros cuerpos locales, como la policía rural. La mayoría, el 46 por ciento, corresponden a informaciones proporcionadas por la población. Además del racismo y del *apartheid* construido por Hitler, otro aspecto que muestran estos expedientes es la absoluta brutalidad en la que vivía la sociedad alemana bajo el nazismo y mucho más durante la Segunda Guerra Mundial: la mayoría de los castigos pasan por la muerte o el envío a un campo de concentración, como en el caso de cuatro polacos obligados a mantener relaciones con su patrón, que los sobornaba con comida. Los cuatro acabaron en Mauthausen, donde les esperaba una muerte casi segura. Y cualquier pequeño detalle podía ser motivo de una investigación: una familia estuvo a punto de acabar en un campo porque el jefe local de la asociación de campesinos nazis la acusó de que, según se comentaba, «a los polacos les ofrecían café y pastas», lo que «solivianta a los criados de otros granjeros contra sus patronos». El cabeza de familia estuvo detenido unos días, aunque finalmente fue liberado. En una entrevista, el historiador de la Segunda Guerra Mundial Antony Beevor contaba un caso que ilustraba hasta qué punto la relación con los trabajadores esclavos era compleja:

> Cuando estaba investigando en los Archivos Nacionales franceses, tardé mucho tiempo en lograr el permiso para leer los informes de la DST, la policía política. Había un párrafo en el que se contaba la historia de la mujer de un granjero alemán que fue encontrada en París, sin hablar nada de francés, que había conseguido colarse en un tren que devolvía a Francia a víctimas de campos de concentración. Y la razón es que estaba enamo-

rada de un prisionero francés que trabajó en su granja y con el que tuvo una historia y no podía vivir sin él. Lo siguió hasta París. La cantidad de preguntas que quedan abiertas por este único párrafo es enorme: ¿qué ocurrió con su marido? ¿Cómo mantuvo esa historia de amor ilegal bajo las leyes nazis? ¿Le encontró? ¿Estaba casado? Este párrafo es toda una novela.

La historia de los trabajadores eslavos muestra la sociedad que construyó el Tercer Reich: un Estado policial, tremendamente violento, con la posibilidad de acabar con un tiro en la cabeza o en un campo de concentración siempre presente. Y basado en una policía que había sido capaz de construir una red de informadores muy tupida. El terror no era, ni de lejos, la única motivación para colaborar con las fuerzas de seguridad. Según avanzaba la guerra, la vida de los ciudadanos alemanes se fue haciendo cada día más terrible, sometidos a intensos bombardeos, y con la amenaza real de una invasión de los rusos, sobre los que el régimen había construido toda una mitología del mal comparándolos con hordas malditas dispuestas a destruir para siempre la raza aria.

El final del conflicto fue agónico para los alemanes y una tortura para las alemanas: el Ejército Rojo había recibido el permiso, cuando no la orden, de utilizar la violación como arma indiscriminada de guerra. Millones de víctimas quedaron silenciadas durante décadas. Cuando la derrota era segura, Hitler vertió todo su odio hacia su propio pueblo: su teoría era que, al haber sido derrotado por los bárbaros, merecía su sufrimiento y su destrucción. Un chiste que circuló cuando se acercaba el final del conflicto decía que los alemanes optimistas esperaban a los estadounidenses y los pesimistas a los soviéticos. Respondía a la realidad: Alemania quedó dividida en cuatro zonas de ocupación, que se replicaron en la capital: francesa, británica, estadounidense y soviética. Aquellos que cayeron en la parte de Alemania que quedó bajo el control de Stalin tardarían todavía casi medio siglo en recuperar su libertad. Dos lugares en Berlín reflejan los sufrimientos que padecieron los alemanes que tuvieron la mala suerte quedarse en el Este: la antigua prisión de Hohenschönhausen, un barrio industrial de Berlín, y el cuartel general de la Stasi. Ambos están situados en zonas relativamente periféricas, no muy alejados el uno del otro. El primero era una cárcel, ahora convertida en memorial, utilizada por la NKVD, la policía política de Stalin, al final de la Segunda Guerra Mundial: allí iban a parar los enemigos del régimen dentro de la depuración que se produjo durante la ocupación soviética. Las condiciones de detención eran atroces. Luego fue utilizada por la Stasi, la policía secreta de la República Democrática Alemana, para encerrar a prisioneros políticos. En la entrada se conserva una de las furgonetas camufladas en las que eran trasladados los detenidos: la idea consistía en que desapareciesen engullidos por el sistema, provocando también el terror en sus familias. Esta prisión y el cuartel general de la Stasi, situado junto a la avenida Karl Marx, se conservaron gracias a la conciencia colectiva de que la memoria tenía que mantenerse para el futuro. En el caso de los servicios secretos, el edificio fue ocupado por ciudadanos la misma noche de la caída del Muro para evitar la destrucción de documentación. Ahora es uno de los museos más extraños y sorprendentes de Berlín: conserva los despachos, los armarios, los teléfonos, las cajas fuertes, hasta la cama que el director general tenía en una pequeña habitación detrás de su despacho. Desde este complejo de edificios se dirigía uno de los sistemas de espionaje y vigilancia más eficaces de Europa oriental: la Gestapo mantenía siete mil empleados en 1937 para una población de 60 millones de personas, mientras que la Stasi llegó a tener noventa mil empleados para una población de 17 millones. En *Continente salvaje,* su libro sobre Europa después de la Segunda Guerra Mundial, Keith Lowe recuerda una frase de

Walter Ulbricht, líder comunista de Alemania Oriental: «Tiene que parecer democrático, pero debemos controlarlo todo». No es una exageración afirmar que Hohenschönhausen era una prisión dentro de una cárcel mucho más grande, la propia RDA. Tony Judt explicaba en su clásico *Posguerra* que «si Stalin se tomaba tanto trabajo en afirmar y reafirmar su autoridad en Europa del Este esto se debía en gran medida a que estaba perdiendo la iniciativa en Alemania». Su reacción a las diferentes medidas que iban tomando las otras potencias de ocupación —Estados Unidos, Reino Unido y Francia—, como la creación de una nueva moneda, el Deutsche Mark, que reemplazó al Reichsmark, fue cortar, el 23 de junio de 1948, todas las comunicaciones de la zona de ocupación soviética con el Oeste, lo que dejó a Berlín aislado. El antiguo aeropuerto de Tempelhof —hoy un parque que se creó gracias al empeño de los vecinos— acogió un puente aéreo entre el 26 de junio de 1948 y el 12 de mayo de 1949 durante el que aterrizaron 277.500 vuelos. La Guerra Fría había comenzado oficialmente y Berlín, uno de los pocos lugares donde se cruzaban el Este y el Oeste de manera clara, se convirtió en la capital mundial del espionaje. Allí las fuerzas de los dos bloques se encontraban frente a frente. En junio de 1953, se produjo un conato de rebelión popular en la RDA que, cuenta el periodista Frederick Taylor en su libro *The Berlin Wall,* estalló entre los trabajadores que estaban construyendo en unas condiciones deplorables la que luego sería la avenida Karl Marx, el símbolo del renacimiento comunista de Berlín, que se conserva como fue edificada. «Lavrenti Beria, el principal ejecutor de Stalin, voló a Berlín para ocuparse personalmente del contraataque», explica Taylor. La revuelta fue aplastada en diez días, con doscientos sesenta alemanes abatidos durante la represión, otros doscientos ejecutados y mil cuatrocientos enviados a prisión a perpetuidad.

Uno de los grandes problemas al que se enfrentaban las nuevas autoridades de la RDA para construir su legitimidad era la propaganda anticomunista obsesiva que había dominado los discursos nazis durante casi toda la dictadura —con una breve interrupción entre 1939 y 1941 por el pacto Hitler-Stalin, que se rompió con la invasión de la Unión Soviética por parte alemana—, y el otro era que habían hecho la vista gorda ante las violaciones cometidas por el Ejército Rojo durante los primeros meses de la ocupación. Como tantos otros estados totalitarios, necesitó construir un pasado para justificar el presente. Según iban haciéndose con el control del país, la retórica que edificó el régimen fue que en la RDA se perseguía a los antiguos nazis, mientras que la República Federal de Alemania había decidido enterrar el pasado. Ninguna de las dos cosas era falsa, pero tampoco totalmente cierta. Hasta los llamados juicios de Auschwitz, a mediados de los años sesenta, impulsados por el fiscal Fritz Bauer, la persecución de criminales nacionalsocialistas en la RFA había dejado mucho que desear. El sádico médico de Auschwitz, Joseph Mengele, pudo regresar a ver a su familia a Alemania varias veces y solo decidió esfumarse en América Latina después de la captura de Adolf Eichmann en 1960 en Argentina por un comando del Mosad, el servicio secreto israelí. Horst Schumann, médico de Auschwitz que también practicó sádicos experimentos con prisioneras, vivió tranquilo en Alemania del Oeste hasta 1951, cuando fue descubierto al pedir un permiso de armas, y aun así logró un pasaporte y huyó hasta que finalmente fue extraditado y juzgado en 1970, solo para ser liberado en 1972, en teoría por su mala salud, aunque vivió todavía once años. Schumann participó en el programa T4 de asesinato de discapacitados y realizó esterilizaciones de mujeres con rayos X y experimentos médicos con seres humanos, y además tuvo una responsabilidad directa en el asesinato de miles de personas enviadas bajo sus órdenes a las cámaras de gas. La RDA hizo de la persecución de los antiguos nazis una de sus banderas, aunque, cuando fue necesario, los utilizaron para sus redes de información y espionaje. Pero la idea que querían transmitir las autoridades era que ellos representaban a los alemanes que resistieron contra los nazis y que la RFA era, en cambio, la heredera decadente del Tercer Reich. El poco entusiasmo demostrado por Bonn en la caza de los criminales de guerra dio argumentos para construir aquella ficción: los alemanes del Este seguían viviendo bajo una dictadura (no comparable con los nazis, desde luego, pero nada es comparable con los nazis), mientras que los ciudadanos del Oeste disfrutaban de un régimen indudable de libertades, con una de las constituciones más avanzadas, democráticas y garantistas en materia de derechos humanos del mundo. Como respuesta a los horrores del nazismo, la llamada Ley Fundamental Alemana comienza decretando que el primer deber de un Estado es proteger a todos sus ciudadanos sin distinciones: «La dignidad humana es intangible. Respetarla y protegerla es obligación de todo poder público. El pueblo alemán, por ello, reconoce que los derechos humanos inviolables e inalienables son el fundamento de toda comunidad humana, de la paz y de la justicia en el mundo».

Hilde Benjamin, hermana del filósofo Walter Benjamin, uno de los intelectuales más importantes del siglo xx, que se suicidó en 1940 en la ciudad española de Portbou cuando trataba de huir del totalitarismo, fue una de las juristas que se mostraron más implacables en sus condenas a antiguos nazis, tanto que los medios occidentales la bautizaron como Hilde la Roja, según relata Uwe-Karsten Heye en su biografía de la familia, *Los Benjamin*.

Dirigente comunista, Hilde se trasladó a la zona de ocupación soviética al acabar la guerra. Pese a ser judía y opositora, logró sobrevivir a la guerra, escondiéndose y con mucha suerte, aunque gran parte de sus amigos y familiares fueron asesinados por los nazis. Primero como fiscal general y luego como ministra de Justicia de la RDA, se encargó de llevar a cabo una implacable desnazificación. La idea era borrar cualquier rastro del anterior régimen de la vida pública para construir un país renovado, pero existía un problema de fondo: el nuevo Estado siempre desconfió de sus ciudadanos. En las primeras elecciones municipales celebradas en Berlín en 1946, los socialdemócratas lograron un 50 por ciento de los votos, mientras que los comunistas quedaron terceros con un modesto 20 por ciento, un resultado un poco inferior al de los conservadores. «Esta derrota electoral fue el punto de partida de la desconfianza de los comunistas alemanes respecto a su propia población», escribe Uwe-Karsten Heye. Ese profundo recelo se tradujo en la siguiente gran crisis que vivió la RDA: la construcción del Muro de Berlín, en la noche del domingo 13 de agosto de 1961, otro de los momentos en los que el mundo estuvo al borde de un nuevo conflicto. Los alemanes del Este se encontraron, prácticamente de la noche a la mañana, rodeados de alambradas: era la respuesta a la fuga constante de personas de la RDA a la RFA. Ocurrió tan rápido que el alcalde de Berlín Oeste, Willy Brandt, estaba en Núremberg aquel sábado. Taylor recuerda que habló en público de los problemas que estaba experimentando la ciudad para acoger a los refugiados que escapaban del Este. Solo ese día se fugaron dos mil quinientas personas. Las imágenes tomadas aquel domingo muestran a las familias saludándose con tristeza a los dos lados del Muro sin saber cuándo podrían volver a verse, a ciudadanos descolgándose desde ventanas a la parte oeste de la ciudad —a veces la línea divisoria estaba formada por bloques de viviendas— o a grupos huyendo de cualquier manera, saltando las alambradas con hatillos improvisados, sobre todo en torno a Bernauer Strasse, una calle que está al lado de la casa de nuestros amigos y donde se conserva la sección más completa del Muro, que permite contemplar las torretas de vigilancia y las diferentes partes de una barrera que se fue haciendo cada vez más infranqueable. Aquella vía ancha y larga marcaba una de las principales líneas divisorias entre el Este y el Oeste y, durante unas horas de aquel domingo, se convirtió en la única forma posible de escapar, aunque rápidamente se cerró y así permaneció durante treinta y ocho años. No solo se jugaban la vida los que cruzaban, sino que las familias de aquellos que lograban escapar se convertían inmediatamente en sospechosas. La sensación de que ahí estuvo situada la tierra de nadie que separaba dos mundos permanece todavía pese a la rápida urbanización, incluso con sugerentes edificios modernos de viviendas. En muchos lugares de Berlín —los antiguos cementerios judíos, por ejemplo— el peso del pasado es enorme: se alzan como recuerdos naufragados de todas las heridas de la historia. «La *Operación rosa* de Eric Honecker había demostrado la eficacia de la maquinaria totalitaria», escribe Taylor en referencia a la diligencia con la que el líder de la RDA acabó con las fugas desde Alemania Oriental y aisló del mundo exterior a la inmensa mayoría de los ciudadanos.

Los alemanes del Este se encontraban definitivamente atrapados. Pero el Muro no solo era físico: vivían encerrados en un sistema de control implacable. El periodista e historiador británico Timothy Garton Ash lo cuenta en su libro *El expediente,* en el que relata cómo descubrió la red de informantes que se tejió a su alrededor —como de cualquier otro habitante o visitante de la RDA— cuando vivió en Berlín Oriental a finales de los años setenta. Tras la apertura de los archivos de la Stasi, pudo consultar su expediente y su primer gran alivio fue descubrir que su novia de entonces, Andrea, no le espió: el hecho de haber tenido serias sospechas le provocó muy mala conciencia, pero era inevitable. La paranoia había calado de manera muy profunda: la Stasi logró hacer creer a todo el mundo que podía estar siendo espiado con micrófonos o, lo que era mucho más eficaz, a través de las personas de mayor confianza, aquellas ante las que parecía posible mostrarse con sinceridad. La RDA era una sociedad de la delación, en la que cualquiera podía espiar a cualquiera, en la que se utilizaban los métodos más retorcidos para reclutar informantes, además de la amenaza y el terror. El número asociado a los seguimientos de Garton Ash era el 246.816: prácticamente siempre tenía a alguien tras sus pasos, porque al ser extranjero y con contactos con mucha gente era especialmente peligroso. «Los efectos de leer un expediente pueden ser terribles», escribe Garton Ash, y prosigue:

> Pienso ahora en el famoso caso de Vero Wollenberger, una activista política de la parroquia de Werner Krätschell en Pankow, que al leer su expediente descubrió que su marido, Knud, había estado informando sobre ella desde que se conocieron. Salían a dar un paseo con los niños el domingo y el lunes Knud se lo contaba todo a un oficial de la Stasi. O pienso en el escritor Hans Joachim Schädlich, que averiguó que su hermano mayor había estado informando sobre él.

Conocer la verdad cuando se acaba una tiranía nunca es una tarea fácil: la dicotomía entre la justicia y el olvido, entre mirar al pasado o al futuro (si es que se puede construir el futuro sin haber mirado antes al pasado), es algo que flota sobre el final de todas las dictaduras desde los tiempos de los tiranos griegos. Nunca es una decisión sencilla y siempre es dolorosa. Aunque la mayoría de las veces los ciudadanos ni siquiera tienen la oportunidad de elegir. «Existen momentos en la vida de una nación que hieren la memoria y la idea que un país se hace de sí mismo», exclamó el presidente conservador Jacques Chirac cuando reconoció el papel de fuerzas de seguridad francesas en la deportación de judíos. El imaginario colectivo gaullista había construido un pasado basado en la heroica resistencia frente a los nazis. La realidad, como suele ocurrir casi siempre, era muy diferente.

4
Hacer las paces con el pasado
Atenas, siglo v a.C., la primera amnistía de la historia

Aprendimos el silencio. No era sencillo permanecer en silencio. Pero era una buena salida para todos nosotros. Existía un deseo sincero de olvidar, de enterrar profundamente las memorias amargas en los cimientos del alma, en un lugar que ningún extraño, ni siquiera nosotros mismos, pudiera alcanzar. El deseo era tan fuerte que llegamos a lograr lo imposible. Uno no debía hablar. Uno no debía contar. Y ese deseo no venía del exterior. ¿Qué no hicimos para guardar ese secreto?

Aharon Appelfeld

Robert Capa, el fotógrafo más famoso de la Segunda Guerra Mundial, tomó esta imagen el 16 de agosto de 1944 en la ciudad francesa de Chartres. Tardaría poco en convertirse en uno de los símbolos del final del conflicto. Mostraba a una mujer, con un bebé en brazos, que acababa de ser rapada por la Resistencia, acusada de colaborar con los alemanes. Medio siglo después se conoció su nombre, Simone Touseau, y su triste historia: murió en 1965, a los cuarenta y cuatro años, sin haber superado nunca el estigma de su colaboración.

Incluso cuando un mal absoluto como el nazismo es derrotado, los finales suelen ser terribles. Con el desembarco aliado de Normandía, el 6 de junio de 1944, comenzó la liberación de Francia, ocupada por los alemanes desde 1940 y gobernada por un régimen colaboracionista y antisemita. Pero aquel día comenzó también un periodo conocido como la «depuración salvaje». Esta expresión oculta a veces una justicia atropellada y despiadada, aunque administrada con un mínimo de garantías y apoyada en pruebas, pero muchas otras esconde una violencia injustificada. En los finales, después de años de ocupación y barbarie, no existen los matices. Una imagen del fotógrafo Robert Capa, el gran reportero del siglo XX que se curtió en la guerra de España, resume aquellos meses terribles. En el Madrid bombardeado de 1936, salvado *in extremis* por las Brigadas Internacionales de la entrada de las tropas franquistas, Capa comprendió el peligro que el fascismo representaba para Europa. Y aunque en ningún caso se le puede presumir que contemporizara con los colaboracionistas nazis, cuando aquel 16 de agosto de 1944 llegó a Chartres, una ciudad al sur de París que acababa de ser liberada, tomó una serie de fotos que ilustraron uno de los momentos más negros de la historia reciente de Francia. Mostró que hasta la derrota del nazismo puede manchar a los vencedores, que las causas justas pueden ser despiadadas y violar los mismos preceptos que defienden. Capa viajaba con otro fotógrafo, empotrados con la Séptima División de Infantería estadounidense en su avance hacia París después del desembarco, en medio de la contraofensiva alemana, cuando se encontraron con la justicia expeditiva que se administraba contra aquellos que eran acusados de haber colaborado con los nazis. En el patio de la prefectura, las Fuerzas Francesas Libres habían detenido a varios colaboracionistas: tres de ellos fueron ejecutados inmediatamente, sin mayores miramientos. También habían traído a once mujeres acusadas de «colaboración horizontal», es decir, de mantener relaciones con los ocupantes. Las fuerzas de la Resistencia mandaron llamar a un barbero de la prisión y fueron rapadas allí mismo. Una de ellas, que tenía un bebé en brazos, se convirtió en una de las imágenes icónicas de la liberación. Capa no solo retrató a la mujer rapada con una niña de tres meses junto a su madre y a las otras nueve féminas, también rapadas, sino que luego siguió al cortejo que acompañó a la mujer con el bebé y a su madre hasta su casa en medio de insultos y burlas. La serie, publicada en septiembre, fue reproducida primero por la revista *Life* y luego por numerosas publicaciones de Estados Unidos. Capa siempre lograba humanizar a sus personajes, en sus imágenes de guerra apenas aparecen batallas, aunque solía estar en primera línea —de hecho, los combates en las inmediaciones de Chartres no se acabaron hasta cinco días después de su llegada—. Le importaba sobre todo relatar cómo un conflicto afectaba a seres humanos concretos y, siempre que podía, a los civiles. El corte de pelo de Chartres refleja la respuesta de la Resistencia después de cuatro años de ocupación: la depuración no solo tuvo como objetivo a las mujeres, pero fueron ellas quienes padecieron una humillación pública en un ambiente de celebración que, además, las estigmatizaba ante el resto de la sociedad.

El rapado había sido utilizado contra mujeres republicanas por los fascistas durante la guerra de España —también eran obligadas a beber aceite de ricino, lo que les provocaba una diarrea incontrolable— y por partidarios de Vichy contra mujeres acusadas de simpatizar con la Resistencia o con la moda americana (se trataba de un castigo considerado menor: las acusadas de colaborar eran ejecutadas, torturadas o enviadas a la Noche y Niebla de los campos nazis). «Cuando eran detenidas», escribe Enrique González Duro en *Las rapadas. El franquismo contra la mujer,* «a muchas rojas se las golpeaba y se las pelaba y peladas eran paseadas por la vía pública, para mayor escarnio entre los vecinos y para ser diferenciadas del resto de la población. A menudo era un castigo en sí mismo y no tenía que estar asociado al cumplimiento de cualquier otra pena, pero sí era frecuente que las rapadas quedaran a disposición gubernativa.»

Parte de esa venganza brutal se explica por lo que ocurrió entre 1940 y 1944, una guerra dentro de la guerra entre los propios franceses. Una minoritaria Resistencia (que luego se transformó en las Fuerzas Francesas Libres), un movimiento heterogéneo que agrupaba desde conservadores nacionalistas hasta comunistas, con un importante apoyo de republicanos españoles —Robert Capa se refiere a ellos con orgullo en sus memorias, *Ligeramente desenfocado,* aunque luego fueron borrados durante décadas del recuerdo oficial del conflicto—, se enfrentaba no solo a los ocupantes alemanes, sino a los colaboracionistas del Gobierno títere presidido por el mariscal Pétain y a su Milicia, un cuerpo paramilitar creado en 1943 para combatir a los resistentes. La tortura, la violencia contra civiles (como la destrucción del pueblo de Oradour-sur-Glane por las SS en 1944), las denuncias que acababan con deportaciones a campos de concentración o en fusilamiento inmediato y las tomas de rehenes formaban parte de las tácticas cotidianas de los nazis. Toda esta represión se producía en un ambiente de delación y sospecha generalizada. En el caso de la Milicia se trataba, además, de violencia ejercida contra sus propios vecinos en colaboración con el odiado enemigo invasor. Las películas de Louis Malle *Lacombe Lucien* y *Adiós, muchachos,* basada la primera en un guion del premio Nobel Patrick Modiano y la segunda en los propios recuerdos del director, reflejan ese entorno de crueldad que crearon los colaboracionistas, apoyados en los ocupantes nazis para llevar a cabo sus crímenes y, en bastantes casos, saldar sus cuitas personales. No hay que olvidar tampoco que fueron la policía de Vichy y la Milicia las que organizaron y ejecutaron la detención de los judíos que residían en Francia, en muchos casos refugiados de Europa del Este que huían desde el siglo XIX de los pogromos y las persecuciones. Antes de la llegada de los Aliados, la Resistencia ya había establecido listas y los ajustes de cuentas estaban muy preparados.

En su libro *Les Françaises, les Français et l'Épuration,* los historiadores Fabrice Virgili y François Rouquet cifran en diez mil los acusados de colaboración fusilados (bastantes de ellos antes del desembarco) y en 350.000 los afectados por los procesos de la posguerra (una cifra notable en un país que entonces contaba con 40 millones de habitantes). Unas veinte mil mujeres fueron rapadas y, en cerca de cincuenta ciudades, fueron obligadas además a recorrer las calles desnudas, según datos de Virgili, que, en 2004, fue uno de los primeros historiadores en estudiar a fondo esta forma de represión en su libro *La France «virile»: Des femmes tondues à la Libération.* «Es innegable que estas mujeres eran cabezas de turco», escribe por su parte el historiador Keith Lowe en *Continente salvaje,* un libro sobre el final de la guerra, en el que dedica un capítulo a las rapadas, un castigo que se repitió en muchos otros países. «Afeitarles la cabeza era una forma simbólica de extirpar no solo sus propios pecados, sino los pecados de la comunidad entera. Toda Europa occidental, en palabras del periodista Robert Brasillach, "se acostó con Alemania", a través de miles de acciones cotidianas que hicieron posible la ocupación nazi. Pero en muchas comunidades solo castigaron a las mujeres que se habían acostado con los verdaderos alemanes.» Aquella humillación se realizaba en público y en medio de un ambiente festivo: una forma de celebrar la expulsión de los ocupantes era poner en la picota a los miembros más débiles de la comunidad que, por multitud de razones, en algunos casos la simpatía con los nazis y en otros la supervivencia o, por qué no, el amor, habían mantenido relaciones con los odiados *boches* (término despreciativo para designar a los alemanes). Keith Lowe recuerda lo que exclamó la actriz Arletty durante su juicio en 1945 por su historia con un oficial de la Wehrmacht: «Mi corazón pertenece a Francia, mi vagina es mía». Incluso algunos historiadores han teorizado que sirvió como vía de escape para evitar males mayores —fusilamientos, torturas, desapariciones—. Es más que dudoso, primero porque muchas de estas mujeres quedaron traumatizadas de por vida: no se trataba en absoluto de un castigo menor. Segundo, porque en algunos casos la violencia fue más allá. En Monterfil, un pueblo bretón liberado en el verano de 1944, tres mujeres acusadas de colaboracionismo fueron torturadas antes de ser ahorcadas. No había pruebas, ningún arresto durante la ocupación había sido relacionado con ellas, no existían indicios de que hubiesen denunciado a nadie. Un reportaje de la Agence France Presse narraba que la primera marcha en su memoria hasta el bosque donde fueron asesinadas tuvo lugar setenta años más tarde. Un vecino explicó entonces al periodista que «la *omertà* había durado ya bastante tiempo». Pero la mala conciencia llegó mucho más tarde. Durante los primeros momentos de la liberación, la ceremonia del rapado y de la humillación se llevaba a cabo con orgullo, como una demostración de que no se iba a olvidar el pasado y de que los horrores de la ocupación iban a pasar factura a sus responsables. Fabrice

Virgili y François Rouquet describen así el ambiente en aquellos primeros meses:

> «Mientras la tormenta se aleja, se impone a todos los franceses una inmensa tarea: la de reconstruir nuestra hermosa Francia que los nazis han ensuciado con su presencia. Y nosotras, las jóvenes, debemos contribuir a esta recuperación». Estas dos frases, extraídas de un *Llamamiento a las jóvenes francesas,* publicado en la sección «El rincón de las mujeres» del modesto periódico *Le Travailleur de l'Oise* en octubre de 1944, resumen la situación en Francia después de la guerra. Para embellecer una Francia sucia es necesario un trabajo de purificación.

Y esa purificación pasaba por la violencia pública contra las mujeres.

Muy pocos levantaron la voz contra el hecho de que se hubiesen convertido en las cabezas de turco de aquella justicia, necesaria sin duda después de los crímenes cometidos durante la ocupación, pero teñida de venganza. Uno de ellos fue el poeta Paul Éluard, que escribió en 1944: «No habían vendido a Francia, muchas veces no habían vendido absolutamente nada. No le dieron lecciones de moral a nadie. Mientras tanto, los bandidos, los Pétain, los Laval, los Darnand, Déat, Doriot, Luchaire, etc., se han ido. Incluso algunos, conocen su poder, se quedan tranquilamente en casa, esperando volver a empezar mañana».

En 1964, el cantante Georges Brassens, que se había escondido para evitar que lo enviaran a trabajar a Alemania, un tipo maravilloso y justo que siempre se ponía del lado de los débiles, le dedicó una canción a la rapada de Chartres, «La tondue», en uno de sus discos más famosos, *Les copains d'abord.* «Y, recogiendo un mechón caído en el suelo / lo he colocado en mi ojal como si fuera una flor. / Al verme marchar enarbolando mi mechón / los cortadores de trenzas me han tomado por un sospechoso. / Como de la patria apenas merezco nada. / No tengo la cruz de honor ni la cruz de guerra. / Eso no me hace sufrir demasiado: / tengo mi propia condecoración / es un mechón de pelo» (traducción de Marcos Ordóñez).

Pero cuando el gran bardo escribió aquellas estrofas todavía no se sabía quién fue, y qué fue de aquella mujer que Robert Capa fotografió una mañana de agosto de 1944. Hasta 2011 no se conoció la vida que se escondía detrás de aquella foto, cuando los investigadores Philippe Frétigné y Gérard Leray publicaron *La Tondue: 1944-1947*. En 2019, se estrenó un documental de Patrick Cabouat y Gérald Massé, *La tondue de Chartres,* que aportaba más detalles. Esta es su historia según Frétigné y Leray, que no solo rebuscaron todos los datos posibles en los archivos franceses y alemanes, sino que lograron localizar a testigos y a personas que conocían a la madre y a la hija sometidas a humillación pública: la mujer protagonista de la foto de Robert Capa era Simone Touseau y entonces tenía veintitrés años. Nacida en 1921, Touseau pertenecía a una familia de Chartres que perdió su negocio en 1935 y, señalan los autores, «llevó mal la degradación social de sus padres». Desde muy joven se mostró admiradora del nazismo porque sostenía que Hitler fue capaz de solucionar los problemas económicos de Alemania. En 1941 aprobó el *baccalauréat* —el examen con el que en Francia se acaba la enseñanza secundaria y se puede acceder a estudios superiores— en una época en la que muy pocas mujeres se presentaban a la prueba y, gracias a una amiga, comenzó a trabajar casi inmediatamente como intérprete y secretaria para los ocupantes. Militaba en el Partido Popular Francés, una de las formaciones colaboracionistas más importantes y no ocultaba su apoyo a los nazis. Se enamoró de un soldado alemán, Erich Göz, que pocos meses después fue enviado al frente del Este, donde resultó herido de gravedad e ingresado en un hospital militar de Múnich. Ella pidió ser trasladada a la ciudad bávara para estar junto a Göz. Sin embargo, justo cuando acababa de quedarse embarazada, fue procesada y expulsada a Francia: ya hemos visto que la Gestapo perseguía con saña cualquier relación entre las trabajadoras extranjeras y la población alemana. Él fue enviado de nuevo al frente, donde falleció en combate. Nunca supo que el 23 de mayo de 1944, apenas quince días antes del desembarco de Normandía, fue padre de una niña, Catherine. El 16 de agosto, incluso antes de la llegada de las tropas estadounidenses a Chartres, comenzó la depuración, las ejecuciones sumarias y los rapados. El humillante desfile hacia su casa tuvo lugar a las tres de la tarde, cuando los resistentes decidieron liberar a las mujeres a las que habían cortado el pelo. Ahí no acabaría su calvario, porque tres días más tarde ella y su madre, Germaine, fueron acusadas de haber delatado a cuatro vecinos, que habían sido detenidos y deportados. Su delito era escuchar la BBC. Dos de ellos murieron en Mauthausen. Todo el barrio estaba convencido de que las delatoras fueron ellas. Encarceladas en Chartres el 6 de septiembre, el juicio no comenzó hasta el 28 de noviembre de 1946, cuando las causas relacionadas con la ocupación habían sido trasladadas a París. La distancia del lugar de los hechos les ayudó y fueron absueltas por falta de pruebas. Ellas responsabilizaron de la delación a Ella Armezin-Meyer, una suiza alemana asentada en Chartres por su matrimonio y que ayudó a Simone a lograr el trabajo de traductora para los alemanes. El periplo jurídico de Armezin-Meyer también refleja las complicaciones de la justicia en la liberación: había escapado a Alemania en 1944, aunque fue extraditada en 1947 y condenada en 1950 a cadena perpetua por colaboracionista. Sin embargo, su abogado argumentó en el recurso que, al ser alemana desde 1944 y no francesa, no podía colaborar con el enemigo porque ella formaba parte del enemigo. Ganó la apelación y fue liberada. Tras salir de la cárcel, la familia

Touseau decidió abandonar Chartres. Simone se instaló en Saint-Arnoult-en-Yvelines, situada a 40 kilómetros, y logró empezar una segunda vida: trabajó en una farmacia, se volvió a casar y tuvo dos hijos. Sin embargo, su pasado de *colabo* la alcanzó: su marido se separó y se llevó a sus hijos. Fue despedida y cayó en la depresión y el alcoholismo. Murió el 21 de febrero de 1965, a los cuarenta y cuatro años. Catherine, el bebé que aparece en la imagen, seguía viva en 2015, la última vez que leí sobre ella. Los hijos de Catherine no conocen su historia, ni que forma parte de una de las fotos icónicas de la Segunda Guerra Mundial. Asegura haber quemado todos los documentos que la unen con este triste pasado. «Está marcada por un dolor inmenso, inexpresable», escribe Gérard Leray, uno de los dos autores de la investigación que relató la tragedia de su madre.

Al igual que las personas cuando desean romper con el pasado, las sociedades muchas veces se quedan atrapadas en hechos que no pueden cambiar y que, sin embargo, siguen marcando su presente. El ejemplo de la rapada de Chartres muestra hasta qué punto resulta difícil lidiar con la historia cuando se acaba una tiranía. Hay casos claros, que no despiertan ninguna duda, los de los asesinos o los que ordenaron asesinar, y los de las víctimas, los que lucharon contra el dictador o sufrieron su represión. También están los que se enriquecieron, los que robaron bienes a los represaliados, los que denunciaron. Pero, casi siempre, la inmensa mayoría de la población sencillamente no hizo nada, hizo demasiado poco o miró hacia otro lado, los *Mitläufer* de Géraldine Schwarz. Otros se dejaron arrastrar por las ideas de los que creía que serían los vencedores, lo que le ocurrió a Simone Touseau, que tenía apenas diecinueve años cuando comenzó la ocupación y fue simpatizante nazi en la adolescencia, como millones de alemanes, de franceses y de europeos. ¿Debió colaborar con el régimen de Vichy? Sin duda, no. ¿Muchas personas en su lugar hubiesen hecho lo mismo? Sin duda, sí. ¿Cometió algún crimen para merecer un castigo que arruinase su vida para siempre? Desde luego, no se encontraron pruebas de que, por su culpa, nadie acabase en un campo de concentración. Su vida refleja toda la complejidad de las decisiones morales que se toman cuando se vive bajo un régimen dictatorial. Y las caídas de los dioses resultan especialmente resbaladizas. Muchos de los protagonistas de las transiciones más importantes de finales del siglo XX fueron tipos que formaron parte de los mismos regímenes que ayudaron a desmontar —y en muchos casos se enriquecieron con ellos—. Son personas que cambiaron de bando, muchas veces considerados traidores por unos y poco fiables por otros. Sin embargo, sin ellos la construcción de la democracia resultaría imposible. El escritor alemán Hans Magnus Enzensberger los llamó «Héroes de la retirada» en un famoso artículo que publicó en *El País* en 1989. «Quien abandona las propias posiciones no solo entrega un terreno objetivo, sino también una parte de sí mismo», escribe. «Semejante paso no puede tener lugar sin una separación de la persona y su papel. El *ethos* del héroe se halla precisamente en su ambivalencia. El especialista en desmontaje demuestra su valor moral asumiendo esa ambigüedad.» Así resume, por ejemplo, el papel de Adolfo Suárez en la Transición española: «Tampoco este caos se puede abordar con una simple ética de simpatías que solo distingue entre ovejas blancas y negras. Suárez fue participante y beneficiario del régimen de Franco; si no hubiera pertenecido al círculo más íntimo del poder no habría estado en disposición de abolir la dictadura. Al mismo tiempo, su pasado le aseguró la desconfianza insuperable de todos los demócratas». No comparto esta última frase, porque creo sinceramente que muchos demócratas fueron capaces de superar sus prejuicios y que respetaron la habilidad de Suárez para desmontar la dictadura desde dentro, pero representa como pocos personajes la dificultad para encontrar figuras intachables en el amplio panorama de grises que caracteriza a las dictaduras. Simone no tuvo ningún papel importante en la ocupación ni en la Francia de la posguerra, es recordada por el instinto de Robert Capa para captar la historia mientras se produce. No fue una heroína de la retirada, pero sí forma parte de aquellos que cometieron un error y quisieron comenzar una nueva vida, aunque el pasado fue demasiado rotundo para librarse de él. Los cambios de régimen se consiguen muchas veces contando también con los que eligieron el bando equivocado. Sin embargo, su nombre y su historia fueron borrados durante décadas de la memoria colectiva francesa cuando su rapado dejó de ser un signo de justicia para transformarse en una vergüenza y una humillación difícilmente justificable, cuando comenzó a manchar en vez de embellecer el relato colectivo de la liberación que el país había querido construir de sí mismo.

Cuando acaba una tiranía, siempre se plantean las mismas dicotomías entre la memoria y el olvido, entre la justicia y el perdón, entre aquello que es importante recordar para construir el futuro y aquello que es importante dejar de lado para que no se convierta en un lastre. La respuesta nunca es sencilla, como prueba el hecho de que muy pocos países hayan logrado construir una memoria común lo suficientemente sólida como para que no emborrone el presente. España, desde luego, no está entre ellos: la Guerra Civil es uno de los muchos puntos de ruptura en la sociedad casi un siglo después de su principio y cuando apenas quedan supervivientes entre los que combatieron en la contienda. Las dictaduras dejan una huella no solo institucional, sino también moral, y esta última resulta muchas veces especialmente difícil de desmontar. Víctor Alba, pseudónimo literario de Pere Pagès (1916-2003), ensayista, historiador, comunista disidente militante del POUM, preso político y luchador antifranquista desgraciadamente demasiado olvidado (la historia no tiene memoria para muchos de los que la protagonizan), publicó en 1980 un libro sobre la España en la que, con la Constitución ya vigente, se iba consolidando la democracia. El título era toda una declaración sobre su visión del país: *Todos somos herederos de Franco*. «Aceptar que hemos sido víctimas del contagio franquista es necesario porque sin ese reconocimiento previo no hay manera de curar la infección», escribe, y lamenta que la dictadura «dio carta blanca a los pequeños vicios cotidianos para apaciguar a la gente» y cita entre ellos la falta de educación cívica, el egoísmo, la costumbre de no protestar para no meterse en líos, de no hablar en público. «No es mucho pedir que, al salir de la dictadura, deseemos aprender que los demás existen y nos esforcemos en mostrarles cierto respeto», señala. Alba, en el fondo, reclama la memoria para ser conscientes de nuestra historia, lo que Jürgen Habermas expresó con otras palabras cuando escribió un artículo titulado «No debemos normalizar nuestro pasado». «La gente ve el pasado nacional como vería una central nuclear para cuyos residuos radioactivos no se hubiera hallado un destino definitivo», explica el filósofo alemán, citado por Ian Buruma en su libro *El precio de la culpa*, que estudia las diferencias en la forma en que Japón y Alemania se enfrentaron a los crímenes de sus dictaduras. «Los bombardeos atómicos distorsionaron la cuestión de la responsabilidad japonesa porque hicieron aparecer todo el desastre de la Segunda Guerra Mundial como una catástrofe natural, una especie de terremoto gigante, más que como una historia de locura humana en la que los japoneses estuvieron implicados», escribe. En su libro, mantiene que no se puede encontrar la explicación en la vieja teoría de la culpa alemana frente a la vergüenza japonesa, sino en algo mucho más político: mientras que Alemania rompió con el pasado, en Japón, pese a la ocupación estadounidense, la misma élite se mantuvo en el poder. Sin embargo, aunque esa ruptura es absoluta y queda reflejada en todo el aparato institucional, empezando por la constitución de la posguerra, como hemos visto en el capítulo anterior, hasta los años sesenta la RFA no se tomó en serio la persecución de los antiguos nazis, no la de los grandes nombres que fueron juzgados y procesados nada más acabar la guerra, sino los funcionarios medios que, en muchos casos, fueron los responsables de la maquinaria del exterminio, por no hablar de las grandes empresas, que se aprovecharon del trabajo esclavo y de los campos de concentración (además de construir las cámaras de gas). Bajar al detalle hubiera dado demasiado peso a la culpa colectiva, hubiera convertido a la mayoría de los alemanes que vivieron la guerra en cómplices, cuando no directamente en responsables de las atrocidades del nazismo. La sensación es que hubo que esperar a que llegase una nueva hornada de alemanes, que no habían conocido la guerra ni la dictadura, para dar ese paso, mucho más delicado.

El rechazo a reconocer el pasado tiene que ver muchas veces con un sentido de culpa equivocado: si postulamos que la generación posterior es responsable de los crímenes de la generación anterior —los hijos cargan con la culpa de padres y abuelos—, entonces es mejor ignorarlos o, en algunos países, como ocurre con la derecha en España, incluso negar que existieran o pedir que se deje de remover el pasado, cuando en realidad solo se trata de dar una sepultura digna a miles de víctimas que han permanecido décadas en cunetas y fosas comunes, así como recopilar una información fiable sobre lo ocurrido. Los hijos y nietos de los verdugos franquistas, de los falangistas, de los que apoyaron la represión y al régimen, de los que denunciaron, no tienen mayor responsabilidad con el pasado que tratar de aclararlo: en las sociedades abiertas la culpa no puede trasladarse de generación en generación. España no es, ni de lejos, el único país donde un sector de la sociedad prefiere enterrar o falsificar la historia antes que estudiarla. Estados Unidos vive desde hace años un conflicto en torno a la educación: los estados más conservadores se niegan a que se enseñe de manera libre y rigurosa la esclavitud y el racismo institucional porque, sostienen, puede generar un sentimiento de culpa en los alumnos. La historiadora Susan Neiman, afincada en Berlín, escribió un interesante ensayo en 2019, cuando arreciaba el debate sobre el peso del pasado esclavista en América, titulado *Learning from the Germans*. «Empecé mi vida como una niña en el sur segregado y es posible que acabe mis días como una judía en Berlín», es la primera frase de un libro que traza el paralelismo entre la forma de enfrentarse al pasado de los dos países, la negación en uno (Estados Unidos) y la aceptación dolorosa en otro (Alemania, aunque la irrupción de la ultraderecha en su vida política pone en peligro incluso este acuerdo básico de la posguerra). Neiman defiende que muchos estados deberían aprender del concepto de *Vergangenheitsbewältigung*, que ha marcado Alemania después de la Segunda Guerra Mundial. Se puede traducir por ser algo así como «hacer las paces con el pasado», pero a través de la verdad, el estudio y la difusión del conocimiento en todos los niveles de la vida nacional, desde las escuelas hasta los monumentos en los espacios públicos y la cultura popular. El libro muestra hasta qué punto el proceso de aceptación alemán fue largo y doloroso, y unió a todo el espectro político (salvo la ultraderecha neonazi que logró representación parlamentaria tras la crisis de los refugiados), frente a la resistencia estadounidense para iniciar un camino similar. Explica, por ejemplo, que Quentin Tarantino estuvo muy influido por la forma alemana de construir su memoria cuando dirigió *Django desencadenado*, su película sobre la esclavitud.

Muchos países europeos necesitarían unas buenas dosis de *Vergangenheitsbewältigung*, empezando por España, con unos cuantos historiadores empeñados en construir una especie de leyenda rosa para tapar la leyenda negra, como si lo mejor que les hubiese podido pasar a los nativos americanos fuese haber sido conquistados y como si la Inquisición fuese algo parecido a la justicia escandinava, solo que un poco más puntillosa. Realmente, no se me ocurre ningún país con pasado colonial que pueda estar orgulloso de las conquistas que se hicieron en nombre de reyes y religiones. Los siglos XVI y XVII fueron, junto al XX, los más salvajes de la historia de la humanidad y, más allá de las guerras europeas, la colonización y la trata atlántica de esclavos tienen mucho que ver con el horror que campó a sus anchas durante aquella época.

A Polonia tampoco le vendrían mal unas buenas raciones de *Vergangenheitsbewältigung*. El Gobierno ultraconservador está empeñado en limpiar el buen nombre de su país y para hacerlo, en vez de investigar el pasado, pretende falsificarlo con tal de no reconocer algo absolutamente documentado: los polacos fueron víctimas de los nazis, no organizaron los campos de exterminio y muchos fueron asesinados en ellos; pero también persiguieron a los judíos, se apropiaron de propiedades de las víctimas, los denunciaron. El antisemitismo católico polaco de la preguerra y de la posguerra es un hecho histórico indiscutible, así como los pogromos en los que no participaron los nazis, durante y después de la ocupación. Lo sorprendente es que el buen nombre de la nación polaca no está en entredicho por lo que algunos polacos hicieron en el pasado —muchos, además, se jugaron la vida escondiendo y ayudando a judíos—, sino por lo que su gobierno hace en el presente: cercenar los límites de la democracia, recortar derechos y libertades... El historiador canadiense de origen polaco Jan Grabowski, hijo de un superviviente del Holocausto, se ha convertido en el símbolo de la persecución que la búsqueda de la verdad sufre en la Polonia democrática. Investigador de prestigio internacional, premiado por el Yad Vashem —el museo de la Shoah en Jerusalén—, es autor de numerosos trabajos sobre la colaboración polaca en la persecución de judíos. No es, ni de lejos, el primero que ha sufrido las embestidas del nacionalismo: ya hace dos décadas el historiador Jan T. Gross fue vilipendiado y perseguido por el Gobierno del partido Ley y Justicia después de la publicación de su libro *Vecinos,* en el que demostraba que un famoso pogromo, durante el que fueron asesinados en julio de 1941 los judíos del pueblo de Jedwabne, quemados vivos en un pajar, fue obra de sus vecinos polacos sin la participación de los alemanes. El filósofo George Steiner aseguró entonces que «el relato de Gross de las atrocidades durante la guerra ha despertado a una nación que ha escondido sistemáticamente su pasado». Durante la posguerra, Polonia construyó un relato nacional basado en el sufrimiento de sus ciudadanos bajo el nazismo —totalmente cierto—, en la persecución que sufrieron los polacos, seres inferiores para el Tercer Reich —también totalmente cierto—, y en que muchos católicos ayudaron a salvar a los judíos, algo solo cierto a medias: es verdad que ningún otro país tiene tantos Justos entre las Naciones, el título que reciben los gentiles que ayudaron a judíos durante la Shoah, pero también lo es que decenas de miles de hebreos fueron perseguidos, denunciados y asesinados por sus vecinos. Grabowski, que ha sido llevado a los tribunales, nunca ha cejado en sus investigaciones sobre el antisemitismo, un tema tan estudiado que aparece en el único filme polaco ganador del Oscar a la mejor película de habla no inglesa, *Ida,* de Pawel Pawlikowski, y en el cómic más famoso sobre el Holocausto, *Maus,* de Art Spiegelman. «Miro a mis colegas en Canadá», declaró en una entrevista con la revista *The New Yorker,* «que estudian las partes más horribles de la historia canadiense, como el exterminio de los nativos americanos, la horrible suerte que corrieron los niños aborígenes en instituciones dirigidas por la Iglesia católica. Esa gente no es perseguida por el Estado. Existe un debate abierto que trata de establecer la herencia de un país basándose en cosas terribles que ocurrieron, pero también maravillosas.»

España se enfrenta a un problema parecido en cuanto al establecimiento de una verdad consensuada sobre lo que ocurrió en la Guerra Civil y en la posguerra. Ningún historiador documentado e imparcial duda de que la represión franquista fue una salvajada (sobre los crímenes cometidos en el bando republicano, sobre todo al principio de la guerra, no hay ningún debate porque en eso sí existe un consenso que reconoce que tuvieron lugar, el negacionismo sectario solo afecta al bando nacional). Pero eso no mancha el presente de España: lo que mancha su reputación internacional es que en este país existan todavía decenas de miles de fosas comunes y de tumbas de víctimas de las masacres que siguieron al avance de las tropas franquistas sin excavar (los asesinados por el bando republicano sí recibieron una sepultura digna al acabar el conflicto y fueron integrados en la propaganda nacional). La España del siglo XXI no es responsable de la esclavitud, ni del colonialismo, ni de la expulsión de los judíos en 1492, ni de la Inquisición, ni de los crímenes del franquismo, pero sí es responsable de no recordarlos: desde los años noventa han surgido una serie de autores revisionistas, dedicados a falsificar la historia, que convierten a la República en desencadenante de la guerra y a los golpistas en salvadores de la patria. Este blanqueamiento del franquismo ha vendido cientos de miles de libros y sirve como pretexto intelectual para renegar de la llamada memoria histórica. Tratar de reconstruir moralmente un país después de una dictadura o de una época de atrocidades aceptadas por la sociedad, como la compraventa de seres humanos o la represión masiva, pasa necesariamente por la búsqueda de la verdad a partir de un mínimo consenso social sobre las atrocidades que se cometieron. Porque, además, como ocurre con la liberación en Francia, la gama de grises suele ser enorme. Las dictaduras, las ocupaciones que imponen un régimen de terror, dejan odios que no siempre son fáciles de limpiar y durante la construcción de un nuevo régimen siempre se cometen injusticias. Para algunos, la Transición española fue un fraude porque se decretó una amnistía general, que afectó a las víctimas del franquismo, pero también a los verdugos. Curiosamente, no la pusieron en duda aquellos que fueron presos políticos, sino una generación que llegó mucho más tarde, que ya no tenía una memoria personal de la dictadura. ¿Hubiesen podido hacerse las cosas de otra forma? ¿Hubiese aceptado un ejército todavía mayoritariamente franquista algo que no fuese una ley de punto final? ¿Hubiese podido perseguirse en 1975 o 1978 a los policías torturadores del franquismo? Mientras el pasado se dejaba atrás, se aprobaban normas que mejoraron la vida de millones de personas y se recuperaron los valores de la Segunda República. Entonces resultaba imposible no hacer concesiones al olvido. A escala europea, ocurrió algo parecido. El final de la Segunda Guerra Mundial dejó un profundo odio hacia Alemania en los países que habían sido ocupados. Ian Buruma, de origen holandés, relata que, en el imaginario popular de su infancia, los malos no eran los nazis, sino directamente los alemanes. «Los maestros nos contaban anécdotas de la maldad alemana», escribe, «y de sus propios actos de arrojo. Parecía como si todos los miembros de la generación anterior hubieran participado en la Resistencia. O, mejor dicho, todos menos el carnicero de la esquina de la avenida, que había sido colaboracionista; por eso, nadie compraba en su tienda. También estaba la mujer del dueño del estanco, que había tenido un amante alemán.» Sin embargo, la construcción europea, un proyecto único en el mundo que ha proporcionado el periodo más largo de estabilidad y paz que ha conocido el continente, empezó a fraguarse cuando este rechazo a todo lo alemán seguía vigente, no entre los gobernantes, sino entre las propias poblaciones. Ciudadanos que vivían en lugares todavía marcados por las huellas físicas del conflicto, que tenían un recuerdo personal y directo de la guerra y de las atrocidades que los nazis cometieron en su territorio, que habían conocido el hambre y el miedo, que habían perdido a familiares, fueron los que crearon lo que hoy es la Unión Europea. Y ese impulso inicial requería, sin duda alguna, que los crímenes del pasado dejasen de ser un obstáculo para el presente. No se trata de olvidar, más bien todo lo contrario: precisamente porque franceses y alemanes recordaban todas las guerras que destruyeron los dos países entre 1870 y 1945 se dieron cuenta de que el camino tenía que ser otro.

¿Significa esto que es necesario olvidar los derechos de las víctimas? ¿Que los culpables de crímenes atroces no deban ser castigados? Existen delitos que nunca deberían prescribir, que deberían ser perseguidos para siempre: el genocidio y los crímenes contra la humanidad. Y sin embargo... la teoría no funciona siempre en la política, y tampoco se consigue siempre lo que se cree justo. Algunos dictadores murieron en la cama, como el español Francisco Franco; otros fueron linchados, como el italiano Benito Mussolini; o fusilados, como el rumano Nicolae Ceauceşcu, ejecutado junto a su mujer tras un juicio sumarísimo; otros se suicidaron después de que su régimen se hubiese desmoronado, como Adolf Hitler. Naturalmente, el final de los tiranos suele estar directamente relacionado con el final de sus tiranías: aquellos que lograron mantener el régimen hasta su propia muerte, como Franco, no tuvieron el mismo destino que aquellos que fueron depuestos o derrotados al final de un conflicto. Y la forma en que se imparte justicia cuando la dictadura desaparece tiene muchas veces que ver con eso. Solo unos pocos fueron juzgados dentro de sus propios países. Joseph Kessel asistió a los juicios de

Núremberg contra los jerarcas nazis, pero también al proceso contra el mariscal Pétain, máximo responsable del Gobierno colaboracionista de Vichy. «¿La primera sesión del juicio Pétain?», se pregunta Kessel en una crónica del 24 de julio de 1945. «Una voz que pertenece a los discos de la radio más que a un hombre... Un quepis laureado sobre una vieja mesa... Un viejo en un sillón viejo.» No hay que olvidar que Kessel, de origen judío, luchó en la Resistencia y fue un antifascista convencido. Sin embargo, sus crónicas están escritas con una insólita distancia, una mezcla de pena y repulsión por ese anciano. En sus textos sobrevuela varias veces una misma sensación: que Pétain pudo hacer lo que hizo porque recibió el apoyo de una parte importante de la población. Al final del juicio, cuando es condenado a muerte (aunque la pena le fue conmutada), Kessel se pregunta si aquel anciano ha sido capaz siquiera de entender la sentencia. En las últimas décadas, se han producido avances importantes: la detención en Londres de Augusto Pinochet en 1998 por orden del juez Baltasar Garzón en nombre de la justicia universal —la idea de que si un país no persigue ese tipo de crímenes, entonces cualquier otro Estado puede hacerlo— y un impulso final en Alemania para juzgar a los últimos criminales nazis vivos. Gracias a una sentencia relacionada con los atentados del 11 de septiembre de 2001, se produjo un importante cambio legal que facilitó el trabajo de la fiscalía especial que persigue crímenes de la Segunda Guerra Mundial. En enero de 2007, Munir el Motassadeq fue condenado en Hamburgo a quince años de prisión por ayudar económicamente a uno de los terroristas del 11-S. Se entendió que, aunque su papel fue pequeño, fue necesario para el asesinato masivo y que, por lo tanto, era culpable como cómplice. Los fiscales que perseguían nazis consideraron que esa misma doctrina era aplicable a personas que estuvieron en campos de exterminio, como el contable de Auschwitz, Oskar Gröning, que acabó condenado en 2015 a cuatro años de cárcel acusado de complicidad en la muerte de trescientos mil judíos. Dejó por lo tanto de ser necesario demostrar que los acusados habían cometido crímenes concretos: el hecho de haber estado destinados en campos de concentración o exterminio les convertía en criminales, aunque hubiesen trabajado en la administración. Sin la pequeña colaboración de decenas de miles de personas, que no cometieron directamente asesinatos, pero que no podían negar que sabían lo que ocurría allí, el Holocausto nunca hubiese sido posible. Un genocidio no requiere solo asesinos, sino también burócratas y organizadores sin los cuales los criminales no podrían hacer su trabajo. En España, en cambio, no ha ocurrido nada parecido: los crímenes del franquismo han quedado impunes y muchas víctimas pueden sentir que nunca han recibido una reparación moral. ¿Significa eso que vivimos en una democracia incompleta? Sinceramente, no lo creo. Plantear la Ley de Amnistía como un pecado original de la Transición me parece un error de perspectiva: se hizo lo que se pudo cuando se pudo y bastante trabajo costó consolidar las instituciones democráticas con un golpe de Estado a mitad de camino. ¿Ha entorpecido esto que exista una verdad histórica establecida sobre la dictadura? Tampoco, porque en el mundo académico y entre los historiadores respetables no hay ningún debate sobre aquellos crímenes. Su negación no tiene nada que ver con el conocimiento, ni siquiera con el pasado, sino con el presente. Peter Brown, historiador de la Antigüedad tardía, señaló en una entrevista con la revista cultural de *El País, Babelia:* «Peor que olvidar la historia es retorcerla para avivar el resentimiento»:

> Olvidar es una tragedia. Puede liberar a ciertas personas de los malos recuerdos. Pero creo que el problema son los recuerdos a medias. No es que hayamos prescindido de la memoria histórica, es que hemos disminuido nuestra capacidad de interpo-

nernos y criticar las falsas memorias históricas. Retorcer la historia es aún peor que olvidarla. Lo peligroso son las medias memorias que utilizan los políticos para avivar el resentimiento y los miedos.

La mugre que dejan las dictaduras no es solo moral, sino también física: el Valle de los Caídos, la enorme cruz de granito que se contempla al salir de Madrid hacia el norte, puede verse como un recordatorio de la dificultad para librarnos del pasado franquista; pero también como un símbolo de lo que hemos avanzado. Desde que el cuerpo del dictador fue sacado de este monasterio en 2019 para ser llevado a su panteón familiar en El Pardo, se ha quedado como un cascarón vacío, como un mal recuerdo. El historiador Xosé M. Núñez Seixas explica en *Guaridas del lobo. Memorias de la Europa autoritaria* que ningún país ha logrado encontrar una fórmula que le permita librarse de esas piedras que ha dejado tiradas el pasado en el camino o que impida totalmente que aquellos vestigios siniestros sean utilizados por los nostálgicos de las dictaduras. Tratar de borrar la memoria siempre es un ejercicio arriesgado, que muy pocas veces sale bien. La *damnatio memoriae* de los antiguos romanos resulta cada vez más difícil y, además, en el caso de los edificios públicos de los dictadores, tampoco se puede obviar que existen, que están ahí, aunque fuesen construidos para glorificar a personajes siniestros. En algunos casos, el Bucarest de Ceauşescu por ejemplo, resulta especialmente complicado: su Palacio del Pueblo es un mamotreto que domina un barrio entero de la ciudad y el segundo edificio público más grande del mundo después del Pentágono. Resulta imposible obviarlo. Porque una cosa es derribar estatuas, como ocurrió en muchos países socialistas tras la caída del Muro de Berlín, y otra muy diferente arrasar edificios públicos, a veces incluso gigantescas planificaciones urbanísticas que muchas veces encarnaban el comunismo. Alemania es, de nuevo, un ejemplo de país que ha tratado de hacer las cosas con sentido común: la antigua sede de la Gestapo en Berlín ha sido convertida en un museo dedicado al terror nazi e incluso una placa explica el lugar donde se encontraba la entrada al búnker de Hitler, que permanece anegado para evitar que se convierta en un espacio de peregrinación. Sin embargo, explica Núñez Seixas, en las viviendas donde residió Hitler en Múnich o la sede del NSDAP en la ciudad bávara, que resistieron intactas los bombardeos aliados, ninguna placa recuerda su triste relación con la historia negra del siglo XX. «Solo los restos en el dintel de la puerta principal de lo que se adivina fue un águila nazi, decapitada y sin esvástica entre sus patas, sugiere que el lugar tuvo una historia anterior», escribe. Algunos historiadores proponen que el final del Valle de los Caídos sea acabar derrotado por la naturaleza, que por la falta de mantenimiento —y porque se trató de una obra bastante mal ejecutada— la cruz se derrumbe. Se quedaría como un mal sueño, pero también nos serviría para recordar que aquello no solo fue la tumba de un dictador, un campo de concentración y un delirio fascista, sino también el símbolo de un régimen que gobernó España durante cuarenta años, con el terror, pero también con el apoyo o el silencio de muchos ciudadanos, que nos haga sentir la misma incomodidad que Kessel padeció durante el juicio contra Pétain.

Todos estos debates sobre la memoria y el olvido, sobre los crímenes que deben ser castigados y los que no, sobre cómo digerir el pasado, sobre las condiciones para construir una democracia, aunque se hagan concesiones que podría parecer que ponen en peligro la misma idea de democracia, han marcado Europa durante los siglos XX y XXI y da la impresión de que el embrollo es cada vez mayor, según emerge en muchos países una ultraderecha nostálgica de un imaginado pasado glorioso. Sin embargo, se trata de un problema mucho más antiguo, que nos lleva a la Atenas del año 403 a.n.e., justo cuando la tiranía de los Treinta acababa de ser derrotada. En aquel momento crucial, después de haber padecido una oleada de terror y crímenes políticos sin precedentes, los atenienses juraron «no recordar los males del pasado». Ya hemos visto cómo la derrota de Atenas frente a Esparta trajo en el año 404 una dictadura despiadada y asesina. Cuando un año más tarde fue derrocada, los atenienses creyeron que la manera de salvar su democracia era el olvido. Se han producido muchas amnistías en la historia, pero ninguna fue tan influyente y difícil como aquella. Uno de los mitos fundacionales de la democracia ateniense era además el tiranicidio, la idea de que el régimen de libertades se logra con la fuerza, que no es algo que se regale a los ciudadanos, sino que logran con un duro combate. «La democracia ateniense tiene una especie de momento fundacional, de hito crucial, que en realidad fue una genial construcción narrativa», explicó el helenista Óscar Martínez, profesor de griego, presidente de la delegación de Madrid de la Sociedad Española de Estudios Clásicos y autor de *Héroes que miran a los ojos de los dioses*. «Se trata del ensalzamiento de los tiranicidas Harmodio y Aristogitón, quienes pasan por ser los fundadores heroicos de la democracia ya que asesinaron al tirano de Atenas en un episodio que narran Heródoto y Tucídides», prosigue Martínez. La historia, que transcurre a finales del siglo VI a.n.e., tiene grandes posibilidades de ser falsa y entre las narraciones de los dos grandes historiadores helenos existen diferencias notables; pero se encuentra en el corazón mismo de la mitología ateniense. Sin embargo, una vez que se produjo el tiranicidio del año 403, la decisión colectiva fue el olvido.

«Después de la sangrienta oligarquía de los Treinta, la prohibición de "recordar los males" selló la reconciliación democrática», escribe la helenista francesa Nicole Loraux en su libro *La cité divisée. L'oubli dans la mémoire d'Athènes,* el ensayo clásico sobre aquella amnistía, publicado por primera vez en 1994. Nacida en 1943 y fallecida en 2003, Loraux era un poco más joven que sus compañeros helenistas Jean-Pierre Vernant, Pierre Vidal-Naquet y Marcel Detienne, con los que trabajó. Nació durante la Segunda Guerra Mundial y creció en la posguerra, y su obra se encuentra influida por su biografía y por los debates sobre el propio pasado inmediato de su país. Prosigue Loraux:

> Aquel espisodio se convirtió en paradigma de lo que ahora conocemos como una amnistía, incluso se dice que fue la primera de la historia. Los demócratas, hasta ahora perseguidos, vuelven a Atenas como vencedores, proclaman la reconciliación general recurriendo a un decreto y a un juramento. El decreto proclama una prohibición: *me mnesikakein,* «prohibido recordar los males». El juramento implica a todos los atenienses, demócratas, oligarcas y personas «tranquilas» que se quedaron en la ciudad durante la dictadura, pero compromete a cada uno de ellos a través del juramento.

El principio es que para acabar con la *stasis*, con la guerra civil, era necesario renunciar al recuerdo. La propia Loraux reconoce hasta qué punto se trata de un debate que se ramifica en el presente:

> Es una historia a la vez muy antigua, pero de la que se desprende una armonía que nos resulta tremendamente familiar. Seamos franceses o alemanes, por poco que nos importe que la memoria de los años cuarenta no se borre con la muerte de los últimos testigos, sabemos la energía que cuesta, incluso la

audacia, recordar de forma incansable los crímenes de guerra, que no exista una prescripción ante la justicia.

Naturalmente, una cosa es decretar el olvido como una obligación y otra muy diferente es lograr que los ciudadanos olviden, que las víctimas no pretendan buscar venganza y los vencedores imponer un nuevo orden, explica el helenista Andrew Wolpert en su libro *Remembering Defeat. Civil War and Civic Memory in Ancient Athens*. Este historiador de la Universidad de Madison explica que no está totalmente demostrado documentalmente si la amnistía incluía también los casos de homicidio, aunque la mayoría de los expertos considera que alcanzaba a todo el mundo, incluso dentro del círculo más cercano a los Treinta, salvo justamente para los casos de muerte «por las propias manos», y obligaba también a la devolución de las propiedades robadas durante la dictadura, que ordenó muchos asesinatos para hacerse con los bienes de la víctima. También está claro que el juramento de «prohibido recordar los males» se cumplió de manera bastante incompleta, pues es un hecho que la literatura griega que ha llegado hasta nosotros se empeña en recordar lo ocurrido durante aquel año siniestro.

> Sin embargo, los testimonios antiguos son unánimes en el elogio a Atenas por la reconciliación», escribe Wolpert. Y no hay duda de que hay algo cierto en esos comentarios, ya que Atenas no sufrió un ciclo de venganzas y baños de sangre como ocurrió en Córcira durante la guerra del Peloponeso y tampoco tenemos noticias de asesinatos indiscriminados por parte de los vencedores. Los hombres de la ciudad pudieron participar en la democracia restaurada y muchos vivieron con impunidad gracias al acuerdo. Pese a todo, Atenas es ejemplar comparada con otras ciudades griegas que sufrieron guerras civiles».

Resulta difícil no establecer paralelismos con lo ocurrido en España durante la Transición, aunque no se debe olvidar que en este país no se produjo ningún pacto de silencio, aunque sí una amnistía, que son dos cosas muy diferentes. No existió ningún juramento general de no recordar el pasado: se publicaron cientos, véase miles, de libros sobre el franquismo y la Guerra Civil, regresaron los exiliados y con ellos su memoria y sus relatos; aunque también es cierto que en la mayoría de los lugares donde se habían producido crímenes masivos de los vencedores, sobre todo en los pequeños pueblos, seguía imperando el miedo y las fosas se mantenían cubiertas bajo un espeso manto de silencio. Todo el mundo conocía a los verdugos —muchos de ellos estaban vivos en los primeros años de la democracia—, que se paseaban en algunos casos con una impunidad desafiante. Sin embargo, es un hecho que esa voluntad de no permitir que el pasado se cruzase con el presente, tan cercana a la Atenas de finales del siglo v, fue uno de los factores que contribuyeron a que la *stasis* no se repitiese en España. La reconciliación no es un mito: en la propia redacción de la Constitución participaron, y pactaron, exministros franquistas y comunistas. Y es algo que se vivió dentro de muchas familias, entre ellas la mía. Lo insólito del caso es que, con el tiempo, los españoles se han alejado de este acuerdo tácito y se muestran cada vez más divididos: la lectura del pasado parece ahora mucho más enconada que entonces.

La idea de tratar de imponer una memoria colectiva a los ciudadanos a través del olvido puede parecer insólita y, desde luego, difícil de aplicar en sociedades mucho más pobladas, amplias y conectadas que la Atenas del siglo v. Sin embargo, Wolpert cita dos casos concretos: la relación de Israel con el Holocausto y la de Francia con la colaboración y la Resistencia. En el caso de Israel, retoma las palabras del novelista Aharon Appelfeld:

Aprendimos el silencio. No era sencillo permanecer en silencio. Pero era una buena salida para todos nosotros. Existía un deseo sincero de olvidar, de enterrar profundamente las memorias amargas en los cimientos del alma, en un lugar que ningún extraño, ni siquiera nosotros mismos, pudiera alcanzar. El deseo era tan fuerte que llegamos a lograr lo imposible. Uno no debía hablar. Uno no debía contar. Y ese deseo no venía del exterior. ¿Qué no hicimos para guardar ese secreto?

Por un lado, sin el Holocausto la creación casi inmediata de Israel después de la Segunda Guerra Mundial hubiera sido imposible. Por otro, ese Estado naciente y amenazado por todos sus vecinos tenía la obligación de mostrarse fuerte y la Shoah era la culminación siniestra de las persecuciones y matanzas que había sufrido el pueblo judío en Europa y el Levante a lo largo de la historia, pero también era un crimen que se había producido sin apenas resistencia. Según aquella versión, los judíos europeos habían sido asesinados en masa, gaseados, ejecutados como ovejas en un matadero. Wolpert explica que se prefirió recordar el heroísmo de Masada al martirio de Auschwitz. Personalmente no estoy de acuerdo con esta percepción, que imperaba en Israel en los años cincuenta (el recuerdo y la veneración de las víctimas llegó más tarde): los nazis crearon un sistema de terror tan eficaz que resultaba imposible rebelarse contra él. El éxito del Holocausto —porque lo fue, ya que la cultura judía europea fue prácticamente aniquilada— no se debió a la debilidad y pasividad de las víctimas, sino al despiadado mecanismo de asesinato y control social del Tercer Reich y también a la pasividad, cuando no al apoyo claro, del pueblo alemán, envenenado por décadas —o siglos— de propaganda antisemita. Algo parecido se puede decir de países como Francia, Rumania, Croacia, las repúblicas bálticas, Polonia, Hungría o Ucrania, cuyos ciudadanos colaboraron con los verdugos en algunos casos y en otros organizaron sus propias persecuciones de judíos mientras, a la vez, luchaban contra los alemanes. Del otro ejemplo hemos hablado ampliamente en estas mismas páginas: cómo Francia olvidó —y no solo el Gobierno, sino también la sociedad y la cultura— la colaboración después de los primeros años de la depuración salvaje y construyó un mito nacional basado en la Resistencia. «Cuestiones como la colaboración o la pasividad ante la ocupación, aunque no completamente descartadas, fueron removidas cuidadosamente de los debates de la posguerra bajo el manto de la unidad», escribe Wolpert. «La Segunda Guerra Mundial pasó de ser una guerra civil entre franceses a una guerra extranjera, obviando e ignorando la importancia de las divisiones bajo la ocupación alemana.»

El olvido ateniense fue muy diferente, porque no llevó a la construcción de un mito nacional como el de los tiranicidas que hasta entonces había ocupado un espacio importante en el Olimpo particular de la ciudad. No se trató de construir un pasado imaginario, ni se falsificó la historia reciente. El objetivo fue, sencillamente, seguir hacia delante para no regresar a una década de enfrentamientos y guerras civiles, aunque para ello se escondieron incluso en cierta medida se minimizaron, las heridas del pasado. Loraux y Wolpert sostienen que ese fue un factor decisivo. Otro elemento crucial, según explica el profesor estadounidense, es que tras años de enfrentamientos y divisiones, de vivir en una sociedad en la que el acuerdo resultaba imposible, los atenienses rechazaron cualquier extremismo. Se dieron cuenta de que tenían que encontrar acuerdos, llegar a pactos, maniobrar en los espacios comunes. «La frenética actividad legislativa que se produjo después de los acuerdos de reconciliación», escribe Wolpert, «revela que por encima de todo los atenienses no se retiraron de la política, al contrario, se implicaron a fondo en un esfuerzo para redefinir la comunidad y tratar de revertir los daños de la guerra civil.» Como todas las historias que parecen ejemplares, la reconciliación de Atenas en el año 403 a.n.e. ofrece sin embargo un punto especialmente oscuro: el juicio y ejecución de Sócrates en el año 399.

Pocos acontecimientos en la historia humana han recibido tantas interpretaciones y mantienen una carga simbólica tan poderosa como el proceso de Sócrates, «un terreno lleno de trampas» porque, destacan Vincent Azoulay y Paulin Ismard en su libro *Athènes 403*, que describe a diferentes personajes implicados en la amnistía, el filósofo ateniense «no dejó ningún escrito». «No deja de tomar la palabra en los diálogos de Platón o en las comedias de Aristófanes, pero en realidad no es él quien habla, son los otros los que hacen hablar con propósitos críticos o apologéticos. Y ahí reside la trampa y el peligro de acabar preso en ese juego de espejos deformantes: construir la excepción socrática, para bien o para mal», escriben estos dos investigadores franceses. En otro ensayo, *L'événement Socrate*, Ismard se refiere al proceso como «la mancha negra en la democracia ateniense» y lo enmarca dentro de los rescoldos de la guerra civil. La democracia ha sido reconquistada, pero ha quedado tocada: «Los daños físicos y morales provocados por los últimos años de guerra han sido importantes». En ese contexto, Sócrates es acusado por otro ciudadano, Meletos, de «no reconocer a los dioses tradicionales de la ciudad, de haber introducido nuevas divinidades y de corromper a la juventud». ¿Se trata de una ofensiva que lleva varios años en marcha contra intelectuales que se habían rebelado contra las creencias tradicionales o de una venganza contra Sócrates por haber sido el maestro de algunos oligarcas de los Treinta? Moses I. Finley cree que es una mezcla de las dos cosas y que la clave de la acusación está en la perversión de la juventud, porque el proceso se produjo en el momento de mayor agitación intelectual de los sofistas, que se dedicaban a enseñar política, retórica y filosofía a aquellos que podían pagar sus elevadas tarifas y que, en unos cuantos casos, acabaron formando parte de las dictaduras de los Cuatrocientos y de los Treinta. Fue primero considerado culpable por un tribunal compuesto por 501 ciudadanos por un margen bastante estrecho, pero en cambio fue condenado a muerte por una mayoría bastante más amplia pocos días después. Dado que no se trataba de una acusación política, no podía acogerse a la amnistía y fue obligado a beber cicuta en la prisión de Atenas. Finley ofrece en su breve ensayo de 1976 sobre la democracia ateniense una interpretación extraordinariamente contemporánea de este proceso. Lo que reflejaba es el miedo a un mundo que se acaba. ¿Explica ese mismo temor la eclosión de personajes como Donald Trump, la radicalización de las diferencias en algunas sociedades occidentales, el racismo declarado de partidos de ultraderecha e incluso de gobiernos? Los grandes cambios siempre provocan grandes temores. «Detrás de la intolerancia siempre encontramos el miedo», escribe Finley,

> y no importa la forma de gobierno bajo la que se produzca la represión. ¿Qué daba miedo a los atenienses del último tercio del siglo v antes de nuestra era en un número lo suficientemente elevado como para que se produzcan esas condenas y esos castigos? Creo que podemos responder: lo que aterrorizaba a los atenienses era la desaparición de un modo de vida próspero en el plano material y al mismo tiempo satisfactorio en el plano psicológico y cultural, un modo de vida amenazado por una guerra muy larga y difícil, un modo de vida que exigía la protección, o por lo menos, la neutralidad de los dioses.

El juicio y condena de Sócrates convirtió a Platón en un enemigo declarado de las sociedades abiertas y el filósofo se exilió tras la muerte de su maestro. Sin embargo, acabó por regresar a Atenas, fundó la Academia y pudo escribir y difundir obras contra la democracia. Paradójicamente, sostiene la helenista Edith Hall, el método que utilizó, los diálogos, tuvo un papel esencial «en la teoría y la práctica de la democracia». «Los textos platónicos demuestran», escribe, «que el pensamiento y la discusión son un proceso dialéctico: personas en desacuerdo pueden llegar a comprender sus respectivas posturas si dialogan y no se niegan a hablar.» El proceso de Sócrates mostró la debilidad y los límites de una sociedad de libertades, pero de ninguna manera anuló los logros de la democracia ateniense y los de la amnistía. La prueba es que todavía duró un siglo. Incluso con el proceso de Sócrates, los atenienses fueron lo bastante sabios y eficaces legislativamente para esquivar uno de los grandes peligros que se plantean cuando se acaba una dictadura. La posibilidad de que empiece otra y de que los vestigios del antiguo régimen pretendan ser barridos mediante uno de los instrumentos que han marcado, por desdicha, más profundamente la historia política desde la antigüedad: el terror.

5
El terror como arma política
De las guerras de religión a Auschwitz

Nadie, libre hoy, podía estar seguro de conservar la libertad mañana.

Benito Pérez Galdós

El grabador francés Jacques Callot (1592-1635) dibujó *Las miserias y males de la guerra,* una serie de dieciocho grabados que inspiraron a Goya para sus propios *Desastres de la guerra.* Callot retrató los padecimientos de la población de los países arrasados por la Guerra de los Treinta Años. El grabado número 11 es el más conocido. Se llama «El ahorcamiento» y muestra la ejecución de decenas de personas, descritas como «bandidos». Es una de las imágenes más poderosas de la brutalidad de la guerra.

orrible et noire engeance) Et que c'est le Destin des hommes vicieux
onte et de vengeance, D'esprouuer tost ou tard la iustice des Cieux. 11

El castillo de Vouilly es uno de esos lugares por los que pasa discretamente, casi de puntillas, la historia del siglo xx. Situado a una decena de kilómetros de la playa de Omaha, fue liberado el 7 de junio de 1944, al día siguiente del desembarco aliado. El alto mando decidió establecer en ese caserón en medio de los pastos el centro de prensa, y allí permaneció durante varios meses hasta que acabó la larga batalla de Normandía. La operación Overlord fue un éxito: los aliados lograron conquistar las playas y sus alrededores en cuestión de horas, pero, según el relato de Antony Beevor en su libro *El Día D,* la contraofensiva alemana ralentizó el avance y desencadenó uno de los enfrentamientos más duros de la Segunda Guerra Mundial en el frente occidental, con un coste especialmente alto en vidas de no combatientes. De hecho, aunque pueda resultar paradójico, durante la jornada del desembarco murieron más civiles franceses que soldados alemanes. En las siguientes semanas, muchas ciudades, como Caen, fueron arrasadas por los bombardeos: el objetivo era detener al ejército nazi, pero el precio que se pagó fue enorme. Bayeux, situada a unos treinta kilómetros del castillo, fue de las pocas urbes que se salvaron y ha logrado conservar un amable casco antiguo, además de una de las joyas del arte medieval europeo, el tapiz que lleva el nombre de la ciudad y que relata la conquista normanda de Inglaterra. Las guerras, en ese rincón de Europa en el que tienen su frontera diferentes mundos y culturas, son un asunto antiguo. Omar Bradley, el más discreto y seguramente más eficaz general aliado, tuvo su cuartel general en el cercano Vouilly, un pequeño pueblo perdido entre los prados y las marismas de esa zona del norte de Francia.

El castillo aparece, aunque sin ser citado por su nombre, en las memorias de Robert Capa: narra que sus compañeros le daban por muerto porque estuvo en la primera oleada en Omaha, el lugar más sangriento del desembarco, y no volvieron a saber nada de él. En realidad, pilló el primer transporte posible de vuelta a Inglaterra, un barco que evacuaba heridos, para entregar los carretes (que fueron velados casi en su totalidad, aunque esa es otra historia) y regresó cuando pudo a Normandía para seguir el avance estadounidense. Cuando llegó al centro de prensa, sus colegas estaban bebiendo a la salud del fotógrafo desaparecido en combate cuando este se mostró ante ellos como una aparición. A.J. Liebling, el enviado especial de *The New Yorker* que acabó convertido en crítico gastronómico en el París de la posguerra y en un célebre escritor cuyas obras han sido recogidas por la canónica Library of America, le dedica un capítulo de *Normandy revisited* a la familia Amel, que aún hoy es propietaria del lugar, transformado desde hace décadas en un pequeño hotel de cuatro habitaciones y en una explotación ganadera (un intenso, pero nada desagradable, olor húmedo a vaca impregna toda la hacienda). El comedor donde se desayuna, con sus baldosas blancas y ocres, era la antigua sala de prensa: ahora está decorada con algunas cámaras antiguas, muebles de época y un inmenso mapa de las playas del desembarco. James Amel, el dueño, trae cada mañana cruasanes, pan fresco y yogures ecológicos fabricados en una granja cercana y está siempre dispuesto a compartir, durante una amable charla, todos los consejos necesarios sobre la zona —desde las mejores vistas de las playas hasta el lugar adecuado para contemplar una pequeña colonia de focas instalada desde hace veinte años cerca de Utah—. El castillo de Vouilly es un hotel un poco anticuado: de hecho, gran parte de su encanto reside en que se respira una cierta decadencia que resulta acogedora y cercana. Su gracia no se basa solo en las vistas sobre un jardín centenario, con un césped de un verde rabioso, unos frondosos nogales y un estanque al fondo, ni en que los muebles de la habitación sean antigüedades bastante vetustas y los cuadros pertenezcan a un artista olvidado que tuvo su momento de gloria en el París de los cincuenta. En un mundo copado por el plástico de las cadenas hoteleras y la uniformidad omnipresente de Ikea, cada vez resulta más difícil alojarse en lugares que respiren historias. Aquí, además, respira Historia. Y no se trata solo del Día D, de Robert Capa o del general Bradley. El interior de la puerta del armario de la habitación ofrece una sorpresa que nos remite a uno de los momentos cruciales del totalitarismo en Europa en forma de una inscripción grabada sobre la madera hace más de dos siglos (que un mueble de la habitación tenga casi doscientos cincuenta años dice mucho sobre el alojamiento): «Armario de la señora Marie Vincent que en la noche del 13 al 14 de julio de 1794 ayudó a salvar las reliquias del padre Thomas». Aquella habitación de un pequeño hotel normando ocupa un lugar minúsculo, incluso insignificante, en la historia del terror revolucionario en Francia y, por lo tanto, en la historia de los asesinatos políticos en todo el mundo.

El terror político se remonta a la antigua Grecia, como hemos visto con la dictadura de los Treinta en Atenas, y continuó en Roma, con las proscripciones de Sila o del triunvirato del que salió victorioso Augusto, que asesinó con listas minuciosamente elaboradas a miles de sus conciudadanos, además de quedarse con sus bienes; se repite en muchos momentos de la Edad Media —la persecución de la herejía cátara, durante la que se arrasaron ciudades enteras en nombre de Dios, es un ejemplo— y de forma todavía más intensa durante la Edad Moderna —la matanza de hugonotes durante la noche de San Bartolomé, en 1572 en París, fue celebrada con un tedeum por el papa Gregorio XIII, que dejó claro que aquel crimen contaba con el apoyo entusiasta de la cúpula del catolicismo—; o en las grandes cazas de brujas europeas, durante las que decenas de miles de mujeres fueron ejecutadas con acusaciones absurdas de las que no podían defenderse. Continuó durante el siglo XIX, marcado por las revoluciones pero también por las reacciones sangrientas ante las ansias de libertad, como prueban la represión de la Comuna de París en 1871 o de Fernando VII tras el regreso del absolutismo en España. Y marca de forma siniestra el siglo XX, con los grandes terrores de Lenin y de Stalin, la estrategia de Francisco Franco y sus generales durante la Guerra Civil española, el nazismo, durante el que millones de seres humanos acabaron engullidos por uno de los sistemas de represión más espeluznantes y eficaces de los que se tenga noticia o la instauración de los regímenes comunistas en Europa del Este tras la Segunda Guerra Mundial —Rumania fue un ejemplo especialmente brutal—. Y se trata solo de Europa: habría que sumar a la lista la trata de esclavos, el colonialismo —qué fue el Congo Belga del rey Leopoldo más que un sistema de terror y explotación—, la exterminación de los nativos durante la conquista de América —del norte y del sur—, la Revolución Cultural de Mao, la Camboya de los Jemeres Rojos o las dictaduras del Cono Sur americano. En Europa y sus colonias, durante siglos millones de ciudadanos vivieron bajo un terror absoluto: a la muerte, a la tortura, a perder sus propiedades, a la violación... Las guerras de religión, y sus consecuencias en forma de represión en los países donde no caló el protestantismo, y los grandes totalitarismos —comunismo, fascismo y nazismo— convirtieron el terror en un espectáculo público y en un elemento de la vida cotidiana.

El historiador francés Jérémie Foa cuenta en *Tous ceux qui tombent: Visages du massacre de la Saint-Barthélemy* que el asesinato masivo de protestantes en París no solo fue público; sino que se practicaron horribles torturas a las víctimas, como sacarles los ojos y arrancarles la lengua, con el objetivo de mostrar en la tierra los castigos que igualmente sufrirían en el infierno por su herejía. El mensaje que los supervivientes recibían no podía ser más claro: les esperaba ese tormento, antes o después de la muerte. Y aquellos que se salvaban de la ejecución, se enfrentarían a la pobreza y la pérdida de todos sus bienes. «Se generalizó el saqueo de las casas de los protestantes», escribe Foa. «La inseguridad que afectaba a la minoría hugonota no era solo física. También era una cuestión material. Los que perseveraron en su fe se arriesgaron a perderlo todo.» Lo mismo ocurrió con los judíos en Alemania: primero fueron privados de cualquier posibilidad de ganarse la vida y, al ser deportados, perdieron los pocos bienes que les quedaban: en muchos casos se habían visto obligados a venderlos a precios ridículos a sus vecinos para poder alimentarse. Aunque el Holocausto se perpetró de forma más o menos secreta —pese a que todos los alemanes sabían que los judíos desaparecían para no regresar—, el campo de concentración de Dachau se inauguró inmediatamente después de la llegada de Hitler al poder. Toda Alemania era consciente de que ese era el destino que aguardaba a los disidentes, a los socialistas, a los homosexuales, a los testigos de Jehová... Así lo recoge el escritor alemán Hans Magnus Enzensberger en *Un puñado de anécdotas,* sus memorias de infancia, en un capítulo titulado «Una conversación en voz baja»: «¿Cómo es posible que la mayoría de sus conciudadanos se empeñaran en asegurar que no sabían nada al respecto? Ya desde pequeños, en lugar de decirles que vendría el coco, los amenazaban con: “¡Cuidado, querido, o acabarás en Dachau!"». Toda España sabía también lo que ocurría con aquellos que Franco y sus generales designaban como enemigos. Enrique González Duro describe en *Las rapadas* cómo las ejecuciones públicas en Valladolid, tras la captura de la ciudad por las tropas nacionales, se convertían en auténticos circos:

> Se llegaron a instalar puestos de churros para los espectadores que se desplazaban a contemplar el espectáculo. Tomaban churros y copas de anís, entreteniéndose en insultar a los condenados que no morían en el acto. El propio gobernador civil de Valladolid quiso intervenir en el asunto: «En estos días en que la justicia militar cumple la triste misión de dar cumplimiento a sus fallos, de dar satisfacción a una vindicta pública, se ha podido observar una inusitada concurrencia de personas al lugar en que se verifican esos actos, viéndose entre ellos niños de corta edad, muchachas jóvenes y hasta señoras». La nota se publicó el 24 de noviembre de 1936, pero no implicaba una orden o prohibición, sino solo una recomendación. Porque los fusilamientos debían seguir siendo públicos, por su presunta ejemplaridad o por la amenaza que suponían para toda la población.

En la Unión Soviética del Gran Terror de Stalin, todo el mundo era consciente de lo que estaba pasando a su alrededor porque desaparecían cientos de personas cada día. Todos sabían que estaban atrapados en una telaraña letal de denuncias anónimas y que podían ser los siguientes en recibir la llamada a su puerta de madrugada, lo que podía significar la muerte o la deportación.

Está claro que para los tiranos el asesinato masivo es un elemento imprescindible a la hora de tomar el poder, no se trata solo de matar a cualquiera que pueda convertirse en un opositor o que piense de manera diferente, sino de lograr que nadie entre la población se sienta a salvo. Y hacerlo de forma evidente. En *Correr,* su novela sobre el totalitarismo, el escritor francés Jean Echenoz describe ese ambiente al relatar la represión en Checoslovaquia después del aplastamiento de la Primavera de Praga por las tropas de Moscú en 1968:

> En estos años, todo el mundo tiene miedo, todo el tiempo, de todo el mundo y de todo, en todas partes. En aras de intereses superiores del partido, el gran cometido es ahora depurar, desmantelar, aplastar, liquidar, elementos hostiles. La prensa y la radio no hablan de eso, la policía y la seguridad del Estado se encargan de ello. Todo el mundo puede ser procesado en cualquier instante.

El terror requiere fomentar el odio para encontrar a ciudadanos dispuestos a convertirse en verdugos o denunciantes, en muchos casos de sus propios vecinos, amigos o familiares; tiene que ser secreto y público a la vez, debe forjarse con leyes y normas de las que los ciudadanos sean solo en parte conscientes y saber que, en cualquier momento y en cualquier lugar, pueden ser detenidos o ejecutados. Los castigos deben ser públicos y formar parte de una liturgia en la que se mezclan la tortura y el escarmiento. Benito Pérez Galdós lo resume con estas palabras en *El terror de 1824,* su novela sobre la represión fernandina, una de las obras maestras de los *Episodios nacionales:*

> En su lugar veíanse nuevas proscripciones, encarcelamientos, la horca siempre en pie, la venganza más cruel gobernando a la nación, y la vida de los españoles pendiente del capricho de un salvaje frailón o de fieros polizontes. Las delaciones, como puñaladas recibidas en la oscuridad, traían en gran consternación a la Corte. Desaparecían los ciudadanos sin

que fuera posible saber en qué calabozo habían caído. Las cárceles tragaban gente como las tumbas en una epidemia. Nadie, libre hoy, podía estar seguro de conservar la libertad mañana, porque la virtud más pura no podía estar segura del golpe secreto, como no puede estarlo del miasma invisible.

Todos esos elementos se concentran en el llamado Terror revolucionario que durante un año, entre los veranos de 1793 y de 1794, se apoderó de Francia. Ninguna represión generalizada nos interpela tan directamente como la que se desató tras la Revolución francesa de 1789, asociada a una nueva forma de ejecutar, la guillotina, y a un nombre, Maximilien Robespierre, un abogado de la ciudad norteña de Arras convertido en un concienzudo asesino de masas antes de ser él mismo decapitado, en unas circunstancias atroces (una bala le había roto la mandíbula durante su arresto y subió al cadalso con un pañuelo en la cabeza para que no se le cayese la quijada). El Terror revolucionario nos interroga y nos inquieta porque se produce después de uno de los momentos de mayor esperanza de la historia, cuando, impulsado por las ideas de la Ilustración, pero también por el hambre y la injusticia, el pueblo francés tomó el poder y derribó el Antiguo Régimen, un sistema de explotación basado en los privilegios de una minoría y en una monarquía absoluta, convencida de que su corona descendía directamente de Dios. El Terror revolucionario es lanzado por un régimen que no solo pretendía someter a los ciudadanos a través del miedo, sino que trataba de construir un mundo nuevo desde cero, en un momento en que la mayoría de las monarquías europeas, y una parte de la población francesa, querían acabar con el nuevo orden antes de que se produjese un punto sin retorno en la libertad. De la Revolución de 1789 emergen los derechos del hombre y del ciudadano, la abolición de la esclavitud (cosa que no ocurrió durante la Revolución estadounidense), aunque luego fue restaurada por Napoleón; la derogación de los privilegios del clero y de la nobleza; y la idea de que todos los seres humanos son iguales ante la ley, sin importar su clase social. La Revolución busca la construcción de una sociedad más justa basada en la igualdad de oportunidades y en la ampliación de los derechos políticos a la inmensa mayoría de la población (excluyendo todavía a las mujeres, aunque ganaron algunos derechos con respecto al periodo anterior y fue un momento crucial para el nacimiento de un incipiente movimiento feminista). Muchos de los principios en los que se basan nuestras sociedades democráticas contemporáneas fueron adoptados entonces tras la derrota de un régimen que se podía resumir en aquella escena que imaginó Charles Dickens en *Historia de dos ciudades,* cuando un noble atropella con su coche de caballos a un niño y ni siquiera se inmuta (por el niño; le preocupa en cambio que alguno de sus corceles haya resultado herido):

> El señor marqués los miraba con frialdad y desdén, como si fueran ratones salidos del arroyo, y dijo sacando el bolsillo: «No sé cómo tenéis tan poco cuidado de vuestros hijos y de vosotros mismos: se os encuentra siempre debajo de las ruedas de los coches o entre los pies de los caballos, y recelo que uno de los míos está herido. Toma, dale esto». Todas las cabezas se adelantaron para ver lo que arrojaba al criado; era una moneda de oro. «¡Está muerto!», repitió el padre del niño en un tono desgarrador.

Así describe unas páginas antes un país asolado por la pobreza:

> Se veía la imagen del hambre en los rótulos de las tiendas, en los flacos pedazos de carne pintados sobre la puerta del carni-

cero, en la sombra de pan seco y negro que indicaba la panadería, en los bebedores que, estacionados en la puerta de la taberna, hacían viajes sobre sus vasos llenos de vinillo agrio, y que con miradas de fuego se inclinaban unos hacia otros para hacerse confidencias.

Dickens apunta una de las principales causas de la Revolución: las malas cosechas y el hambre habían convertido la situación en insostenible para el pueblo francés, vasallo de un rey y de una nobleza ajenos a sus padecimientos, incapaces de prever el estallido que se estaba gestando ante sus narices. Si en vez de indignarse con la obra de teatro de 1784 de Caron de Beaumarchais *Las bodas de Fígaro,* y luego con la ópera de Mozart estrenada en Praga en 1786, la aristocracia europea hubiera sido capaz de comprender la profunda metáfora y el desafío que se escondían detrás de la historia de un criado que se niega a obedecer a sus amos, tal vez hubieran tenido la oportunidad de frenar un estallido cada vez más inminente. Y tampoco lo vieron cuando lo tenían encima. Éric Vuillard recuerda en su novela *14 de julio* lo que escribió el rey Luis XVI en su diario el día de la toma de la Bastilla, símbolo del Antiguo Régimen: «Nada».

Pero los derechos humanos que trató de imponer ese nuevo orden vinieron acompañados del Terror revolucionario que se abatió incluso contra aquellos que lo habían impulsado. Las revoluciones son inevitablemente violentas —ni siquiera la más pacífica y civilizada de todas, la de los Claveles en Portugal, se libró de algunos linchamientos de miembros de la odiada y temida policía política de Salazar, la PIDE— y un cambio de paradigma tan radical como el paso de una sociedad prácticamente feudal, basada en los privilegios de una minoría blindada y tiránica, a un Estado de derecho de ciudadanos libres e iguales no podía hacerse sin derramamiento de sangre, y mucho menos en la violenta Europa del siglo XVIII, que acababa de librarse de las guerras de religión, que se prologaron hasta finales del XVII.

En *Vigilar y castigar. Nacimiento de la prisión*, el pensador francés Michel Foucault recoge así una sentencia que le fue aplicada en 1772 a una criada que mató a su ama en Cambrai:

> Se la condenó a ser llevada al lugar de su suplicio en una carreta «de las que sirven para transportar las inmundicias a todas las encrucijadas»; allí habrá una horca al pie de la cual se colocará el mismo sillón en el que estaba sentada la llamada De Laleu, su ama, cuando la asesinó; y una vez allí, el verdugo le cortará la mano derecha y la arrojará en su presencia al fuego, dándole, inmediatamente después, cuatro tajos con la cuchilla de que se sirvió para asesinar a la citada De Laleu, el primero y el segundo en la cabeza, el tercero en el antebrazo izquierdo y el cuarto en el pecho; después se la colgará y estrangulará en dicha horca hasta que le sobrevenga la muerte. Pasadas dos horas, el cadáver será descolgado, y la cabeza separada de aquel al pie de dicha horca, sobre dicho cadalso, con la misma cuchilla de que se sirvió para asesinar a su ama, y la tal cabeza será expuesta sobre una pica de veinte pies de altura fuera de la puerta del citado Cambrai, a la vista del camino que lleva a Douai, y el resto del cuerpo, metido en un saco y enterrado junto a dicha pica, a diez pies de profundidad.

El Antiguo Régimen no escatimaba dolor a aquellos que cometían crímenes que significaban un desafío contra el orden establecido.

Pero incluso en unos tiempos tan acostumbrados a la muerte como aquellos, el Terror fue una salvajada para sus contemporáneos. Nicolas Restif de la Bretonne, el cronista de la Francia del siglo XVIII, se creía «un escritor de la verdad»: fue autor de cientos de obras que iban desde novelas libertinas hasta sus interminables *Noches de París,* en las que recoge la existencia cotidiana en la capital con minuciosidad, una interminable curiosidad y una extrañeza inagotable frente a la vida que discurre ante sus ojos, incluyendo el Terror al que milagrosamente sobrevivió. De la Bretonne describe espantado cómo, ya desde 1792, la violencia se va abriendo paso de una forma cada más clara en la Revolución. Relata la toma por el pueblo del Palacio de las Tullerías, el 10 de agosto de 1792, que significó el final *de facto* de la monarquía de Luis XVI, que fue detenido junto a su familia, y unos meses después, en enero de 1793, ajusticiado. En los primeros días de septiembre, comenzaron las matanzas, sobre todo de sacerdotes y sospechosos de ser antirrevolucionarios, arrastrados fuera de las prisiones y asesinados. La amenaza de una invasión austriaca y prusiana no hizo más que empeorar la represión. «El 10 de agosto reavivó y remató la revolución», escribe Restif de la Bretonne. «Los días 2, 3, 4 y 5 de septiembre la cubrieron con un sombrío horror. Hay que describir estos eventos atroces con imparcialidad: el escritor debe ser frío cuando hace tiritar al lector», prosigue el cronista, que narra así la forma en que se impartía la justicia revolucionaria en una prisión:

> Los jueces estaban en la sala del carcelero. Les llevaban los prisioneros. Les preguntaban su nombre. Buscaban el motivo de su encarcelamiento. Decidían su suerte según la acusación. Un testigo me dijo que muchas veces los asesinos adentro pronunciaban la sentencia con los jueces. Un hombre grande, frío y serio les fue presentado: lo acusaban de malas intenciones y

de ser un aristócrata. Le preguntaron si era culpable. «No, no hice nada: solo han sospechado de mis sentimientos y en estos tres meses que llevo preso no han encontrado nada en mi contra.» Los jueces se inclinaban por la clemencia cuando una voz provenzal gritó: «¡Un aristócrata!».

En apenas unos minutos, el sospechoso había sido decapitado de un sablazo. En otra escena, Restif de la Bretonne recoge un grito cuyos ecos resuenan en la tragedia española del siglo xx. «Algunos de los asesinos gritaban: ¡Viva la nación! Y uno de ellos exclamó: ¡Viva la muerte!» El cronista sostiene que los ejecutores desencadenaron la matanza para evitar que los sospechosos se uniesen a los ejércitos reales, y que incluso consideraron después que no fue suficiente, que tenían que haber matado a más gente. De la Bretonne se atreve a expresar su opinión: «¿Qué decir de este evento atroz? Que es atroz». Una frase que recuerda a otra citada en estas mismas páginas de Sebastián Castellio: «Matar a un hombre no es defender una idea. Es matar a un hombre». Sin embargo, los impulsores del Terror creyeron que la única forma de defender sus ideas era a través de la muerte desatada.

Los historiadores todavía se preguntan si el Terror fue una consecuencia indeseada y espuria de la Revolución o una derivada inevitable. «Aunque el término terror puede ser definido de muchas maneras», escribe el experto en ese periodo Timothy Tackett en *El terror en la Revolución francesa,* «aquí nos referimos sobre todo a la política de Estado llevada a cabo los años 1793 y 1794 que institucionalizó la violencia y la amenaza de la violencia —sobre todo a través de ejecuciones— a la vez para castigar e intimidar a los supuestos enemigos de la nación.» Las palabras de Tackett, autor de un segundo libro sobre el origen de aquella oleada de represión, *Le roi s'enfuit. Varennes et l'origine de la Terreur,* contienen todos los elementos que definen el Terror, no solo el que organizaron Robespierre y sus secuaces, sino cualquier forma de terror político: se trata de una violencia impulsada desde las instituciones, con el objetivo de perseguir a unos presuntos culpables, que en la inmensa mayoría de los casos, no han hecho nada o, incluso, ni siquiera saben lo que han hecho o de qué se les acusa, para aterrorizar y someter al resto de los ciudadanos. Cuando digo que no han hecho nada, no me refiero naturalmente a que no hayan hecho nada punible penalmente en una sociedad democrática, sino que tampoco han hecho nada de aquello de lo que se les acusa. No han participado en un complot ni tratado de subvertir el orden establecido. En muchos casos, solo han cometido el delito de ser, de pertenecer a una clase o a una religión que por el solo hecho de existir merece ser aniquilada. Aquella oleada de crímenes de Estado que siguió a la Revolución francesa se había producido en una sociedad que tenía como objetivo, en palabras del diputado Delandine, «no emplear otra fuerza más que la razón, la justicia y la opinión».

¿Cómo se pudo pasar de la libertad, la igualdad y la fraternidad a la guillotina trabajando a pleno rendimiento, a los arrestos, a la represión despiadada contra regiones enteras que se habían levantado contra la Revolución? Timothy Tackett, profesor de la Universidad de California, señala dos hipótesis defendidas por sendas escuelas de historiadores. La primera, que se difundió durante parte del siglo xx, es la de los llamados «investigadores jacobinos», con Georges Lefevbre al frente, que creían que la represión fue desencadenada por las clases populares, hambrientas y temerosas, e imbuidas por una cultura de la que formaba parte la violencia, como ocurría durante las revueltas campesinas de la Edad Media, las llamadas *jacqueries*. En un momento en que la Revolución se enfrentaba a un peligro real, amenazada por los países vecinos, por otras monarquías, por la nobleza y el clero, que seguían peleando por sus privilegios, y por revueltas en regiones como la Vendée, en el oeste del país, la Convención respondió con una violencia implacable y suspendió todos los derechos que acababan de conseguir unos ciudadanos que hasta ese momento solo eran súbditos. Otra escuela de pensamiento, que tuvo en François Furet, también historiador del comunismo, a su principal impulsor, defiende en cambio «que la adhesión de los patriotas a la filosofía radical de las Luces es una de las causas fundamentales de la violencia y del terror», escribe Tackett. Basándose sobre todo en las teorías políticas de Rousseau, aceptaron que el pueblo se convirtiese en una unidad, en una sola voluntad superior a la de cada uno de los individuos que la componen, y cualquiera que fuese contra él era necesariamente un traidor que merecía ser aniquilado. Para esta escuela, el Terror no nace en 1793, ya que el germen se encontraba en los Estados Generales de 1789. El propio Tackett se queda un poco en medio: cree que existía una evidente radicalización en las fuerzas que construyeron el nuevo Estado y que el vacío de poder que se creó tras la caída del Antiguo Régimen provocó situaciones de incertidumbre y peligro, pero sostiene que pasaron casi cuatro años hasta que calaron las teorías de la conspiración entre los jacobinos, y solo entonces se aceleraron las detenciones y las ejecuciones en medio de un ambiente de sospecha generalizada. Sin embargo, y es el tema principal de su libro *Le roi s'enfuit,* cree que la fuga del monarca y su captura posterior provocó un punto sin retorno hacia la violencia y la represión. El cineasta italiano Ettore Scola describe ese episodio en su película *La noche de Varennes,* que resume la Revolución en un largo viaje en diligencia y en la que el propio Restif de la Bretonne, interpretado por Jean-Louis Barrault, es uno de los protagonistas, junto a Marcelo Mastroianni, que encarna a un Casanova en decadencia, Hanna Schygulla, que interpreta a una noble, dama de compañía de María Antonieta, o Harvey Keitel como el teórico de la Revolución americana Thomas

Paine. Un momento del filme describe la deriva hacia el terror cuando un joven estudiante, que también viaja en la diligencia, manda callar a Casanova y le espeta que «las palabras son también peligrosas», ante lo que Paine replica que «solo los actos que ponen en peligro la Revolución deben ser prohibidos». Dos visiones del mundo y del camino hacia la libertad que chocarían en apenas unos meses. Y ese proceso hacia la violencia y la represión tuvo su punto de inflexión en el intento de fuga del rey. «La única crisis que los revolucionarios no pudieron superar», escribe el historiador estadounidense,

> fue el rechazo tajante de la idea de una monarquía constitucional por el rey. La decisión de Luis XVI de huir de París y de repudiar abiertamente la Revolución iba a ser un factor crítico no solo en el final de la monarquía sino en la llegada del Terror. Generó casi inmediatamente una serie de leyes de urgencia que iban a convertirse en una especie de ensayo general de las medidas represivas de 1793-1794.

La Asamblea decretó la censura, ordenó la creación de un cuerpo policial para investigar la disidencia, con capacidad para arrestar y para detener a grupos sociales enteros independientemente de lo que hubieran hecho individuos concretos. Todas estas normas fueron degenerando hasta que, en 1793, las sentencias se ejecutaban de forma inmediata y sin capacidad de apelación, y una denuncia anónima era más que suficiente para enviar a alguien a la cárcel y, probablemente, a la guillotina. En muchos casos, la única medida que se tomaba antes de una ejecución era la confirmación de la identidad.

La represión afectó a todas las clases sociales: una cuarta parte de las víctimas fueron campesinos y una tercera parte, obreros y artesanos, solo el 8,5 por ciento eran nobles y el 6,5 por ciento, religiosos, según los datos que maneja Tackett, quien calcula que en torno a cuarenta mil personas fueron ejecutadas o murieron en prisión y que cerca de trescientos mil sospechosos estuvieron detenidos en algún momento. Las cifras se disparan si se tienen en cuenta las guerras civiles que asolaron el oeste de Francia, sobre todo en la región de la Vendée, en 1793, cuando un ejército católico y monárquico se levantó contra la Revolución. Una mezcla de odio e incomprensión, de propaganda machacona capaz de alcanzar los temores más profundos de la gente, son los ingredientes necesarios para cualquier atrocidad de grandes dimensiones. En la Vendée se dieron con creces, tanto que en Francia es un asunto polémico más de dos siglos después, y se mantiene como un episodio divisivo y una herida abierta en la sociedad, incluso con respecto a los monumentos con los que se conmemora. «Solo el pánico provocado por la guerra civil», escribe Tackett, «y la diabolización de los rebeldes —que a su vez habían diabolizado a los patriotas— pueden explicar los asesinatos masivos perpetrados contra los que habían tomado las armas, pero también contra los acusados solamente de simpatizar con la rebelión.» Los cálculos más conservadores hablan de entre 270.000 y 300.000 muertos en esta guerra civil, unos 100.000 republicanos y entre 170.000 y 200.000 soldados y civiles. Solo en Nantes fueron ejecutados 10.000 prisioneros entre finales 1793 y principios de 1794, fusilados o atados y arrojados al Loira para que se ahogaran por orden de Jean-Baptiste Carrier. El experto estadounidense en la Revolución Jeremy D. Popkin describe en *El nacimiento de un nuevo mundo* detenciones masivas de cualquier sospechoso. «El país de los derechos del hombre había creado un sistema penitenciario a una escala sin precedentes en el mundo occidental. En el verano de 1794, medio millón de hombres y mujeres lo habían vivido en sus carnes», escribe Popkin.

La pregunta insoslayable es: ¿cómo se pudo llegar a eso? ¿Qué mecanismos se pusieron en marcha para que se pudiera organizar una matanza de esas dimensiones y para que la Revolución se devorase a sí misma? Y, sobre todo, y es una cuestión profundamente incómoda: ¿fue necesario?, ¿hubiese triunfado la Revolución, cuyos valores cimentan todavía las sociedades democráticas, sin esa violencia original? También, como ocurre siempre que se producen estos episodios de represión, que requieren la colaboración de verdugos y denunciantes, surge el interrogante que se formulaba Laurence Rees, un historiador y periodista de la BBC que entrevistó a asesinos de masas de la Segunda Guerra Mundial: ¿por qué nunca hay problemas para encontrar suficientes perpetradores? La combinación de odio, miedo, deshumanización y propaganda que requiere la violencia estalló en el momento histórico adecuado. La fuga del rey y el asalto del Palacio de las Tullerías derivaron en la creación de la Convención y en la redacción de una nueva Constitución republicana en medio de una profunda división entre moderados y radicales, girondinos y montañeses jacobinos, que envenenó la Revolución. Unos eran partidarios de una monarquía constitucional y otros de una república. La derrota de los ejércitos prusianos en Valmy en septiembre y la ejecución del monarca en enero, pero sobre todo la creación de una nueva estructura institucional dentro de la Convención, posibilitaron la victoria final de los jacobinos, que gobernaron Francia a golpe de guillotina. La deriva revolucionaria demostró de nuevo el peligro de instaurar instituciones que carecen de la suficiente transparencia y cuyo funcionamiento depende de quién las ocupe. Es lo que ocurrió en abril de 1793 con la creación del Comité de Salvación Pública, un órgano ejecutivo destinado a hacer avanzar la legislación. «Estaba encargado de supervisar a los ministros y podía anular sus decretos», escribe Popkin. «Las reuniones del comité eran secretas, lo que permitía tomar decisiones sin ser víctima de las divisiones de la Convención. Pero, para evitar que se independizara de esta, sus poderes tenían que renovarse todos los meses.» Si este órgano estaba en manos de un jacobino sensato contrario a las medidas de excepción, como Georges-Jacques Danton, podía servir para hacer avanzar las cosas. Si acaba controlado por Robespierre y Danton es ejecutado por ser demasiado clemente con los enemigos de la Revolución, podía convertirse en un órgano de represión, que fue lo que ocurrió. Sin embargo, el abogado de Arras no fue el único responsable. «Aunque tenía una autoridad personal que ninguno de los otros miembros del Comité podía igualar, Robespierre nunca fue un dictador revolucionario a la manera de Vladímir Ilich Lenin o Mao Tse-Tung», escribe el profesor Popkin. «Durante el corto periodo de tiempo en que Robespierre fue el participante más prominente del gobierno revolucionario, compartió el poder con los otros miembros del Comité. Sus colegas nunca dudaron en discutir con él y, en algunos temas cruciales, fue minoría dentro del grupo.» Con un control directo sobre la policía y los tribunales, sin la más mínima separación de poderes y con sentencias que no podían recurrirse y que se ejecutaban sobre la marcha, este Comité recibió el apoyo de la Convención para aprobar, en septiembre de 1793, una ley de sospechosos que permitía la detención de «todo aquel que, por su conducta, asociaciones, charlas o escritos se haya mostrado partidario de la tiranía o del federalismo y enemigo de la libertad». Como en la Ginebra de Calvino, en la Roma de la Contrarreforma o en la Unión Soviética de Stalin, pronunciar la palabra equivocada podía convertirse en una sentencia de muerte o, en el mejor de los casos, en un motivo para enviar a cualquier persona a prisión en unas condiciones deplorables y de la que no era nada sencillo salir con vida. Pensar, hablar, despertar la animadversión del vecino, incluso las cosas dichas o pensadas en el pasado, aunque se haya cambiado de opinión, podían significar un pasaporte hacia el cadalso. Al igual que ocurrió durante el Gran Terror estalinista de la década de 1930, no se trató de una explosión de violencia inicial que fue remitiendo con los meses, sino todo lo contrario. La represión se intensificó mientras se creaban instrumentos legales para facilitarla. Timothy Tackett recuerda una frase de Robespierre que deja claro cuál era su objetivo: «No se trata de dar algunos ejemplos, sino de exterminar a los implacables satélites de la tiranía». En la primavera y el verano de 1794, en el pico del Terror en París antes de la caída de los jacobinos, el objetivo no era solamente crear un clima de miedo destinado a controlar a los posibles enemigos de la Revolución y mantener a raya al conjunto de la población, sino asesinar a cualquier sospechoso, y eso incluía a los propios revolucionarios, como ocurriría un siglo y medio más tarde en la Unión Soviética con el asesinato de los compañeros de Lenin. El Terror acabó en medio de la misma violencia que había generado: aparte de la ejecución especialmente atroz de Robespierre, en las siguientes jornadas de Termidor continuaron las decapitaciones de sus partidarios: solo el 29 de julio fueron ajusticiadas setenta y una personas, «el mayor número enviado a la guillotina en un solo día», escribe Tackett, quien resume con una historia el alcance de la represión revolucionaria. De los seis pasajeros de la berlina en la que huyó el rey antes de ser detenido en Varennes, solo dos seguían vivos en 1795: una hija de los reyes, que se salvó porque fue intercambiada por otro prisionero y la niñera. Tampoco sobrevivieron a la Revolución ninguno de los dos diputados que escoltaron al rey en su retorno a París en coche de caballos: ambos perecieron durante el Terror, uno fue ejecutado y el otro se suicidó sabiendo la suerte que le esperaba.

De todos los acontecimientos que rodean el terror es precisamente aquella noche de junio de 1791, en la que el rey trató de huir a París, la más analizada y reconstruida desde la ficción, no solo por la película de Ettore Scola, sino también por Alejandro Dumas padre en su novela *El camino de Varen-*

nes. La atracción que despierta se debe a la sensación de que, tal vez, las cosas pudieron ser de otro modo, de que la historia pudo seguir caminos diferentes como ocurre tantas veces en la vida de cada uno de nosotros. Si el rey hubiera logrado unirse a los ejércitos monárquicos europeos, seguramente la Revolución hubiese fracasado o Francia hubiese vivido una guerra civil de incierto final y crueldad ilimitada. Si el rey se hubiese quedado en palacio y hubiese tratado de alcanzar un acuerdo con la Asamblea, tal vez Francia sería una monarquía parlamentaria como España, Suecia, Reino Unido o Noruega y el Terror nunca hubiese tenido lugar. La gran historiadora de la Revolución francesa Mona Ozouf explica en su libro *Varennes. La mort de la royauté:*

> Más allá de los destinos individuales transformados, Alejandro Dumas asegura que fue también el destino de Francia el que se jugó en Varennes: sin el arresto del Rey, no habría habido guerra civil, ni el Terror; ni Napoleón ni Santa Elena. Dumas ve en ello el origen de todos los acontecimientos políticos posteriores. Para él, no cabe duda de que Varennes es el día que hizo a Francia.

«Los novelistas están encantados con el giro inesperado que pueden tomar los destinos: es lo infinitamente improbable lo que constituye para ellos, como para Hannah Arendt, la textura misma de la realidad», prosigue esta historiadora. «Están acostumbrados a sustituir los acontecimientos que han tenido lugar por otros imaginarios, a soñar con la infinidad de resultados posibles. Los historiadores, en cambio, siempre intentan descubrir la necesidad que los ordena bajo la abundancia de hechos.» Lo que nos enseña la historia, antes y después de la Revolución francesa, antes y después de Varennes, es que el terror acaba desatándose. Y que ha marcado, de una forma más o menos masiva, la mayoría de las revoluciones y cambios de régimen hasta bien entrado el siglo xx.

La Transición española, la caída del Muro de Berlín o la Revolución de Terciopelo en la República Checa y Eslovaquia son excepciones en una historia en la que los grandes cambios siempre vienen acompañados de vientos de muerte. Ningún momento histórico se libra de esta maldición, pero los siglos xix y xx, como antes el xvii y sus guerras de religión (y seguramente el frío glaciar de la Pequeña Edad de Hielo que empeoró las hambrunas que habían desencadenado los conflictos que asolaban el continente), fueron especialmente propicios a la muerte y a las desapariciones masivas, como si las dictaduras de la Antigua Grecia, las proscripciones de Sila o de Augusto no fuesen más que un ensayo general de lo que esperaba a la humanidad. En cuanto a la Revolución francesa, la nueva república apenas sobrevivió unos años al final del Terror. El 18 de Brumario de 1799 —una de las fechas más famosas de la historia, gracias al ensayo de Karl Marx, equivalente al 8 de noviembre según el calendario gregoriano— Napoleón dio un golpe de Estado y el 2 de diciembre de 1804 ya era emperador. La República se había acabado, aunque parte de los valores de la Revolución fueron adoptados por el nuevo régimen, que impulsó una estructura más profesional del Estado, leyes como el código civil, escrito de una manera clara y directa para que todo el mundo pudiese entenderlo, y un sistema de enseñanza que, al final, construyó un país más justo. Francia no volvió al absolutismo, pero el final de la monarquía absoluta tampoco le dio la libertad: todavía quedaba un largo camino que se prolongó durante una parte importante del siglo xx. El xix estuvo marcado por una pugna sangrienta entre las mismas fuerzas que se habían enfrentado durante la Revolución francesa: el absolutismo frente a aquellos que trataban de construir estados basados en los derechos individuales y, dentro del bando republicano, la lucha entre aquellos que querían hacerlo a través del consenso y el debate y los partidarios de la represión como única forma de hacer avanzar a la sociedad.

Si el Terror revolucionario fue cruel e implacable, las reacciones absolutistas en toda Europa también resultaron tremendamente violentas. Se puede decir que el episodio nacional de Galdós que hemos citado anteriormente, *El terror de 1824,* las resume todas: la sangrienta venganza contra aquellos que los aristócratas piensan que nunca tuvieron derecho al poder y que solo merecen la muerte por su osadía al desafiar un orden natural en el que unos deben mandar y otros obedecer sin rechistar. Muchos de los escenarios que describe Galdós en su novela son los mismos en los que transcurre mi vida cotidiana desde hace casi tres décadas, los barrios del centro de Madrid. Una placa todavía recuerda el lugar donde fue ejecutado Rafael de Riego, en la plaza de la Cebada, frente al mercado del mismo nombre al que llevo acudiendo décadas. No deja de ser irónico que Galdós la describa como una plaza fea, «de arquitectura irregular y ramplona». Dos siglos después, no ha mejorado mucho: devorada por los coches y las terrazas, debe de ser una de las pocas plazas del mundo con las aceras estrechas. *El terror de 1824* empieza con la llegada de Riego derrotado y prisionero a Madrid para ser ejecutado el 7 de noviembre de 1823, en el principio de una oleada de represión. En la España del XIX, la mayoría de los pronunciamientos, cuenta Manu Leguineche en *El estado del golpe,* fueron a favor de la libertad y contra la monarquía absoluta. Riego protagonizó el más famoso de todos ellos, con el que se inauguró el Trienio Liberal, hasta la invasión de los Cien Mil Hijos de San Luis, que restauró la monarquía absoluta de Fernando VII.

Hasta que leí a Galdós no fui consciente de que aquella placa en una plaza por la que pasaba casi todos los días camino del metro resumía el drama del siglo XIX: fue la era de las revoluciones y del despertar de los pueblos, de la lucha por la dignidad y los derechos civiles; también la época en la que se formaron naciones como Alemania e Italia apoyadas en poderosos símbolos, que van desde las banderas hasta la ópera —qué son Wagner o Verdi sino los creadores de una mitología nacional—. Pero fue sobre todo el siglo del interminable enfrentamiento entre los que querían tomar el poder y aquellos que no querían cederlo de ninguna manera, y estaban dispuestos a matar sin piedad para conservarlo. Las naciones se convirtieron en un campo de batalla entre el absolutismo y el liberalismo, entre diferentes formas de dictaduras y la democracia, entre aquellos que defendían el orden establecido —unos mandan y otros obedecen— y aquellos que querían cambiarlo: en muchos casos no se resolvió hasta bien entrado el siglo XX, en otros, como Rusia, no se ha resuelto todavía. Los realistas que aparecen en la novela de Galdós están llenos de odio, de sed de venganza. Quieren desquitarse, matar, imponer su justicia. Lo más triste es que cuentan con el apoyo de gran parte de la población, que al grito de «¡Vivan las *caenas!* ¡Viva el rey absoluto y muera la nación!» asiste en masa a la ejecución de Riego.

Galdós resume la furia vengativa del absolutismo en el personaje del coronel Garrote, un militar que pretende, como luego hicieron los generales de Franco, «el exterminio absoluto: no perdonar a nadie, cortar toda cabeza que se levante un poco, aplacar todo chillido que sobresalga». No son palabras muy diferentes de las que pronunció el general Mola según iban cayendo ciudades del norte de España durante la Guerra Civil: «Eliminar sin escrúpulos ni vacilación a todos los que no piensen como nosotros». Cuando ve la horca en la que será ajusticiado Riego, después de haber sido sometido a la humillación pública, a Garrote le parece que no es lo suficientemente alta porque debería dar ejemplo a toda la ciudad. «Yo traería mañana a esta plaza a todos los españoles para que aprendieran cómo acaban las porquerías revolucionarias... No hay enseñanza más eficaz que esta...», explica a sus compañeros absolutistas. Tras la multitudinaria ejecución de Riego, el autor de los *Episodios nacionales* describe la miseria y la crueldad en la que chapotea la reacción absolutista. Transcurre en el Madrid fernandino, pero el escenario podría ser también la Rusia de Lenin o Stalin, el Berlín de los nazis o la Italia de Mussolini. Se crea un ambiente de delación y de sospecha, de miedo entre los inocentes y los culpables —culpables solamente por creer que los seres humanos deben tener derechos—. Cualquier gesto, cualquier palabra, cualquier cruce de miradas, cualquier rencilla arrastrada desde hace años entre vecinos, cualquier vieja querella familiar por unas tierras puede acabar en tragedia. La aparición en una casa de un retrato polvoriento de Riego y de «documentos masónicos y comuneros» significaba un pasaporte hacia la prisión o el cadalso. De nuevo, son imágenes llenas de ecos, que se repiten, por ejemplo, en el Madrid de los primeros meses de la Guerra Civil, cuando se producían detenciones constantes y el solo hecho de ser católico o de haber votado a la derecha en el pasado podía significar acabar en una checa o en un *paseo,* la metáfora que se utilizaba para las ejecuciones nocturnas. Y, al igual que ocurría en la España de la Contrarreforma, la única manera de sentirse a salvo era ser el más fanático de los asesinos y los denunciantes. En *El terror de 1824* un liberal describe así ese ambiente de masa enfurecida: «Los frailes, los obispos, todos los absolutistas de temple incitan al Gobierno a extirpar la negrería; los voluntarios realistas, que son más levantiscos e indomables que la malhadada Milicia Nacional de marras amenazan con sublevarse si no les da todos los días sangre de liberales, horcas y más horcas. Sobre esa base poderosa se asienta el edificio del absolutismo». Otro personaje dirá más adelante en la novela: «La libertad no necesita víctimas, sino hombres que la sepan entender». La libertad tardará todavía mucho tiempo en ser entendida y se cobrará muchas víctimas en la España de los siglos XIX y XX.

Ninguna zona se libró de la violencia durante la Guerra Civil española, como explica el hispanista Paul Preston en su libro *El Holocausto español:* los generales Queipo de Llano y Mola «institucionalizaron el terror» en las regiones que iban ocupando sus tropas. «La larga guerra de aniquilación de Franco» es el título del capítulo sobre la represión en la retaguardia nacional, mientras que la parte que dedica a la posguerra se titula «La inversión en terror. Sin perdón: juicios, ejecuciones, cárceles». «Franco había demostrado, tanto por la naturaleza de su lenta estrategia militar como por sus numerosas declaraciones en público y en privado, que estaba haciendo una inversión en terror», escribe el historiador británico, biógrafo del dictador, y prosigue:

> Así lo había puesto de manifiesto tanto con la naturaleza de su campaña bélica como en las numerosas entrevistas, públicas y privadas, en las que había expuesto ese propósito. Desde que a principios de abril de 1939 tuvo a España entera en sus manos, la guerra contra la República iba a prolongarse por otros medios; no en los frentes de batalla, sino en los tribunales militares, las cárceles, los campos de concentración, los batallones de trabajo e incluso con los exiliados. A largo plazo, para institucionalizar la victoria de Franco, el objetivo principal era perfeccionar la maquinaria de terror del Estado que iba a proteger y supervisar esa inversión original.

Los vencedores del bando franquista habían comprendido el mensaje que les enviaba el coronel Garrote desde el absolutismo fernandino: el exterminio absoluto, sin perdón.

Uno de los primeros testigos que se dieron cuenta del alcance de la guerra de aniquilación franquista fue el escritor francés Georges Bernanos, que se había instalado en Mallorca en 1934, donde logró su primer gran éxito literario, *Diario de un cura rural,* en 1936. Católico de derechas, simpatizó al principio con la causa nacional, sobre todo después de que le llegasen las noticias de asesinatos de religiosos en la zona republicana. Incluso su hijo Yves se alistó en la Falange. Sin embargo, lo que contempló en Mallorca en el verano de 1936 le espeluznó, le repugnó, le hizo cambiar de opinión y le llevó a escribir uno de los libros más valientes del siglo, *Los grandes cementerios bajo la luna,* en el que describe la represión franquista. La repercusión del ensayo fue enorme, sobre todo por la ideología de la que partía su autor. Salió de la isla en 1937, perdió el manuscrito y lo volvió a escribir. Se publicó en 1938 y el efecto revulsivo fue inmediato, tanto que Franco puso precio a su cabeza. Se trata de un libro lleno de muerte y de indignación, que contempla la minuciosidad despreocupada con la que se cometían crímenes de masas. Bernanos llega a intuir la «banalidad del mal», con la que Hannah Arendt resumió la actitud burocrática ante las cámaras de gas —Rudolf Hess, lugarteniente de Hitler, manifestó al principio del nazismo que había que recobrar «la buena conciencia de la crueldad»—. El escritor francés nos cuenta que los asesinos tienen un trabajo que hacer —exterminar primero al que consideran enemigo, luego al que no piensa como ellos, después al que no les gusta y finalmente al que puede no pensar como ellos en el futuro— y se empeñan en completarlo movidos por una despiadada mezcla de odio y de confianza en su causa. Y todo de forma pulcra, rutinaria, tratando de mantener el orden público. Relata, por ejemplo, que prohibían a las viudas de los asesinados vestirse de negro. *Los grandes cementerios bajo la luna* describe muchos de los horrores que iban a marcar el siglo xx desde una de sus primeras frases:

> La cólera de los imbéciles llena el mundo. Vuestro profundo error es creer que la estupidez es inofensiva. La estupidez no tiene más fuerza que un cañón de pequeño calibre, pero una vez en movimiento, puede con todo. Ninguno de vosotros ignora de lo que es capaz el odio paciente y la vigilancia de los mediocres y sembráis el grano en los cuatro puntos cardinales.

Bernanos toma como referencia el Terror revolucionario, incluso las matanzas de hugonotes, para explicar que creía que ese tipo de asesinatos acompañaban siempre a las revoluciones y a las guerras del pasado. Sin embargo, se encuentra con que un régimen en el que llegó a confiar, una ideología de personas de orden, apoyada por la Iglesia católica, justifica los crímenes, aplica el Terror de forma implacable y organizada. «Llamo Terror a todo régimen», escribe, «en el que los ciudadanos, sustraídos a la protección de la ley, esperan la vida o la muerte sometidos al capricho de la policía. Llamo régimen de Terror a un régimen de sospechosos y he visto funcionar durante ocho meses a un régimen así.» Bernanos sabe que lo que ha contemplado en Mallorca es solo el principio de algo mucho más amplio y terrible, que esos escuadrones de la muerte que buscan a cualquier opositor henchidos por un brutal sentido del deber y lo asesinan en una zanja, para después condenar a su familia al hambre, al temor permanente y a la incertidumbre pues nunca tendrán una tumba que visitar —algunas familias, casi un siglo después de todo esto, siguen sin tenerla—, comenzarán a actuar pronto en toda Europa, incluido su país:

> El mundo está maduro para cualquier forma de crueldad, como para cualquier forma de fanatismo o de superstición. (...) Creo que los alemanes se acostumbrarán muy rápidamente a quemar en público a sus judíos y los estalinistas a los trotskistas. Lo he visto, lo he visto con mis ojos, yo que os hablo lo he visto, he visto un pequeño pueblo cristiano, de tradición pacífica, de una extrema y casi excesiva sociabilidad endurecerse de golpe, he visto endurecerse los rostros, incluso los rostros de los niños. Es inútil pretender guardar el control una vez que ciertas pasiones están desatadas. ¿Las utilizaremos? ¿Correremos ese riesgo?

Justo después de los cementerios bajo la luna de Bernanos se abren los que son seguramente los siete años más terribles de la historia de Europa, en los que cualquier horror es posible. Ya había empezado el Gran Terror de Stalin y el Pogromo de noviembre (la Noche de los Cristales Rotos) anunciaba lo que esperaba a los judíos bajo el nazismo. Pero, aun así, iba a producirse lo inimaginable.

De todos los terrores que ha producido la humanidad, Auschwitz resulta el más inconcebible, monstruoso y real. A la vez un campo de exterminio en el que miles de personas eran gaseadas industrialmente —hasta diez mil cada día durante el verano de 1944— y un campo de concentración en el que cientos de miles de seres humanos eran sometidos a un régimen de esclavitud, muerte y explotación. Antes de su deportación al corazón de la Polonia ocupada y anexionada, a ese enorme espacio del dolor, los nazis habían torturado a sus víctimas con un sofisticado sistema de guetos y redadas, les habían dejado claro que su vida no les pertenecía, los habían perseguido, humillado, sometido a un caprichoso reinado de terror. En *16 de octubre de 1943,* Giacomo Debenedetti relata la deportación de los judíos de Roma. En una escena, describe cómo un joven obtiene permiso de un SS para tomar un café antes de que lo metan en camiones que lo llevarán a la estación y de allí al campo. «Vuelve la mirada perdida hacia las mesas», escribe Debenedetti, «donde se sentaba a jugar a las cartas en las noches que todavía tenían un mañana. Con una especie de sonrisa tímida y cansada, pregunta al camarero: "¿Qué harán con nosotros?". Estas pobres palabras están entre las pocas que nos han dejado los que se iban.» Se trata de uno de esos momentos incomprensibles que produce el Holocausto, pero que reflejan hasta qué punto la vida o la muerte de millones de seres humanos estuvo sometida durante años al capricho de sus verdugos. La mayoría de los que atravesaban la llamada Puerta del Suplicio de Birkenau eran enviados directamente a las cámaras de gas —un sistema concebido enteramente para proteger a los verdugos—. Algunos, los más jóvenes, los que tenían suerte, pasaban la selección y eran internados en el campo de concentración para ser asesinados lentamente. Allí vivían en un mundo de violencia y hambre, de palizas y amenazas, de trabajo y agotamiento, en el que todos los valores que definen al ser humano estaban completamente subvertidos. El crítico musical estadounidense Alex Ross describe en *Wagnerismos,* un prolijo libro sobre el compositor alemán favorito de Hitler, la polémica en torno a si se escuchaba o no la música de Wagner en Auschwitz. «Algunos presos recuerdan a Wagner», explica Ross.

> Sin embargo, Primo Levi en *Si esto es un hombre* relata que cuando los prisioneros regresaban del campo después de un día de duro trabajo, desfilaban con música popular desenfadada: en concreto, la polca *Rosamunde.* La primera reacción de Levi fue de

risa. Pensaba que estaba asistiendo a una «colosal bufonada de gusto teutónico». Más tarde comprendió que la yuxtaposición de música ligera y terror estaba concebida para destruir el espíritu con la misma certeza con que los crematorios destruían el cuerpo.

Todo en Auschwitz-Birkenau se basa en eso, en un sadismo infinito lleno de detalles que solo podían tener sentido en el mundo infernal que los nazis habían construido: el mejor trabajo era el más asqueroso, limpiando unas letrinas inmundas, porque los SS no se acercaban por miedo al tifus y naturalmente por el olor; los prisioneros estaban obligados a pagar su propia deportación, con un descuento familiar —así lo cuenta Sybille Steinbacher en uno de los ensayos más interesantes sobre el campo, pese a su brevedad, *Auschwitz. Una historia*—; perder un gorro que no servía para nada podía significar la muerte, porque al cruzarse con un SS era obligatorio quitárselo e inclinarse, no poder descubrirse la cabeza podía conllevar una ejecución inmediata. Por no hablar del *Sonderkommando,* los prisioneros que tenían el trabajo más horripilante del mundo: limpiar de cadáveres las cámaras de gas y subirlos a los hornos crematorios. Eran unos privilegiados dentro del campo, disponían de las mejores raciones, pasaban menos frío, pero su labor los lanzaba a los abismos de la inhumanidad —aparte de que no sabían, pero sospechaban, que serían ejecutados porque habían visto demasiado—. Todo el sistema de exterminio de Auschwitz estaba en manos de médicos, que en teoría debían tener como objetivo preservar la vida: no se trata solo de los experimentos con presos utilizados como cobayas humanas, ni siquiera de las selecciones en el andén, que también realizaban doctores que en unos segundos decidían quién vivía y quién moría. Va más allá: ya hemos contado que las cámaras de gas siempre funcionaban en presencia de un médico, que era quien introducía el Zyklon-B. Uno de los detalles más horribles del momento de la selección era cuando los presos veteranos que ayudaban a las SS pedían a las madres jóvenes que entregaran sus bebés o niños pequeños a sus abuelas o a mujeres mayores que viajasen en el mismo transporte para salvarles la vida, condenando la de su hijo. Los médicos nazis nunca iban a separar a una madre de un niño para evitar un tumulto durante la selección, de tal forma que preferían enviar a ambos a la cámara de gas. Por otro lado, una persona mayor tampoco tenía ninguna oportunidad de sobrevivir, pero una mujer joven sin hijos, sí. La abuela y el niño tenían su destino sellado una vez que se bajaban del tren, pero la madre no. Para sobrevivir tenía que entregar a su hijo a una desconocida a sabiendas de que nunca lo volvería a ver. *La decisión de Sophie,* de William Styron, es una novela, pero el escritor estadounidense supo captar ese mundo de dilemas espeluznantes, imposibles de concebir más allá de un lugar como Auschwitz. Para los deportados que no eran conducidos directamente a la cámara de gas, la esperanza de vida no superaba los cuatro meses. Aquellos que sobrevivieron, a veces tuvieron suerte, alguna habilidad que les libraba de los peores castigos o hicieron cosas terribles, pero necesarias, para llegar hasta el día siguiente, como aquellas madres de los andenes. He visitado dos veces Auschwitz-Birkenau, en una ocasión durante varios días, con guías del memorial, para escribir un largo reportaje sobre su conservación en *El País Semanal.* Al estudiar el campo, al tratar de profundizar en Auschwitz, siempre hay algo que se escapa pese a que disponemos de muchísima información, de miles de libros, y de que un equipo de expertos analiza cada milímetro del campo —aunque no se han llevado a cabo excavaciones desde hace muchas décadas al considerarse que es un lugar sagrado, pese a que podrían aportar mucha información sobre los objetos que los asesinados dejaron detrás—. En eso que se escapa, en ese sentimiento inasible, se encuentra la esencia del totalitarismo: todo gira en torno a la muerte y el terror, pero sobre todo en torno a la relación entre víctimas y verdugos, entre los que lograron sobrevivir y los que no. Y en las elecciones que unos seres humanos tomaron en los momentos más peligrosos y terribles de sus vidas.

6
Cuando una vida depende de mirar hacia otro lado
La redada del Velódromo de Invierno

Éramos niños felices, corriendo por ahí. Teníamos planes para el futuro. Y todo simplemente... todo saltó por los aires. Justo después. No teníamos ni idea de lo que nos esperaba.

MAURICE CHANDLER,
superviviente del Holocausto

Deutsche!
Wehrt Euch
Kauft nicht bei Juden!
Achtung Jude!
Besuch verboten!

El odio de Adolf Hitler hacia los judíos y su antisemitismo enfermizo estaba en el centro de su visión del mundo. Las persecuciones, el acoso y las leyes racistas comenzaron poco después de su llegada al poder. En abril de 1933, apenas dos meses después de que fuese nombrado Canciller, los nazis llevaron a cabo los primeros boicots de comercios judíos. Fue el principio de una persecución que acabaría en las cámaras de gas y el exterminio industrial.

En la doble página anterior, un miembro de las SA y otro de las SS ante un cartel donde reza: «Alemanes: en defensa propia, no compréis en establecimientos de judíos». Fotografía tomada el 1 de abril de 1933.

Me acuerdo de Foca, en el sur de Bosnia, como uno de los lugares más horribles que he visitado. Incluso para cualquiera que no conozca la siniestra y brutal historia que oculta, resultaría una ciudad desangelada, hostil, cutre, fea, antipática... Y me quedo corto. En *A Happy Traitor,* una biografía de George Blake, uno de los más eficaces agentes dobles británicos al servicio de la KGB, el periodista Simon Kuper relata que, cuando el espía llegó por fin a Moscú en 1966, después de haber traicionado a su país, perdido a su familia, pasado unos cuantos años en la cárcel —de la que se fugó de una forma tan rocambolesca que fascinó al mismísimo Alfred Hitchcock—, se dio cuenta de que había luchado por la causa equivocada. «Después de una semana en Moscú, fui consciente de que el comunismo era la mayor decepción de mi vida», le explicó Blake a un amigo. Kuper sostiene que no fue ni de lejos el único agente que sufrió ese tipo de decepción vital: «Para cualquiera que se hubiese enamorado del comunismo, la cura más rápida era una visita a la Unión Soviética». Guy Burgess describió su primera experiencia soviética como "un sábado por la noche en Glasgow en el siglo XIX". La mayoría de los agentes dobles occidentales que llegaron al Moscú gris, hambriento y represivo de la Guerra Fría se dieron cuenta casi de inmediato: el comunismo no funcionaba, lo habían sacrificado todo por un espejismo, y ahora nunca podrán volver a casa».

Foca no solo es un lugar espantoso y triste, sino que además resume los crímenes que los presuntos patriotas serbios cometieron en la guerra de Bosnia (1992-1995), durante la que perpetraron salvajadas sin nombre para construir un país semiautónomo y étnicamente puro, la República Serbia de Bosnia, llena de poblachos como aquel. Esta pequeña ciudad de unos diez mil habitantes encarna todo por lo que lucharon aquellos ultranacionalistas, y apesta. Cualquiera que se enamore del nacionalismo radical y excluyente, que piense que diferentes grupos —sociales, religiosos, étnicos— no pueden convivir, que crea que unas religiones son superiores a otras, que hable de «estercoleros multiculturales» —una expresión que utiliza a menudo la ultraderecha europea—, debería pasar diez minutos en las desangeladas calles de Foca para darse cuenta de lo que hay al final de la causa que defiende, como les ocurría a los defensores del comunismo cuando viajaban al otro lado del Telón de Acero. Tras conocer su historia, y las cosas que ocurrieron ahí durante la guerra civil, se pasa de la tristeza a la más profunda repulsa. Porque, al final, la única forma de lograr una sociedad racialmente pura consiste en la violencia y el asesinato. No es extraño que los grandes movimientos racistas e islamófobos idealicen a los ultras serbios de Bosnia, en algunos casos a través del negacionismo de los crímenes contra la humanidad que cometieron —el exterminio de más de ocho mil varones musulmanes en el verano de 1995 en Srebrenica ha sido considerado un genocidio por diferentes tribunales internacionales—, en otros ni siquiera eso, simplemente los pasan por alto, como si fueran un paso necesario hacia un bien mayor.

Visité Foca en 2005, transcurridos diez años del final del conflicto de Bosnia, para realizar un reportaje sobre la situación. Viajé hasta esta ciudad situada junto al Drina ya que fue uno de los lugares donde la limpieza étnica resultó más despiadada. Un dato puede servir para resumir hasta qué punto las milicias serbias quisieron borrar cualquier huella del pasado musulmán: las doce mezquitas de la ciudad fueron destruidas. Hasta 2019 no volvió a abrirse un lugar de rezo islámico, la mezquita de Aladza, una joya del arte otomano del siglo XVI que había sido dinamitada en el conflicto. Antes de la guerra, el 50 por ciento de los cuarenta y un mil habitantes de la ciudad eran musulmanes. Cuando se inauguró el templo, solo vivían mil. Gran parte de lo que conocía sobre lo ocurrido durante la guerra lo había leído en un informe de 1998 de la organización de derechos humanos estadounidense Human Rights Watch titulado «Un lugar cerrado y oscuro». Así comenzaba:

> El municipio de Foca fue el escenario de algunos de los crímenes más brutales cometidos durante la guerra de 1992-1995 en Bosnia-Herzegovina. Funcionarios civiles, policiales y militares serbobosnios, en colaboración con tropas paramilitares y exreservistas del Ejército yugoslavo movilizados desde Serbia y Montenegro, tomaron el control de Foca en abril de 1992. Establecieron un gobierno de guerra llamado Comité de Crisis, muy parecido a los instaurados en muchas ciudades del territorio controlado por los serbios de Bosnia, para planificar y llevar a cabo la expulsión de la población no serbia. Utilizando una minuciosa campaña de propaganda para convencer a la población local serbobosnia de que estaban bajo la amenaza de un golpe fundamentalista musulmán, el Comité de Crisis creó una red de centros de detención, donde los civiles no serbios fueron detenidos, torturados, violados y expulsados, asesinados o *desaparecidos,* dejando la ciudad tal y como es hoy, casi completamente serbia desde el punto de vista étnico. Los negocios y las propiedades de los no serbios fueron expropiados o destruidos.

En aquella mañana de invierno entrevisté sobre todo a una familia musulmana que había regresado a una granja de los alrededores, mientras bebíamos *rakija* (aguardiente) y café turco para desayunar. Solo pude percibir la tristeza y el silencio que reinaban sobre las calles medio desiertas, en las que nadie tenía muchas ganas de hablar con periodistas. Pero, a los pocos días, me asomé al horror de lo que había acontecido allí, de manera inesperada, a través de otra entrevista. Durante el reportaje, que realicé a medias con el fotógrafo Uly Martín, pedí a nuestro traductor, Amer, que localizase a alguna familia musulmana del este de Bosnia que nunca hubiera podido regresar a su casa. Su padre conocía a una, de Foca precisamente, aunque me explicó que solo habían sobrevivido tres mujeres, que los hombres habían sido todos asesinados durante la guerra. Luego supe que sobrevivir era tal vez un verbo muy generoso para lo que habían sufrido. Nos pidió que antes de visitarlas comprásemos comida porque vivían sumidas en una carencia casi absoluta. Paramos en un supermercado, metimos víveres de primera necesidad en una caja de cartón y subimos por las escarpadas carreteras de las colinas de Sarajevo hasta una humilde y fría casa en la que se respiraba algo más profundo y terrible que la tristeza. No fue una gran entrevista, porque se comunicaban a través de un dolor silencioso que flotaba sobre sus escasas palabras. La guerra les había dejado ausencias, muerte, pobreza, sufrimiento y exilio. No volvían a Foca porque su casa había sido destruida, pero sobre todo porque los asesinos de los varones de su familia seguían allí, paseándose tranquila e impunemente por sus calles. Sin embargo, en su desoladora mirada había algo más, un abismo de sufrimiento al que ni siquiera me atreví a asomarme con mis preguntas. Según trabajaba en el reportaje, me topé una y otra vez con un asunto espantoso: las violaciones masivas que las bosnias musulmanas padecieron durante el conflicto. La violencia contra las mujeres fue una de las estrategias de limpieza étnica empleadas por los ultranacionalistas serbios.

Sin embargo, una psicóloga de Naciones Unidas me explicó que era una historia que yo nunca podría contar porque resulta muy difícil que las víctimas narren a un varón sus padecimientos y aunque lograra ganarme su confianza, relatar algo así a un hombre en una sociedad tradicional como la bosnia no haría más que añadir sufrimiento a su desdicha. Así que, al regresar a Madrid, le pasé todos mis contactos a una persona de mi confianza, profesional y humana, mi compañera Ana Carbajosa, que viajó a Bosnia poco después para escribir el tema.

No hace falta decir que el equipo de la ONU que trabajaba con las mujeres violadas le explicó que había tres víctimas en una casa humilde y fría en las colinas de Sarajevo que estaban dispuestas a contar aquello por lo que pasaron... El citado informe de HRW describía así lo que ocurrió en esa ciudad desde que los paramilitares serbios se hicieron con el control:

> El pabellón deportivo Partizan se utilizaba originalmente como zona de paso para las mujeres y los niños que iban a ser deportados de Foca; sin embargo, durante varios meses de 1992, se convirtió en un campo de violaciones en el que las mujeres soportaron ser violadas docenas, si no cientos, de veces durante el periodo de su detención. Situado junto a la comisaría de policía en el centro de la ciudad, los residentes de Foca pronto empezaron a darse cuenta de que Partizan estaba siendo utilizado como lugar de tortura y asesinato por parte de los *guardias* serbobosnios; aunque muchos informaron de que habían alertado a los agentes de la comisaría sobre lo que estaba ocurriendo en el edificio de al lado, la policía local, en lugar de intervenir, siguió enviando a los ciudadanos al pabellón deportivo como si siguiera siendo un mero centro de deportación. «Las mujeres retenidas allí eran llevadas para ser violadas cada noche», relató una superviviente que pasó

dos meses en Partizan. «Lo que sufrieron simplemente no se puede describir.»

Diez años después del final del conflicto, cuando Uly y yo realizamos nuestro reportaje y Ana el suyo, era un asunto todavía tabú, que todo el mundo conocía, pero sobre el que costaba mucho hablar porque las víctimas vivían estigmatizadas, como si ellas fuesen responsables de lo que habían sufrido. Los hijos también acabaron marcados. Una película de 2006, *Grbavica,* de Jasmila Žbanić, se atrevió a tratar el tema y, por primera vez, logró que las mujeres que habían sido violadas durante la guerra tuviesen el mismo reconocimiento que el resto de los que sufrieron el conflicto. En otros lugares del mundo, la suerte de las víctimas de atrocidades sexuales podía ser aún peor y acabar asesinadas a manos de sus propios familiares varones. La periodista rusa Anna Politkóvskaya, que se jugó la vida para cubrir la segunda guerra de Chechenia, que estalló en 1999, y que fue asesinada en Moscú en 2006, seguramente por orden Vladímir Putin, relató que las mujeres chechenas violadas por los rusos —una práctica común en aquel conflicto y en casi todos— desaparecían y nunca volvía a hablarse de ellas. «Para una chechena, la violación supone una muerte casi segura, sobre todo si hay testigos o si los varones de la familia se enteran de lo ocurrido», escribió en *La deshonra rusa.* «Poco importa que la mujer no sea culpable de nada, lo único que importa es que ha sido violada. Estas son costumbres, con algunas excepciones, de las que nadie habla; el silencio las torna imposibles.» Politkóvskaya describe las atrocidades que los rusos cometieron durante aquel conflicto, en el que la población civil se convirtió en su principal objetivo. Relata una mañana de tregua en la localidad de Argún. Cerca de un mercado, un grupo de soldados rodea a tres mujeres tiradas en el suelo. Son muy jóvenes, apenas unas niñas de trece o catorce años, desnudas, cubiertas de heridas y de sangre. La periodista cree que habían perdido la razón por el sufrimiento. Los soldados exhibían tranquilamente un cartel: «Esto es lo que os espera a todas, zorras. Os vais a acostar con nosotros». Las mujeres que habían acudido al mercado se acercaron a ellas, las cubrieron con sus pañuelos, pero hicieron algo mucho más importante: avisaron a una mujer notable y respetada en Argún, una maestra. «Sin hacer preguntas, ordena que lleven a las chicas a su casa», describe la periodista. «Cuentan que de inmediato las envió a otra ciudad, y luego a otra... Para borrar todo rastro de ellas. Esta era su única oportunidad de seguir con vida.» Al final de su horrible descripción, narra que nadie denunció lo ocurrido. «Hubiese estado fuera de lugar.»

Como sobre multitud de aldeas y ciudades chechenas, sobre los habitantes de Foca, y de todo el este de Bosnia, se abatió una monstruosa tormenta de violencia y sufrimiento que, en apenas unos días, destruyó sus vidas. No hay nada que explique de una forma tan clara lo que significa el totalitarismo como ese momento en el que, por una idea, muchas veces por la orden de una sola persona o de un pequeño grupo, miles, millones de personas normales, que seguían con sus existencias como si no pasase nada a su alrededor, se convierten en víctimas de un terror sin nombre. Y eso es algo que ha marcado la historia de Europa —y del mundo— seguramente desde que existe la humanidad. Los ciudadanos de Bosnia habían contemplado la guerra de Croacia como un acontecimiento cercano, aunque en cierta medida ajeno: sentían que se cernía sobre ellos una espada de Damocles, pero muchos pensaban que algo así no podría ocurrirles. Los habitantes de Sarajevo vivían en una ciudad cosmopolita, divertida, con una tradición cultural incombustible, que había celebrado unos Juegos Olímpicos de Invierno en 1984. ¿Quién les iba a decir una semana antes, incluso un día antes, del 5 de abril de 1992, cuando empezaron los disparos de francotiradores serbios contra la multitud, que iban a padecer el asedio más largo de la historia de la guerra moderna, que iban a jugarse la vida cada vez que bajaban a buscar el agua y los alimentos de los que carecían? Y es algo que se repite constantemente, no importa el rincón de la historia al que nos asomemos.

El escritor estadounidense Glenn Kurtz encontró una película que filmaron sus abuelos durante unas vacaciones en Europa en 1938. Cuando la vio, descubrió que contenía unas imágenes casi únicas: tres minutos de grabación de una pequeña ciudad polaca llamada Nasielsk, de la que procedía su familia, un *shtetl*, con una población mayoritariamente judía, tres mil de sus cuatro mil habitantes. Kurtz realizó un trabajo detectivesco para tratar de extraer toda la información posible de esta breve filmación, incluso llegó a localizar a una de las personas que aparecen en ella, un chico que entonces tenía trece años, que todavía vivía en Florida y que, de repente, se vio en esas imágenes rodeado de fantasmas. Kurtz considera que se trataba de una labor esencial porque reflejaba un mundo desaparecido del que quedan muy pocos testigos y apenas algunos testimonios gráficos, como aquella película perdida durante décadas. No tardó mucho en enterarse de lo que había ocurrido con la población judía de aquella próspera localidad, situada a unos 50 kilómetros de Varsovia en la ruta ferroviaria que llevaba a la costa del Báltico. Fue conquistada por los alemanes solo tres días después del principio de la Segunda Guerra Mundial, el 4 de septiembre de 1939. Los ataques contra los judíos comenzaron inmediatamente y el 3 de diciembre toda la población hebrea fue trasladada a diferentes guetos, donde les esperaba una existencia de hambre, violencia, enfermedades y muerte. En el otoño de 1942, todos esos guetos fueron liquidados dentro de la llamada Operación Reinhard —cuyo objetivo era exterminar a los judíos de Polonia— y todos sus habitantes fueron deportados a Treblinka y gaseados a su llegada. Solo ochenta judíos de Nasielsk sobrevivieron al Holocausto. Ninguno de los que aparecen en esa pequeña película era consciente de que su mundo estaba a punto de ser engullido y destruido por un totalitarismo racista y despiadado. Apenas un año después de la inocente filmación, en la que aparecen sonriendo a la cámara, saliendo de edificios, caminando por la calle, un vendaval de muerte se iba a abatir sobre ellos. Kurtz localizó primero a Susan Weiss, la única superviviente de una familia de nueve. Vivió casi tres años escondida en los bosques. Cuando llegó a Estados Unidos, en 1947, decidió que para reconstruir su vida necesitaba olvidar. «Tienes que esconderlo, encerrarlo», explicó a Kurtz. Sin embargo, en su vejez, los recuerdos fueron emergiendo, aunque seguían existiendo espacios de sombra. Era incapaz de recordar a sus padres o a sus hermanos. «Tenía miedo de recordar, pero también de olvidar», escribe el autor sobre ella. El segundo superviviente que encontró, Maurice Chandler, escapó un mes antes de la deportación de la población hebrea. Cuando se filmaron aquellas imágenes, Chandler reconoció que tampoco él podía prever que se avecinaba el apocalipsis. «Estoy tratando de escudriñar lo que pensaba en ese momento. Fue antes, meses antes de todo, antes del Holocausto», le explicaba al autor del libro. «Éramos niños felices, corriendo por ahí. Teníamos planes para el futuro. Y todo simplemente... todo saltó por los aires. Justo después. No teníamos ni idea de lo que nos esperaba.»

Es cierto que los bosnios habían contemplado primero lo que ocurría en Kosovo, un territorio utilizado por Slobodan Milošević para encender el nacionalismo serbio, y luego en Eslovenia y Croacia; habían podido escuchar las arengas ultranacionalistas; pero nada los preparaba ni para Foca ni para Srebrenica. Los judíos polacos habían sufrido pogromos y el feroz antisemitismo que profesaban muchos partidos políticos. Tampoco podían esperar mucho de la Alemania de Hitler; pero las deportaciones masivas, los guetos, las cámaras de gas estaban más allá de la imaginación. Incluso en tiempos más remotos, en una Europa seguramente más acostumbrada a la violencia política, podían producirse salvajadas que nadie esperaba, que destrozaban las existencias de personas que transcurrían ajenas al mundo que las rodeaba, marcadas por las rutinas del campo y del trabajo.

Entre 1618 y 1648 se abatió sobre el continente uno de los peores desastres que ha padecido en su historia: la guerra de los Treinta Años, una mezcla de conflicto religioso, entre católicos y protestantes, además de político, entre las grandes monarquías, para hacerse con el control de Europa. El Sacro Imperio perdió un 15 por ciento de su población en matanzas, batallas, pestes y hambrunas, explica Peter H. Wilson en su clásico *La guerra de los Treinta Años. Una tragedia europea*. Por establecer una comparación con el siglo XX, la antigua Unión Soviética fue el país que más sufrió durante la Segunda Guerra Mundial, con la pérdida de un 12 por ciento de sus habitantes. En la gran guerra del siglo XVII murieron unos ocho millones de personas y algunos territorios padecieron especialmente: Bohemia pasó de tres millones a ochocientos mil habitantes. Millones de personas perdieron la vida, vieron cómo sus propiedades desaparecían ante sus ojos, murieron de hambre, fueron torturadas, robadas, violadas... cuando enjambres de soldados, en su mayoría mercenarios, se lanzaban como oleadas malditas sobre sus pueblos, ciudades o granjas. En aquella época siniestra, por primera vez un artista relevante retrató la guerra a través de sus víctimas. El grabador francés Jacques Callot (1592-1635) editó antes de morir *Las miserias y males de la guerra*, que inspiraron a Goya para sus *Desastres de la guerra*. Esta serie de dieciocho grabados muestra lo que padeció la población de los países arrasados: suplicios, soldados lisiados en un hospital, ejecuciones en la hoguera, saqueos de monasterios, de un pueblo y de una vivienda, en la que los soldados torturan a civiles para descubrir dónde está escondido el oro, asesinan, violan... La estampa número siete, titulada *El saqueo de un pueblo,* refleja las casas quemadas, los soldados acarreando el botín y llevándose todos los animales domésticos, pero también ofrece una escena especialmente impactante: numerosos habitantes del pueblo son arrastrados, atados con cuerdas, hacia un destino incierto y, con toda probabilidad, horrible. El grabado número 11 es el más conocido: se llama *El ahorcamiento* y muestra a decenas de personas, descritas como «bandidos», aunque en los salvajes caminos del siglo XVI podía tratarse de cualquiera considerado enemigo, colgados de un enorme castaño. Numerosos soldados contemplan la escena mientras un sacerdote, subido a una escalera, enseña la cruz a un condenado a punto de ser ahorcado. Uno de los detalles más espeluznantes de todo el cuadro presenta a dos individuos jugando tranquilamente a los dados debajo del árbol del que cuelgan los muertos. La guerra de los Treinta Años fue la culminación de uno de los periodos más violentos de la historia de Europa, las guerras de religión, durante las que la vida de los civiles estuvo siempre pendiente de un hilo. Así lo describe Alejandro Dumas al principio de *Los tres mosqueteros:*

> En ese tiempo los pánicos eran frecuentes y pocos días pasaban sin que una aldea u otra registrara en sus archivos algún acontecimiento de ese género. Estaban los señores que guerreaban entre sí; estaba el rey que hacía la guerra al cardenal; estaba el español que hacía la guerra al rey. Luego estaban las guerras sordas o públicas, secretas o patentes, estaban los ladrones, los mendigos, los hugonotes, los lobos y los lacayos que hacían la guerra a todo el mundo.

La sensación que produce estudiar la historia de Europa es que esos *tsunamis* de violencia podían estallar en cualquier momento y en cualquier periodo. En febrero de 2022, la mayoría de los habitantes de Ucrania no esperaban verse invadidos por Rusia, no imaginaban que podrían morir bajo bombardeos indiscriminados contra sus ciudades, que iban a padecer hambre, frío y terror, que iban a ser asesinados en las calles. Difícilmente imaginaban que toda su vida cabría en una maleta y que iban a transformarse en refugiados sin saber cuándo iban a poder regresar a una vivienda que seguramente estaría arrasada. Tampoco que iban a empuñar un kaláshnikov para defender a su país o dormir en refugios antiaéreos o hacer cola ante una panadería desabastecida, aterrorizados porque en cualquier momento podía caer una bomba lanzada contra civiles. Tampoco podían concebir que algunas ciudades iban a entrar en la historia de la guerra y el sufrimiento: Mariúpol, destruida a bombazos sin permitir la evacuación segura de sus habitantes; o Bucha, cerca de Kiev, que apareció sembrada de cadáveres que habían dejado los rusos en su retirada, algunos de ellos con las manos atadas a la espalda. «No recuerdo haber visto nunca imágenes de tantos civiles muertos en las calles de una población que ha sufrido la guerra», escribió el fotógrafo español Santi Palacios, uno de los primeros periodistas internacionales que se topó con ese horror a principios de abril de 2022. «Son zonas residenciales. En algunos casos se ven chalets y viviendas grandes. Impacta ver tanques calcinados en la puerta de zonas que dan toda la impresión de ser ciudades dormitorio a las afueras de Kiev. Tienen aspecto de ser zonas tranquilas donde nunca pasa nada; y ahora lo que te encuentras son militares patrullando y tanques destruidos», agregó el fotógrafo. Así, de repente, la guerra y la muerte, el totalitarismo asesino, entraron como un viento siniestro en lugares donde hasta ese momento nadie podía concebir que algo así fuera a ocurrir. La

Europa del siglo xxi de repente se convierte en la Europa del siglo xvii o de principios del xx, cuando un periodo de optimismo, confianza en la racionalidad y en el poder de la tecnología fue destrozado por una forma de violencia, impulsada por los avances científicos, que la humanidad no había conocido hasta ese momento. La tecnología se alió con la muerte a gran escala.

La profesora Margaret MacMillan arranca su libro *1914. De la paz a la guerra,* una historia sobre el principio de la Primera Guerra Mundial, en Lovaina, una bellísima ciudad belga con un enorme patrimonio cultural —iglesias y casas medievales, una universidad fundada en 1425, una de las bibliotecas más antiguas e importantes del continente con doscientos mil volúmenes—. Fue ocupada por Alemania el 19 de agosto, cuando el conflicto acababa de empezar. Apenas una semana después, los alemanes desataron una oleada de represión salvaje contra la población civil, con el pretexto de que temían que se organizara algún tipo de movimiento de resistencia. Asesinaron a unas doscientas cincuenta personas, de una población de diez mil, deportaron a mil quinientos a Alemania donde fueron humillados a su llegada. Y quemaron la biblioteca, como en 1992 hicieron los serbios en Sarajevo, con la clara voluntad de borrar la memoria colectiva de sus habitantes. Nada podía haber preparado a los ciudadanos de esta tranquila ciudad belga para lo que iba a acontecer, era imposible que llegasen a imaginar que «la autodevastación de Europa», en una expresión acuñada por MacMillan, iba a empezar con ellos. «La llegada de la guerra tomó por sorpresa a la mayoría de los europeos y su reacción inicial fue la incredulidad y conmoción», sostiene la historiadora experta en conflictos bélicos:

> Estaban acostumbrados a la paz. Tras el fin de las guerras napoleónicas, siguió el siglo más pacífico que conoció Europa

desde la época del Imperio romano. Es cierto que hubo guerras, pero o bien tuvieron lugar en colonias lejanas, como las guerras zulúes en el sur de África, o en la periferia de Europa, como la guerra de Crimea; o bien fueron contiendas cortas y concluyentes, como la guerra francoprusiana.

El profesor estadounidense David Fromkin tituló su libro sobre el principio de la Primera Guerra Mundial *El último verano de Europa*. El problema es que Europa, a lo largo de la historia, ha vivido muchos últimos veranos —la Guerra Civil española y la Segunda Guerra Mundial también comenzaron en esa estación—, y una y otra vez, civiles inocentes han sido aniquilados por un torbellino de muerte que no esperaban.

El dibujo de Jacques Callot del ahorcamiento masivo refleja un elemento en común que tienen todas aquellas masacres y que Raul Hilberg, el profesor estadounidense que dedicó toda su vida a estudiar el Holocausto, resumió en el título de uno de sus libros: *Ejecutores, víctimas y testigos*. En todas las matanzas se repiten estas tres categorías: las víctimas, que en muchos casos no son conscientes hasta poco antes de la suerte que les espera; los perpetradores, los asesinos, los torturadores, los organizadores de las matanzas; pero también los testigos, como aquellos dos soldados que juegan tranquilamente a las cartas mientras se cometen crímenes sobre sus cabezas. Entre los ejecutores se encuentran, naturalmente, el sacerdote que da la extremaunción a aquellos que van a ser colgados en cuestión de segundos: muchos de los mayores criminales de la historia nunca apretaron un gatillo, como ocurrió en la Shoah o en las grandes purgas de Stalin. Pero también existe una cuarta categoría fundamental: aquellos que dijeron no, que, superando el miedo, la pertenencia a una etnia o un credo, decidieron comportarse de forma decente en tiempos oscuros y ayudar a otros seres humanos.

El hecho de que cualquiera de nosotros pueda convertirse en una víctima, que la seguridad que damos por garantizada pueda esfumarse resulta bastante inquietante. Pero existe otra certeza todavía peor: que cualquiera de nosotros también puede transformarse en un verdugo si se dan las circunstancias adecuadas. No importa el asesinato masivo del pasado al que dirijamos la mirada: nunca faltaron víctimas, pero tampoco faltaron perpetradores. Uno de los libros más certeros sobre la guerra de los Balcanes, y sobre las guerras en general, se titula *No matarían una mosca,* de la croata Slavenka Drakulić. Esta escritora siguió varios juicios en el Tribunal Penal Internacional para la antigua Yugoslavia, en La Haya, y describió a los grandes criminales, los arquitectos del horror genocida que arrasó la región en los años noventa, pero también a los pequeños, a los ejecutores, a los tipos aparentemente normales y corrientes que, de repente, eran capaces de cometer crímenes. Describe por ejemplo a un individuo que acabó con una ampolla en el dedo índice (el que se utiliza para disparar) a base de apretar el gatillo para asesinar musulmanes en Srebrenica, pero que antes había sido un vecino ejemplar. En la estela del estudioso del Holocausto Christopher R. Browning, Drakulić escribe:

> Cuanto más comprendes que los criminales de guerra podrían ser personas normales, más miedo sientes. Por supuesto, esto se debe a que las consecuencias son mucho más graves que si se tratara de monstruos. Si la gente normal comete crímenes de guerra, eso significa que cualquiera de nosotros podría cometerlos.

En su relato de las guerras balcánicas, Drakulić no hace distinciones entre las brutalidades que cometieron las diferentes etnias y, desde luego, en ningún caso salva a los croatas. Para ella solo hubo víctimas y verdugos: de nuevo se trata de personas que un día tenían una vida normal y, en cuestión de horas, veían cómo todo su mundo se destruía, muchas veces en un sentido literal. Relata por ejemplo lo ocurrido en el pueblo de Gospic: en el otoño de 1991, en tres días de octubre, fueron asesinados cien serbios y unos cuarenta croatas acusados de colaborar con el enemigo. Se habían establecido cuidadosamente las listas de víctimas, preparado las detenciones, estudiado el lugar donde se llevarían a cabo las ejecuciones. Los planificadores fueron dos personas enviadas desde Zagreb para defender la localidad de la ofensiva de Belgrado, aunque su trabajo tuvo mucho más que ver con el asesinato y el establecimiento de un reinado de terror —y con el latrocinio— que con una operación militar de defensa. Los ejecutores fueron miembros de la policía militar. Las casas de los serbios que habían sido fusilados y de aquellos que habían logrado huir fueron saqueadas y destruidas por sus propios vecinos. Drakulić escribe una frase tremenda: «Casi nadie en Gospic era inocente». El Gobierno central tenía toda la información posible sobre lo que ocurría en la localidad y no tomó ninguna medida, más bien lo contrario, respaldó a los asesinos. El final de la guerra no significó ni el fin de la impunidad, ni del silencio cómplice ni de la violencia. La periodista y escritora eligió contar lo que ocurrió en aquel pueblo porque en el año 2000 fue asesinado Milan Levar, un testigo que había relatado estos hechos en La Haya. Al funeral no acudió casi ningún vecino, no solo por miedo, sino por indiferencia, lo que resulta todavía más grave. Pero, al igual que ocurrió con la mafia siciliana y los asesinatos de los jueces Falcone y Borsellino, la masacre de Gospic era un crimen demasiado grande para ser ignorado y al final los responsables de esas atrocidades fueron juzgados en Croacia.

La conclusión de esta historia es que para que ocurran crímenes de grandes dimensiones hacen falta organizadores, dirigentes capaces de convencer a otros de que es necesario matar a seres humanos y convertir a personas normales en asesinos dispuestos a seguir órdenes letales sin inmutarse. Su labor es poner en marcha un mecanismo de muerte que nadie pueda parar y ante el que nadie pueda esconderse, ya sea como verdugo, colaborador, testigo o víctima... Para eso es necesario crear un ambiente de fanatismo, de mentiras, convencer de que la vida de unos determinados hombres y mujeres —por su etnia, por el color de su piel, por su ideología— no vale nada. Y es indispensable propiciar el clima de brutalidad en el que este tipo de crímenes puedan cometerse y florecer. El historiador francés experto en nazismo Christian Ingrao recuerda en su libro de 2021 *Le Soleil noir du paroxysme. Nazisme, violence de guerre, temps présent*, una frase del comandante del 4.º Cuerpo del Ejército alemán, Erich Höppner, en una arenga a sus tropas poco después de la invasión nazi de la Unión Soviética, en el verano de 1941:

> El objetivo de esta lucha debe ser la aniquilación de la Rusia actual, por lo que debe librarse con una dureza sin precedentes. Toda situación de combate debe ser enfrentada con una voluntad de hierro hasta la aniquilación total y despiadada del enemigo. En particular, no hay piedad para los partidarios del actual sistema ruso-bolchevique.

En las cuatro primeras semanas de guerra en Polonia, los nazis asesinaron a doce mil personas. En la Unión Soviética, a cincuenta mil durante el mismo periodo. Y, a mediados de agosto de 1941, comenzaron las ejecuciones de mujeres y niños. En diciembre de 1941, el Ejército alemán y los *Einsatzgruppen*, los escuadrones de la muerte móviles que avanzaban detrás de las unidades de combate llenando fosas comunes, habían asesinado a medio millón de civiles, sobre todo judíos. Ingrao narra cómo los oficiales lograron convencer a los soldados del «atroz deber», en palabras de Himmler, que tenían que cumplir en una escena que ocurrió aquel agosto en la ciudad de Tighina (Besarabia):

> Bruno Müller era un comandante del *Einsatzgruppe* D. Brillante jurista con un doctorado en Derecho Internacional, desde hacía siete semanas dirigía por primera vez un grupo en operaciones de guerra. Para el joven oficial de treinta y cinco años no era su primera campaña: había estado destinado en Polonia, en Cracovia, y había ordenado fusilamientos allí, pero aquí el contexto cambiaba y, el 6 de agosto, tuvo que anunciar a un centenar de hombres reunidos que ahora tendrían que matar a mujeres y niños. Así que hizo que le trajeran a una mujer y a su hijo recién nacido y, delante de la tropa, sacó su pistola de ordenanza y les disparó.

Müller era sin duda un monstruo, alguien que disfrutaba con la violencia y el asesinato, pero muchos de los soldados a los que se dirigía, ante los que asesinó a aquella mujer y a su bebé, antes de la guerra seguramente eran personas que nunca pensaron que hubiesen podido cometer un asesinato y ni se les pasaba por la imaginación que pudiesen participar en miles de ellos. Una imagen tan horrible, que forma parte de un torbellino de millones de imágenes similares durante los años treinta y cuarenta, nos pone ante un espejo frente al que no resulta fácil dar una respuesta sincera: las matanzas de la Guerra Civil española, las grandes purgas de Stalin, el Holocausto, el Holodomor —la hambruna en Ucrania— o la suerte atroz de los prisioneros de guerra soviéticos, solo por ceñirnos a lo que ocurrió en Europa, provocaron millones de muertos, pero fueron perpetradas por cientos de miles de verdugos. Nos imaginamos asqueados, horrorizados ante una violencia similar contra dos seres inocentes, pero seguramente antes del estallido de la antigua Yugoslavia los habitantes de Gospic también pensaban que nunca podrían saquear viviendas de personas que acababan de ser asesinadas, cuando no participar directamente en los fusilamientos. ¿Qué nos convierte en monstruos?, ¿cómo puede ocurrir que, ante una imagen así, personas que hasta ese momento eran normales en vez de mostrar repugnancia reaccionen con más violencia?

Primo Levi, superviviente del Holocausto, ofrece una clave: «Los monstruos existen, pero son demasiado pocos para ser realmente peligrosos», señaló en el apéndice de 1976 para la edición escolar de *Si esto es un hombre,* su testimonio sobre los campos nazis, que llegó a las librerías en 1947, lo que lo convierte en uno de los primeros relatos de Auschwitz. Era un momento en el que mucha gente prefería no mirar a ese pasado de Europa porque resultaba difícil no llegar a la conclusión de que existía algún tipo de responsabilidad colectiva o, por lo menos, muy amplia. El exterminio industrial de millones de seres humanos recorría todos los rincones de la sociedad alemana y de muchos países europeos: los judíos eran buscados y localizados gracias al trabajo de diligentes funcionarios o de vecinos entregados a la causa; detenidos muchas veces gracias a las policías locales de los países ocupados; esquilmados a menudo por gente que conocían desde hacía mucho tiempo o que no conocían de nada, pero que estaban dispuestos a aprovecharse de su situación de debilidad o a no hacer demasiadas preguntas cuando les entregaban una casa nueva; transportados en trenes cuyos horarios y prioridades estaban perfectamente organizados, de nuevo por funcionarios competentes; explotados hasta la muerte por empresas que pertenecían a personas que extraían importantes beneficios de la esclavitud; exterminados en cámaras de gas que habían sido construidas por compañías que eran plenamente conscientes del uso que se iba a dar a su tecnología; los bienes de las víctimas serían repartidos y aprovechados hasta el último botón o cabello... Todo eso cuando los fusilamientos no se producían en pueblos prácticamente a la vista de todo el mundo. De hecho, se imprimieron apenas dos mil ejemplares de un libro que ha acabado siendo un clásico y la mitad quedaron destruidos en unas inundaciones en Florencia. Prosigue Levi:

> Más peligrosos son los hombres comunes, los funcionarios listos a creer y obedecer sin discutir: Eichmann; Hoess, comandante de Auschwitz; Stangl, comandante de Treblinka; los militares franceses, veinte años más tarde, asesinos en Argelia; los militares norteamericanos de treinta años más tarde. Hay que desconfiar de quien trata de convencernos con argumentos distintos a la razón, es decir, de los jefes carismáticos: hemos de ser cautos en delegar en otros nuestro juicio y nuestra voluntad.

En otras palabras, los sistemas totalitarios son capaces de propiciar esta clase de reacciones, de crear ese tipo de seres humanos enfermos de violencia, de generar un sistema en el que solo la brutalidad tiene sentido.

El franquismo fue otro ejemplo claro de esta deshumanización que consiste en convertir el crimen en rutina. A diferencia del nazismo, del que han llegado muchos testimonios de verdugos, apenas existen de la posguerra y de la Guerra Civil. Uno de los pocos fue el del aristócrata y actor José Luis de Vilallonga. A los dieciséis años decidió alistarse e ir a combatir con las tropas franquistas. Su padre creía que era demasiado joven para ir al frente sin experiencia y le buscó un acomodo tranquilo en el que, a la vez, podía cumplir con su deber patriótico: formar parte de un escuadrón de la muerte. Se trata de un testimonio muy poco conocido —pese a que su libro de memorias alcanzó una cierta difusión—, al que llegué en mi caso gracias a la curiosidad lectora de un periodista con mucho olfato, y buen amigo, Íñigo Domínguez. Así recuerda Vilallonga —que tiene un breve papel en uno de los grandes clásicos del cine estadounidense, *Desayuno con diamantes,* aparte de haber sido un personaje notable en el mundo literario, político y aristocrático de la España de la Transición— aquellos días de asesinatos:

> Acabamos fusilando como quien va a la oficina. He comprendido mucho más tarde lo de los alemanes. Aquellas burradas se hicieron por falta de responsabilidad. Si te quitan la responsabilidad te convierten en una bestia. Haces lo que te mandan y se acabó el asunto. Y a lo que te mandan te acostumbras... Lo terrible no es matar; sino convertirse en oficinista de la muerte. Al convertirse en rutina, el matar a un judío o a un millón es lo mismo. En aquella época se mataba a bastante gente... A los que estaban en pelotones de ejecución les daban por la mañana un enorme tazón de coñac. Los tíos se presentaban voluntarios por el coñac. Porque el primer día, sí, es terrible, el segundo también, el tercero un poco menos y a los ocho días haces eso igual que si mataras conejos o gallinas.

Los verdugos no solo son en su mayoría personas normales transformadas en pocos días en matarifes rutinarios, sino que, a menudo, conocen a sus víctimas. Casi siempre los asesinos están entre nosotros. Ya hemos citado en otro contexto el libro del historiador francés Jérémie Foa sobre la matanza de San Bartolomé, *Tous ceux qui tombent: Visages du massacre de la Saint-Barthélemy.* En la noche del 23 al 24 de agosto de 1572, estalló una matanza de protestantes en París, que luego prendió en toda Francia. Tradicionalmente se ha culpado a Catalina de Médicis, una de las mujeres más poderosas de Europa en aquel momento, esposa y madre de reyes, de haber organizado e impulsado la masacre. Pero el estudio de Foa muestra una realidad muy diferente: no se trató de una matanza organizada desde el poder, sino desde abajo. Los verdugos no recibieron órdenes: fueron ellos directamente los que organizaron y ejecutaron los asesinatos. Y, en la inmensa mayoría de los casos, conocían a aquellos a los que iban a degollar y arrojar al Sena. En aquella época no existían registros de protestantes. A diferencia de lo que ocurrió bajo el nazismo, cuando la burocracia había ayudado a identificar a las víctimas, en el siglo XVI prácticamente solo los vecinos sabían quién no acudía a misa, quién no había bautizado a sus hijos, quién podía esconder, y consumir, un jamón en casa durante la Cuaresma. Fue lo que Foa llama «una masacre de proximidad», algo que mucho después ocurriría en Ruanda o en Bosnia. Los asesinos fueron aquellos que estaban más cerca de sus víctimas, los que las conocían tanto como para ser conscientes de sus costumbres. Es un patrón que se repite una y otra vez a lo largo de la historia, del París del siglo XVI a la Ucrania del siglo XX (y seguramente del siglo XXI).

La historiadora Wendy Lower publicó en 2021 un libro alucinante al que había dedicado años de trabajo. A partir del descubrimiento de la foto del asesinato de una mujer judía y de sus dos hijos ante una fosa común, Lower reconstruye una de las muchas masacres del llamado Holocausto por las balas. Se tiende a olvidar que una de cada cuatro víctimas de la Shoah fueron fusiladas en el territorio de lo que hoy es Ucrania: entre 1941 y 1944 fueron masacrados allí entre 1,4 y 1,6 millones de judíos, muchos de los cuales yacen en fosas comunes que nunca han sido exhumadas, en algunos casos ni siquiera localizadas. Aquellas matanzas fueron impulsadas por los nazis, pero para perpetrarlas necesitaron mucha ayuda. Así describe lo que pudo ocurrir en el pueblo en el que se tomó la foto: «Humillaban a las víctimas por su nombre. Las conocían de la consulta del dentista, de la zapatería, de la fuente pública y de la granja colectiva. Agarraban a los niños pequeños y a los bebés por las piernas y les golpeaban la cabeza contra los árboles». La crítica de *The New York Times* sobre este libro, uno de los ensayos más importantes sobre el Holocausto publicados en los últimos años, explicaba:

> Lower demuestra que se necesita mucha gente para matar a mucha gente. Están las adolescentes ucranianas obligadas a cavar las fosas comunes; los guardias de aduanas nazis (incluidos los voluntarios) y los policías ucranianos que acorralaron a los judíos y los obligaron a ir al lugar de la muerte; los vecinos ucranianos que saquearon sus casas y «los agredieron, lanzándoles piedras y botellas». También está la milicia ucraniana que, «armada con palos, herramientas y rifles rusos, persiguió a los judíos, apaleando a algunos hasta la muerte». ... Persiguieron a jóvenes judías, les arrancaron la ropa y las violaron.

Resulta descorazonador leer seguidos los libros de Lower, Foa y Drakulić. Los escenarios no pueden ser más diferentes, la Europa de las guerras de religión hecha añicos por la violencia y el fanatismo; cuatro siglos después, la guerra contra la humanidad desatada por el nazismo; y otros cincuenta años más tarde, ya casi en el siglo XXI, las matanzas étnicas que siguieron a la desmembración de Yugoslavia, pero la violencia vuelve a ser la misma. Hay personajes que podrían aparecer en cualquiera de los tres periodos y hacer lo mismo: asesinar a sus vecinos o, al revés, ser asesinados por sus vecinos. Jérémie Foa relata asesinatos no solo de personas que vivían cerca las unas de las otras, sino incluso de familiares: un comisario que mata a su esposa, unos sobrinos que abaten a sus tíos. Tras un trabajo de archivo que le ha llevado años, descubre muchos detalles en los testimonios, que van en un mismo sentido: las víctimas y los verdugos se conocían. Por ejemplo, describe cómo los asesinos llamaban a la puerta, en vez de tirarla abajo, y les abrían sin problemas. Porque no se trataba de extraños. «Pierre Feret, comerciante de sedas de la calle Saint-Denis, estaba en la cama cuando vinieron los sobrinos de su esposa», recoge un relato de la época. Los llevaron hasta el Sena y allí los mataron. Los verdugos, como las víctimas, también tienen nombres. Por ejemplo, Thomas Croizier, burgués, ferviente católico. Odiaba a los hugonotes y se preparó a conciencia para la matanza: fue responsable, él solo, por lo menos de más de setenta encarcelamientos durante las guerras de religión y, escribe Foa, «siempre aprovechaba para pasar por caja». Muchas de las personas que encarceló acabarían convirtiéndose en sus víctimas. Nicolas Pezou también se especializó en la detención de protestantes. Era un burgués, una persona de orden, primero comerciante de artículos de mercería, posteriormente un discreto contable. Piadoso católico, se transformó en un despiadado verdugo. Tanto entre las víctimas como entre los asesinos se encontraban numerosos niños. En las matanzas, los menores mueren, pero también matan, imitan la crueldad de sus mayores. El historiador Denis Crouzet escribió un libro titulado *Les enfants bourreaux au temps des guerres de Religion* en el que investiga el papel que muchos niños tuvieron en las masacres. Recoge el relato de Bernard Palissy, partidario de la reforma y uno de los genios del Renacimiento francés, que entre otras muchas cosas fue el primero que logró replicar en Francia la porcelana china. Sobrevivió a la matanza de San Bartolomé, pero no a la persecución por su fe y murió en la Bastilla en 1590, tras dos años encarcelado. En una de sus descripciones de las persecuciones narra cómo la ciudad de Saintes es invadida por «pequeños diablos» acompañados por sacerdotes que «saquean, violan, asesinan». A Palissy le impresionó también contemplar desde uno de los lugares donde estaba escondido —aunque recalcaba que seguía dedicándose a su oficio de ceramista— cómo niños se enfrentan a pedradas, en medio de las blasfemias más tremendas, sin que ningún adulto les detuviese, replicando la violencia atroz en la que estaban creciendo. Es una imagen que no resulta muy diferente de la que recoge Art Spiegelman en *Maus*, el cómic en el que relata la historia de su padre, superviviente del Holocausto, cuando, en el momento en que trata de hacerse pasar por un gentil para evitar su deportación, es perseguido por una banda de niños al grito de «¡un judío, un judío!». La violencia, incluso, llega a convertirse en un juego.

El fanatismo había prendido de una forma tan profunda en la sociedad que los menores no podían permanecer ajenos al salvajismo que los rodeaba, como verdugos obligados, arrastrados a compartir las creencias de sus padres, o como víctimas. Porque cuando una idea obliga al exterminio total, los niños se transforman en objetivos. Y, ahí, de nuevo los relatos se confunden y se mezclan entre enormes coincidencias. En muchos casos, los padres llegan al sacrificio máximo por salvar a sus hijos. En otros, se trata de vecinos, amigos, incluso desconocidos, que actúan movidos por la piedad o por la empatía. En algunos, también, los padres deciden salvarse por encima de la suerte que puedan correr sus vástagos. Se trata muchas veces de decisiones imposibles. Jérémie Foa, como cualquier otro investigador que haya tratado de reconstruir grandes masacres, relata que los niños y los ancianos resultan un problema para huir a toda velocidad y, además, en caso de ser capturados correrán la misma suerte que sus padres. Recoge por ejemplo la historia de una madre que se negó a abandonar a sus hijos. «Le permitieron llevarlos de la mano», narra un testigo de aquellos hechos, el protestante Luc Geizkofler. «Camino del Sena se encontró con bandas de degolladores, que le gritaban que era una "archihugonota". La tiraron al río con sus hijos. Uno de esos hombres se mostró compasivo y se tiró al río para salvar a los dos niños.» «Los que han superado tragedias lo saben, las razones de la supervivencia son muchas veces misteriosas», reflexiona Foa. La mayoría de los supervivientes de los campos de exterminio, de los genocidios, relatan un momento en el que una gran casualidad les salva la vida y, muchas veces, viven porque alguien toma una decisión inesperada en un ambiente de muerte y tortura: decide perdonarlos o ayudarlos. Edith Bruck, húngara superviviente del Holocausto, relata en uno de sus libros de memorias, *El pan perdido,* cómo su hermana, en las últimas semanas de su cautiverio, se enfrenta a un guardia alemán después de que le haya golpeado con la culata de su fúsil. El final normal, e inmediato, de esta historia sería que el guardia las matara a las dos sin inmutarse. Y seguramente a sus compañeros de deportación solo por haber contemplado la escena. Sin embargo, aquel nazi exclama: «Si una mierda, si una judía inmunda tiene el valor de enfrentarse a un alemán, si lo hace, merece sobrevivir. ¡Dios os maldiga!». Y las hermanas Bruck vivieron para contarlo. Al leerlo, anoté al margen: «Todas las historias de supervivientes del Holocausto parecen un milagro».

Cuando Bruck es liberada, una de las primeras reflexiones que hace es que le han devuelto su nombre. Ha dejado de ser un número inscrito en un tatuaje o simplemente una «judía inmunda». Sin embargo, el regreso a casa no fue fácil. Primero pasó por Budapest, donde ya prácticamente solo quedaban fantasmas. Y luego se dirigió a su pueblo y allí encontró su casa saqueada: manchada de excrementos, sin muebles, la máquina de coser Singer de su madre decapitada (un instrumento que en aquella época tenía un valor excepcional no fue robado, solo deliberadamente destruido). Y se enfrentó también a un sentimiento más terrible: pese a haber sobrevivido a los campos de exterminio, a la muerte de la mayor parte de su familia, no había dejado de ser una paria. «Cuando llegamos a la aldea, abrumados por la emoción, los habitantes nos miraron como enemigos, con asombro, incredulidad y terror de que fuéramos a delatarlos.» A su paso por Budapest, sin embargo, le llegaron rumores sobre un diplomático español que salvó a miles de judíos, al que ella identifica con el italiano Giorgio Perlasca, aunque también podría tratarse del español Ángel Sanz Briz, o de los dos —Perlasca se hizo pasar por cónsul español y Sanz Briz proporcionó documentos españoles a todos los judíos que pudo, primero a los sefardíes y luego prácticamente a cualquiera que pudiese salvar—. También recuerda a Raoul Wallenberg, diplomático sueco, que hizo lo mismo, pero que fue detenido por las tropas de Stalin, deportado a la Unión Soviética y asesinado. Bruck, que acabó instalándose en Italia al final de la guerra, conoció a Perlasca mucho más tarde:

> Me encontré cerca de este gran hombre santo, delgado, gentil, humilde, con destellos de dulzura en su rostro y firmeza en sus ojos, y me pregunté: «¿Qué puedo decirle? ¿Gracias?». ¿Qué palabras se le pueden decir a un antiguo fascista que logró algo increíble en los años más oscuros de Hungría, aliada de la Alemania nazi? ¿Qué se le puede decir a un hombre que no puede soportar más las masacres de sus semejantes?

Primo Levi animó Bruck escribir sobre la Shoah, porque sabía que el relato de cada testigo era esencial. Existe un debate sobre si Sanz Briz actuó con conocimiento de las autoridades fascistas españolas —entonces aliadas de los nazis, aunque Franco ya tenía claro que Hitler iba a perder la guerra y que para seguir en el poder iba a necesitar cambiar de bando— o sin pleno conocimiento de sus superiores. En cualquier caso, actuó porque pudo hacerlo y decidió comportarse de forma humana. De nuevo, al igual que ocurre con las víctimas y verdugos, las historias se repiten a lo largo de los siglos. Foa asegura que muchos de los que salvaron a hugonotes durante las masacres fueron personas humildes: criadas, gobernantes, conserjes. Cuando los padres tenían que huir, la primera decisión que debían tomar —y se trata de una decisión a vida o muerte— es a quién confiaban a sus hijos y casi siempre recurrían a las personas que estaban más cerca.

Siempre hay un momento en el que un criminal tiene delante a la víctima y debe asesinarla, debe apretar el gatillo, soltar el hachazo, degollarla, un momento en el que el odio teórico, asentado por años de propaganda, de creencias, de discursos que nos enfrentan al otro, le demonizan y le borran como ser humano, se convierte en un crimen real. Pero aquellos diplomáticos de países aliados de los nazis que decidieron salvar a judíos, aquellos criados que se jugaron la vida para esconder a los hijos de sus amos durante las guerras de religión plantean una cuestión todavía más importante: la responsabilidad individual ante crímenes de masas, la posibilidad de decir no, de negarse a participar, de jugarse la vida o la carrera, el prestigio social, por ayudar a las víctimas en contra de la actuación de la mayoría. El periodista Eyal Press en su libro *Beautiful Souls* y la historiadora Eva Fogelman en *Conscience and Courage* relatan las vidas de personas que ayudaron a judíos durante el Holocausto o, en el caso del ensayo de Press, también en otros momentos de horror colectivo, como las guerras que destruyeron la antigua Yugoslavia. El Estado de Israel creó en 1953 el título de Justo entre las Naciones para honrar a aquellos gentiles que salvaron a judíos, aunque no comenzó a otorgarse hasta los años sesenta por el Yad Vashem y no sin polémica: ¿por qué reconocer a unos pocos que hicieron el bien cuando la inmensa mayoría se dejó llevar por el mal? Casi veintiocho mil personas habían recibido ese título en 2022.

De todas aquellas historias, Eyal Press destaca la del agente de fronteras suizo Paul Grüninger (1891-1972). Comandante de la policía en el sector de St. Gallen, en el noreste de Suiza, se negó a acatar la orden de cerrar la frontera a los refugiados judíos que llegaban desde Austria, anexionada en marzo de 1938 por el régimen nazi, y dejó pasar a todos los que pudo. Tras ser descubierto en 1939, fue despedido, se le prohibió volver a trabajar para la Administración Pública y nunca tuvo un empleo estable, ni una pensión. Incluso se le acusó de haber dejado pasar a refugiados aceptando sobornos, a lo que él respondió que cómo iban a pagarle personas que no tenían absolutamente nada. El Holocausto no es comparable con nada, ni se pueden establecer paralelismos entre el mundo de los años treinta y el actual. Sin embargo, en una Europa donde miles de personas mueren en el mar tratando de alcanzar una vida mejor; donde se deja a migrantes en manos de la marina libia, financiada con fondos europeos, para que sean detenidos en campos de concentración donde se violan los derechos humanos; en la que sirios desesperados mueren de frío ante las puertas cerradas de la Unión Europea después de haber sido arrastrados con engaños hasta ahí por un régimen despótico, como ocurrió en el invierno de 2021 con Bielorrusia; en la que decenas de inmigrantes fallecen en la frontera de Melilla, la historia de Grüninger no resulta desgraciadamente ajena. Eligió la que creía que era la única opción decente y humana: aplicar el deber de asilo como uno de los fundamentos de una sociedad democrática.

No existe ningún punto en común entre los justos. Eva Fogelman, cuyo padre fue ayudado por gentiles rusos gracias a los que logró sobrevivir al exterminio, escribe: «He entrevistado a criminales, ladrones, secuestradores, chantajistas, incluso asesinos, que desafiaron la ley y arriesgaron sus propias vidas por salvar a extraños». Fueron personas que tomaron la opción más difícil, abrumadas por el sufrimiento que contemplaban. Grüninger pertenece a la categoría de funcionarios que decidieron ayudar a personas en situaciones desesperadas, como Ángel Sanz Briz; el portugués Aristides de Sousa Mendes, que hizo lo mismo en Burdeos, o el japonés Chiune

Sugihara, que expidió hasta cincuenta mil visados salvadores en Kaunas (Lituania). Los cuatro se jugaron sus carreras, incluso sus vidas, muchas veces sin un reconocimiento: a Sanz Briz el régimen de Franco no le permitió ir a recoger el título de Justo entre las Naciones; Sugihara fue despedido de la carrera diplomática después de la guerra y su labor no fue investigada ni reconocida en Japón hasta el siglo XXI, aunque el Ministerio de Exteriores siempre negó que su expulsión estuviese relacionada con lo que hizo en Lituania. Eyal Press recoge también la historia de Aleksander Jetvic, un serbio que se dedicó a salvar a todos los croatas que pudo durante la guerra. De nuevo se trata de un héroe improbable, de alguien del que hubiera sido difícil pensar que iba a jugarse la vida, a romper la dinámica de su grupo étnico, para rescatar a personas a punto de convertirse en víctimas. A los detenidos los identificaba como serbios, no como croatas, y eso les salvaba la vida. Pero si alguien lo descubría, si alguien —porque, de nuevo, allí todos se conocían— se daba cuenta de que Jetvic estaba salvando a sus enemigos, tenía grandes posibilidades de ser torturado y liquidado a su vez. ¿Por qué lo hizo? Jetvic relata al periodista que una parte de su familia fue asesinada en Jasenovac, un campo de exterminio del régimen fascista que gobernó Croacia durante la Segunda Guerra Mundial, los ustashas, en el que fueron exterminados decenas de miles de serbios y judíos. Paradójicamente, fue uno de los pretextos que el régimen ultranacionalista de Slobodan Milošević esgrimió para justificar la limpieza étnica: el Estado fascista croata volvería a exterminar a los serbios si le dejasen. Era una invención, aunque la exaltación de aquel régimen fascista por parte de las autoridades croatas que surgieron de la independencia tampoco ayudó mucho a disipar los temores. Jetvic no aprendió el odio de aquella historia familiar, sino todo lo contrario. Su madre le transmitió que los que hicieron eso no eran croatas porque no eran seres humanos. «Mi comportamiento se basó en aquello que me habían enseñado. Mi padre siempre me decía que debía respetar a los demás», explica.

Aquel policía suizo tampoco era un rebelde, de hecho, era un conservador nacido en una familia muy tradicional. Eyal Press viajó a Suiza para entrevistar a su hija y tratar de entender por qué un individuo de orden se negó a acatar las instrucciones que había recibido. Un motivo fue su lealtad a los principios sobre los que creía que se fundaba su país, una vieja tradición de acoger a los refugiados. El otro, y más importante, es que nunca delegó, siempre se ocupó personalmente de recibir a los que llegaban en condiciones lamentables. «No hizo nada para separarse de la gente», explicó su hija. Cuando conoció sus historias, cuando vio su desesperación, sabiendo aquello de lo que huían, simplemente les dejó pasar. «Durante la Segunda Guerra Mundial, hubo gente como Grüninger», escribe Eyal Press, «personas corrientes que asumieron enormes riesgos no porque abrazasen grandes causas, sino porque estuvieron en una posición para ayudar a alguien y lo hicieron. Y lo hicieron una y otra vez, hasta que lo que parecía impensable se convirtió en una rutina, la misma rutina con la que sus pares aplicaron la ley.» Grüninger no fue rehabilitado hasta el final de su vida. Recibió el título de Justo entre las Naciones en 1971 y falleció en 1972, después de llevar varias décadas luchando para que su país reconociese que hizo lo correcto. Su caso no fue reexaminado hasta 1995, pero su historia no fue olvidada: en 2014, la cadena francoalemana Arte estrenó una película que contaba su rebelión, *Paul Grüninger, el justo*.

El juez Moshe Bejski, artífice del Jardín de los Justos de Jerusalén (cada vez que se reconoce a un salvador se planta un árbol para recordarlo), explica en el libro que le dedica el periodista Gabriele Nissim, *La bondad insensata*, el papel que tuvo en la concesión del título de justo a Grüninger. Hasta entonces, solo se otorgaba a aquellos que se habían jugado la vida por salvar a judíos, en la mayoría de los casos personas que habían ayudado a esconderlos, porque así lo establecía el decreto que creó esta condecoración. Sin embargo, Bejski pensaba que individuos como aquel policía no arriesgaron su vida, pero sí su existencia tal y como la conocían. Se enfrentaban al aislamiento, a la pobreza. «Para combatir un mal extremo», reflexionó el juez, «no basta con contar solo con los héroes. Hay que contar también con las personas normales.» Bejski, fallecido en 2006, logró sobrevivir al Holocausto gracias a uno de los justos más conocidos: el empresario alemán Oskar Schindler, al que Steven Spielberg dedicó la película *La lista de Schindler*. «Entonces, ¿no hay sitio para la esperanza?», le pregunta el periodista italiano a Bejski después de que el juez, ya muy enfermo, se mostrase muy pesimista sobre el futuro por el odio que sigue circulando por las venas de la humanidad, desde Bosnia o Ruanda hasta el terrorismo islamista. «Algún consuelo nos queda», responde el magistrado. «Siempre podemos contar con la obra de los justos que en cualquier época tienen el valor de enfrentarse al mal y salvan siempre al mundo. No veo otro camino más que explicar a las nuevas generaciones su secreto y sus valores.»

Lo que demuestran todas estas historias es que las dictaduras no pueden con todo, que existe una escapatoria al fango inmoral con el que tratan de ahogar cualquier sociedad. Y, de nuevo, no se trata solo de héroes o de personas importantes y famosas, como Georges Bernanos en la Mallorca de la represión franquista, sino también de personajes anónimos. Una parte considerable de la obra del dibujante de historietas español Carlos Giménez (Madrid, 1941) gira en torno a ese axioma del horror: trata de explicar cómo la guerra (y la posguerra) convierte en monstruos a los seres humanos. Giménez fue internado de pequeño en un centro del Auxilio Social para niños huérfanos o niños cuyas familias vivían en la miseria de la posguerra y no podían hacerse cargo de ello. Su madre estaba ingresada en un hospital de Bilbao con tuberculosis y tuvo que mandar a su hijo pequeño a un centro dominado por el hambre y por los malos tratos. Comenzó a contar su historia por episodios en tebeos a finales de los años setenta, cuando a poca gente le interesaba recordar el alcance de la represión franquista, entonces todavía demasiado reciente. Eran tebeos brutales, amargos, desoladores, tristísimos. Aunque, frente a la inmundicia que los rodea, los niños muestran una voluntad de supervivencia imparable, que caracteriza a tantas víctimas de las desgracias de la historia. Con un implacable blanco y negro, Giménez tiene un talento inmenso para reproducir los diálogos de los niños —«¿Quién se juega la comida a los bichos?», «Habría ganado yo, tengo 14»; «Me pido lo pocho»; «Mañana es domingo de visita y si no se me quitan las marcas de la paliza no me dejarán ver a mi madre»—, y dibujar sus rostros y sus expresiones. Nunca carga las tintas, porque lo que describe es tan atroz que no hace falta: el hambre, la violencia y el miedo que campaban a sus anchas en la España de entonces: «El instructor de la Falange Mistrol pegó setenta y dos bofetadas al niño Antonio Sánchez. Esto ocurrió en 1948 en el hogar General Mola de Madrid. Antonio Sánchez tenía siete años y se meó de la paliza»; «Es el Misas, siempre reza así con los brazos en cruz y se queda un buen rato haciendo penitencia. Lo hace para hacer la pelotilla a la profesora, para que vean que es bueno y para que su padre salga pronto de la cárcel. Es que su padre es rojo». Están los chivatos, los abusones y los solidarios, los favoritos y los marginados, los meones humillados en público, los cuidadores despiadados (la mayoría), pero también los que tratan de comportarse como personas decentes con los niños, en medio de un ambiente brutal de represión.

Sin embargo, los últimos tebeos son diferentes (Giménez no cerró la serie *Paracuellos* hasta 2022). En el volumen *Las madres no tienen la culpa*, ya publicado en el siglo XXI, Giménez insiste mucho más en las relaciones de solidaridad entre los niños y, sobre todo, presenta al lector a dos personajes que demuestran que la decencia es casi siempre una elección, que incluso en los peores momentos de represión de las dictaduras se puede escoger. No hacerlo, por otro lado, no te convierte en un monstruo: existe una inmensa gama de grises entre los asesinos y los asesinados. Hay que haber estado ahí para ser capaz de valorar los riesgos que se asumen y el sacrificio que uno es capaz de realizar. Vencer el miedo a la tortura y a la cárcel, al ostracismo social, ser capaz de mirar más allá de los horizontes que te marcan la inmensa mayoría de los que te rodean, abrir los ojos ante el sufrimiento ajeno más allá de cualquier egoísmo no resulta siempre sencillo. Juzgar lo ocurrido en tiempos tan funestos como aquellos desde un presente relativamente plácido puede ser injusto, pero también es importante recordar que no todo el mundo se comportó igual, no todos se dejaron arrastrar por el fanatismo. Hubo seres humanos que tuvieron un comportamiento indigno y otros, un comportamiento decente. Eso sí, nunca me atrevería a anticipar mis propios actos en esa situación.

Las dos personas a las que Giménez homenajea en aquel tebeo son trabajadores humildes que desbordan humanidad. En un caso se trata del jardinero del Auxilio Social, el señor Aurelio, que decide adoptar a dos niños que nunca reciben visitas de sus familiares. Los descubre muertos de sed, queriendo mear en su botijo que se han bebido a escondidas porque durante el día, en pleno verano, no les dan agua. Al principio les echa una buena bronca, no por el agua, sino por tratar de orinar en su botijo para que no descubra que se la han bebido. Pero rápidamente se da cuenta de lo que esto significa: son niños hambrientos y sedientos que viven sumidos en el temor permanente a ser castigados. Desde entonces decide ocuparse de ellos como si fuesen sus nietos. Pero su empatía hacia el sufrimiento va más allá. Cuando ve a una de las guardianas pegar una paliza a un niño con una zapatilla —cualquier motivo desencadenaba una somanta de golpes—, se encara con ella, la reprende e incluso la amenaza. «¡Desalmada!», le grita. «Vergüenza debería darte. ¿No te da pena pegar a estos pobres niños que no tienen padre, que no tienen madre?» «Usted en eso no se meta», le replica la sádica cuidadora que disfruta marcando su autoridad a hostias ante unos niños indefensos. «¿Que no me meta?», responde él. «¡Que no te vuelva a ver pegar a un niño! ¿Me oyes?» Los internos contemplan la escena con una sonrisa: «*Joer,* cómo se ha puesto el señor Aurelio. ¡Menuda bronca le ha echado a la Herminia! ¡La Herminia casi se mea de miedo!». Ante lo que Pablo, el *alter ego* de Carlos Giménez en la serie, responde con orgullo: «¡Es mi abuelo!». Se los lleva en vacaciones a su casa con sus hijos y nietos, les da paquetes con comida, y agua. Pero, sobre todo, les da cariño. De toda aquella discusión con Herminia hay un momento clave: cuando decide meterse, cuando interviene porque no piensa tolerar que un niño sea maltratado ante sus ojos. El otro personaje, al que está dedicado el tebeo, es *El hombre del cine,* José Molina Martínez, que, explica Giménez en el epílogo, «dedicó toda su vida, absolutamente, hasta el último minuto, a llevar un poco de alegría y diversión a los enfermos en los hospitales antituberculosos de la posguerra y a los niños y niñas internos en los *hogares* del Auxilio Social de la provincia de Madrid». Dedicaba los fines de semana a recorrer tres o cuatro colegios para poner películas, repartir golosinas y sacar durante unas horas a los niños del ambiente de miedo y hambre en el que vivían. Son personas humildes, olvidadas, que pudieron elegir y tomaron el camino decente. Y que Carlos Giménez reivindica en sus tebeos con enorme cariño, pero también para demostrar que en tiempos oscuros no todos se comportan igual.

En el caluroso verano de 2022, el 15 y 16 de julio, se conmemoró en Francia el 80 aniversario de la redada del Velódromo de Invierno, durante la que los judíos de París que todavía no habían sido deportados fueron detenidos, encarcelados en el llamado Vél d'Hiv, un edificio cercano a la Torre Eiffel, ahora desaparecido, y finalmente enviados a los campos de exterminio, en su mayoría a Auschwitz. Se trataba sobre todo de mujeres y niños, porque los varones ya habían sido capturados en redadas anteriores. Es un episodio crucial en la historia de Francia, porque solo mucho más tarde el Estado, bajo la presidencia de Jacques Chirac en 1995, reconoció su responsabilidad. Fue la policía francesa, no la Gestapo ni las SS alemanas, la que localizó, detuvo, custodió y envió a la muerte a los judíos bajo el pretexto de que no eran franceses, sino inmigrantes. En realidad, se trataba de judíos de Europa del Este que habían escapado a Francia huyendo de la pobreza y los pogromos en muchos casos hacía bastantes generaciones. Como prueba el caso Dreyfus, el antisemitismo francés estaba profundamente asentado en una parte de la población y no necesitaba de la ideología nazi para convertirse en una política de Estado.

Pasé el verano de 1992 en París trabajando en la agencia France Presse y llegué justo aquellos días en los que se conmemoraban los sesenta años de la redada. Entonces no se insistía en que había sido una operación de exterminio francesa, apenas supervisada por los alemanes. 2022 ha sido una fecha especial porque es muy posible que sea uno de los últimos aniversarios redondos con muchos testigos vivos. Los medios franceses han recogido multitud de testimonios, de ancianos que entonces eran niños y cuya vida cambió para siempre aquel día de julio. Me impresionó especialmente la historia de Rachel Jedinak, de ochenta y ocho años, que escuché en la radio pública y leí en *Le Monde,* aunque también lo había relatado en un libro: *Nous étions seulement des enfants.* Cuando empezaron a correr rumores serios de que iban a producirse detenciones, su madre escondió a su hermana Louise y a ella en casa de sus abuelos, a pocos metros de la suya. Nunca entendió por qué su madre no se escondió también. ¿Tal vez para protegerlas creyendo que la policía se conformaría con ella? Se equivocó: los policías que fueron a detenerlas podían haberse llevado a su madre y decir que las niñas habían desaparecido. Nadie hubiese hecho ninguna pregunta. Miles de casos lo demuestran. Sin embargo, decidieron aplicar todo el celo profesional en la persecución y preguntaron a la portera, que se chivó de que se las habían llevado la víspera a casa de sus abuelos. «Cuando pasamos por el portal, uno de los policías nos dijo, burlón: "Podéis dar las gracias a vuestra portera, fue ella quien nos dijo dónde estabais"», relató Jedinak a *Le Monde.* Tras la Liberación, un tío que sobrevivió a los campos de exterminio, en los que murieron diecisiete miembros de la familia, trató de buscar a la portera, pero se esfumó para siempre. No se conformó con denunciar a las niñas, sino que saqueó el piso. Cuando llegaron al lugar de detención, las condiciones eran atroces y su madre se dio cuenta inmediatamente de que les esperaba un futuro terrible, que no habían sido arrestadas para ir a trabajar a Alemania como esclavas, sino que su destino era la muerte. Una amiga le dijo que su hija acababa de escaparse por la salida de emergencia del teatro en el que estaban retenidas. La niña, de ocho años, no quería alejarse de su madre y esta le dio una bofetada, la única vez que hizo algo así. «Aquella bofetada me salvó la vida.» Cuando se acercaron a la puerta, la actitud de los policías fue completamente diferente. Una casualidad que les permitió vivir. «Volvieron la cabeza para no vernos escapar», explicó. «Los dos policías que vinieron a buscarnos a casa de mis abuelos fueron tremendamente estrictos. Podrían haber dicho sin mentir que no habían encontrado a los niños en su casa. Esos dos, simplemente girando la cabeza, protagonizaron un acto de resistencia.»

Los personajes que aparecen en esta pequeña historia de la Shoah pueden servir para resumir todas las actitudes ante el totalitarismo. Sencillamente, de mirar para otro lado puede depender una vida humana... En este largo combate por la libertad, muchas cosas, más de lo que podemos pensar, dependen del camino que sigamos. Muchas decisiones nos superan, a veces es imposible elegir, otras no se puede encontrar el valor suficiente. Pero la lucha por la democracia se compone de millones de pequeños actos individuales. Somos cada uno de nosotros los que podemos romper los silencios de la libertad.

Apéndices

Bibliografía

Ensayos

Víctor Alba, *Todos somos herederos de Franco*. Barcelona, Planeta, 1980.

Antony Andrewes, *The Greek Tyrants*. Londres, Hutchinson, 1971.

Anne Applebaum, *Hambruna roja. La guerra de Stalin contra Ucrania*. Traducción de Nerea Arando Sastre. Barcelona, Debate, 2019.

Hannah Arendt, *Los orígenes del totalitarismo*. Traducción de Guillermo Solana. Madrid, Alianza Editorial, 2006.

—, *Eichmann en Jerusalén*. Traducción de Carlos Ribalta. Barcelona, Lumen, 2019.

Vincent Azoulay y Paulin Ismard, *Athènes 403*. París, Flammarion, 2020.

Mary Beard, *SPQR. Una historia de la antigua Roma*. Traducción de Silvia Furió. Barcelona, Crítica, 2015.

Antony Beevor, *El Día D*. Traducción de Joan Rabasseda. Barcelona, Crítica, 2009.

—, *Rusia. Revolución y guerra civil 1917-1921*. Traducción de Gonzalo García. Barcelona, Crítica, 2022.

Charlotte Beradt, *Rêver sous le IIIe Reich*. Traducción de Pierre Saint-Germain. París, Payot, 2004.

Restif de la Bretonne, *Las noches revolucionarias*. Traducción y notas de Juan Pablo Pizarro de Trenqualye. Madrid, Tres Puntos Ediciones, 2018.

Bernard Bruneteau y François Hourmant (coordinadores), *Le vestiaire des totalitarismes*. París, CNRS Éditions, 2022.

Ian Buruma, *El precio de la culpa. Cómo Alemania y Japón se han enfrentado a su pasado*. Traducción de Claudia Conte. Barcelona, Duomo, 2009.

Caroline Callard, *Le temps des fantômes. Spectralités d'Ancien Régime XVIe-XVIIe siècle*. París, Fayard, 2020.

Louis-Jean Calvet, *La Méditerranée. Mer de nos langues*. París, CNRS Éditions, 2016.

Luciano Canfora, *El mundo de Atenas*. Traducción de Edgardo Dobry. Barcelona, Anagrama, 2014.

Robert Capa, *Ligeramente desenfocado*. Traducción de Miguel Marqués. Madrid, La Fábrica, 2009.

Thomas Childers, *El Tercer Reich. Una historia de la Alemania nazi*. Traducción de Fernando Bogado. Barcelona, Crítica, 2019.

Christopher Clark, *Tiempo y poder*. Traducción de Alejandro Pradera. Barcelona, Galaxia Gutenberg, 2019.

Tim Pat Coogan, *The Famine Plot. England's Role in Ireland's Greatest Tragedy*. Nueva York, St. Martin's Griffin, 2012.

Denis Crouzet, *Les Enfants bourreaux au temps des guerres de Religion*. París, Albin Michel, 2020.

Gaston Dorren, *Guía de Europa para el turista lingüístico*. Traducción de José C. Vales. Madrid, Turner, 2017.

Slavenka Drakulić, *No matarían ni una mosca. Criminales de guerra en el banquillo*. Traducción de Isabel Núñez. Barcelona, Global Rhythm, 2008.

Daisy Dunn, *Bajo la sombra del Vesubio*. Traducción de Victoria León. Madrid, Siruela, 2021.

Nicholas Evans, *Dying Words: Endangered Languages and What They Have to Tell Us*. Londres, John Wiley Sons, 2009.

Orlando Figes, *La Revolución rusa (1891-1924). La tragedia de un pueblo*. Traducción de César Vidal. Barcelona, Edhasa, 2000.

Moses I. Finley, *Démocratie antique et démocratie moderne*. Traducción de Monique Alexandre. París, Payot, 2019.

Jérémie Foa, *Tous ceux qui tombent: Visages du massacre de la Saint-Barthélemy*. París, La Découverte, 2021.

Eva Fogelman, *Conscience and Courage: Rescuers of Jews During the Holocaust*. Nueva York, Anchor, 1995.

Michel Foucault, *Vigilar y castigar: Nacimiento de la prisión*. Traducción de Aurelio Garzón del Camino. México, Siglo XXI, 2009.

Ronald Fraser, *Recuérdalo tú y recuérdalo a otros. Historia oral de la guerra civil española*. Dos tomos. Traducción de Jordi Beltrán. Barcelona, Crítica, 1979.

Paul Freedman (editor), *Gastronomía. Historia del paladar*. Publicacions Universitat de València, 2009.

Philippe Frétigné y Gérard Leray, *La Tondue: 1944-1947*. París, Tallandier, 2020.

Michel Friedlander, *Los orígenes del genocidio nazi. De la eutanasia a la solución final*. Traducción de Borja Folch. Madrid, Ediciones Cinca, 2021.

Saul Friedländer, *El Tercer Reich y los judíos (1933-1939). Los años de la persecución*. Traducción de Ana Herrera. Barcelona, Galaxia Gutenberg, 2009.

David Fromkin, *Europe's last summer. Who started the great war in 1914?* Nueva York, Vintage Books, 2004.

Timothy Garton Ash, *El expediente*. Traducción de Antonio Puigròs. Barcelona, Tusquets Editores, 1999.

David Gilmour, *The Pursuit of Italy*. Londres, Allen Lane, 2011.

Adrian Goldsworthy, *Augusto. De revolucionario a emperador*. Traducción de José Miguel Parra. Madrid, La Esfera de los Libros, 2014.

Enrique González Duro, *Las rapadas. El franquismo contra la mujer*. Madrid, Siglo XXI, 2012.

Cédric Gras, *Alpinistes de Staline*. París, Stock, 2020.

Jan T. Gross, *Vecinos*. Traducción de Teófilo de Lozoya. Barcelona, Crítica, 2016.

Olivier Guez (Editor), *Le siècle des dictateurs*. París, Perrin, 2019.

Edith Hall, *Los griegos antiguos*. Traducción de Daniel Najmías. Barcelona, Anagrama, 2020.

Sebastian Haffner, *Historia de un alemán. Memorias 1914-1993*. Traducción de Belén Santana. Barcelona, Destino, 2000.

—, *Anotaciones sobre Hitler*. Traducción de María Esperanza Romero y Richard Gross. Barcelona, Galaxia Gutenberg, 2002.

Georges Hallgarten, *Histoire des dictadures de l'antiquité à nos jours*. Traducción de D. Mazé y J. Forel. París, Payot, 1961.

Raul Hilberg, *Exécuteurs, victimes, témoins. La catastrophe juive 1933-1945*. Traducción de Marie-France de Palomera. París, Gallimard, 1994.

Tom Holland, *Rubicón. Auge y caída de la República romana*. Traducción de Claudia Casanova. Barcelona, Planeta, 2003.

Lewis Hyde, *Breviario del olvido*. Traducción de Julio Hermoso. Madrid, Siruela, 2020.

Edward Hutton, *Cities of Sicily*. Londres, Methuen Co., 1926.

Christian Ingrao, *Le Soleil noir du paroxysme. Nazisme, violence de guerre, temps présent*. París, Odile Jacob, 2021.

Paulin Ismard, *L'événement Socrate*. París, Flammarion, 2017.

Tony Judt, *Posguerra*. Traducción de Jesús Cuellar y Victoria E. Gordo del Rey. Madrid, Taurus, 2008.

Donald Kagan, *La guerra del Peloponeso*. Traducción de Alejandro Noguera. Barcelona, Edhasa, 2009.

Ian Kershaw, *El final. Alemania 1944-1945*. Traducción de Yolanda Fontal Rueda. Barcelona, Península, 2013.

Joseph Kessel, *Jugements derniers. Les procès Pétain, de Nuremberg et Eichmann*. París, Tallandier, 2007.

Victor Klemperer, *La lengua del Tercer Reich. Apuntes de un filólogo*. Traducción de Adam Kovacsics. Barcelona, Minúscula, 2001.

—, *Quiero dar testimonio hasta el final. Diarios 1933-1941 / 1942-1945*. Dos tomos. Traducción de Carmen Gauger. Barcelona, Galaxia Gutenberg, 2003.

Simon Kuper, *The Happy Traitor: Spies, Lies and Exile in Russia: The Extraordinary Story of George Blake*. Londres, Profile Book, 2021.

Glenn Kurtz, *Three minutes in Poland. Discovering a lost world in a 1938 family film*. Nueva York, Farrar, Strauss and Giroux, 2014.

Manuel Leguineche, *El estado del golpe*. Barcelona, Argos Vergara, 1982.

Steven Levitsky y Daniel Ziblatt, *Cómo mueren las democracias*. Traducción de Gema Deza Guil. Barcelona, Ariel, 2019.

Juan J. Linz, *La quiebra de las democracias*. Traducción de Rocío de Terán. Madrid, Alianza Editorial, 2021.

Dorian Lynskey, *El Ministerio de la Verdad. Una biografía del '1984' de George Orwell*. Traducción de Gema Facal Lozano. Madrid, Capitán Swing, 2022.

Keith Lowe, *Continente salvaje. Europa después de la Segunda Guerra Mundial*. Traducción de Irene Cifuentes. Barcelona, Galaxia Gutenberg, 2012.

Margaret MacMillan, *1914. De la paz a la guerra*. Traducción de José Adrián Vitier. Madrid, Turner, 2013.

J.W. Mohnhaupt, *The Zoopeeker's War. An Incredible True Story from the Cold War*. Traducción de Shelley Frisch. Nueva York, Simon and Schuster, 2019.

Enrique Moradiellos, Santiago López Rodríguez, César Rina Simón, *El Holocausto y la España de Franco*. Madrid, Turner, 2021.

Jan Morris, *Presencia de España*. Traducción de Eva Rodríguez Halffter. Madrid, Turner, 1984.

—, *Venecia*. Traducción de Concha Cardeñoso. Madrid, Gallo Nero, 2022.

Gabriele Nissim, *La bondad insensata*. Traducción de Juan Antonio Méndez. Madrid, Siruela, 2011.

John Julius Norwich, *Sicilia. Una breve historia desde los griegos hasta la Cosa Nostra*. Traducción de Joan Eloi Roca. Barcelona, Ático de los Libros, 2019.

Xosé M. Núñez Seixas, *Guaridas del lobo. Memorias de la Europa autoritaria*. Barcelona, Crítica, 2021.

Mona Ozouf, *Varennes. La mort de la royauté (21 juin 1791)*. París, Gallimard, 2011.

—, *La fiesta revolucionaria. 1789-1799*. Traducción de Scherezade Pinilla Cañadas. Prensas de la Universidad de Zaragoza, 2020.

Robert O. Paxton, *La Francia de Vichy 1940-1944*. Traducción de Esteve Riambau. Barcelona, Noguer, 1974.

—, *Anatomía del fascismo*. Traducción de José Manuel Álvarez Flórez. Madrid, Capitán Swing, 2019.

Felipe Pereda, *Crimen e ilusión. El arte de la verdad en el Siglo de Oro*. Madrid, Marcial Pons, 2017.

María Ángeles Pérez Samper, *Comer y beber. Una historia de la alimentación en España*. Madrid, Cátedra, 2019.

Anna Politkovskaya, *La deshonra rusa*. Traducción de Catalina Martínez. Barcelona, RBA, 2003.

Jeremy D. Popkin, *El nacimiento de un nuevo mundo*. Traducción de Ana Bustelo Tortella. Barcelona, Galaxia Gutenberg, 2021.

Paul Preston, *El Holocausto español. Odio y exterminio en la Guerra Civil y después*. Traducción de Catalina Martínez Muñoz y Eugenia Vázquez Nacarino. Barcelona, Debate, 2011.

Laurence Rees, *Los verdugos y las víctimas. Las páginas negras de la historia de la Segunda Guerra Mundial*. Traducción de Antonio Prometeo Moya. Barcelona, Crítica, 2008.

Matthew Riley y Anthony D. Smith, *Nacionalismo y música clásica. De Händel a Copland*. Traducción de Patrick Alfaya McShane y Javier Alfaya McShane. Madrid, Alianza Editorial, 2021.

Graham Robb, *The Discovery of France*. Londres, Picador, 2007.

Peter Robb, *M. El enigma de Caravaggio*. Traducción de Stella Mastrangelo. Barcelona, Alba, 2010.

David D. Roberts, *El totalitarismo*. Traducción de Andrea Saavedra. Madrid, Alianza Editorial, 2022.

Alex Ross, *Wagnerismo. Arte y política a la sombra de la música*. Traducción de Luis Gago. Barcelona, Seix Barral, 2021.

Géraldine Schwarz, *Los amnésicos. Historia de una familia europea*. Traducción de Núria Viver Barri. Barcelona, Tusquets Editores, 2019.

Daniel B. Schwartz, *Ghetto. The History of a Word*. Cambridge, Harvard University Press, 2019.

Richard Sennett, *El extranjero. Dos ensayos sobre el exilio.* Traducción de Marco Aurelio Galmarini. Barcelona, Anagrama, 2014.

Pierre Servent, *Rudolf Hess. El último enigma del Tercer Reich.* Madrid, La Esfera de los Libros, 2020.

Sybille Steinbacher, *Auschwitz: historia y posteridad.* Traducción de María Esperanza Romero. Santa Cruz de Tenerife, Melusina, 2014.

Suetonio, *Vidas de los doce césares.* Tomo I. Traducción de Rosa María Agudo Cubas. Madrid, Gredos, 1992.

Ronald Syme, *La revolución romana.* Traducción de Antonio Blanco Freijeiro. Barcelona, Crítica, 2010.

Timothy Tackett, *Le roi s'enfuit.* Traducción de Alain Spiess. París, La Découverte, 2004.

—, *El terror en la Revolución francesa.* Traducción de Cecilia Belza. Barcelona, Pasado y Presente, 2015.

Edward R. Tannenbaum, *La experiencia fascista (1922-1945). Sociedad y cultura en Italia.* Traducción de Joaquín Bollo Muro. Madrid, Alianza Editorial, 1975.

Frederick Taylor, *The Berlin Wall.* Londres, Bloomsbury, 2006.

Tucídides. *Historia de la guerra del Peloponeso.* Traducción y notas de Juan José Torres Esbarranch. Madrid, Gredos, 1992.

Irene Vallejo, *El infinito en un junco.* Madrid, Siruela, 2019.

Jeffrey Veidlinger, *En el corazón de la Europa civilizada. Los pogromos de 1918 a 1921 y el comienzo del Holocausto.* Traducción de Ana Pardo, Barcelona, Galaxia Gutenberg, 2022.

José Luis de Vilallonga, *Memorias no autorizadas.* Barcelona, Plaza y Janés, 2002.

Fabrice Virgili y François Rouquet, *Les Françaises, les Français et l'Épuration.* París, Gallimard, 2018.

Edward J. Watts, *República mortal. Cómo cayó Roma en la tiranía.* Traducción de María Luisa Rodríguez Tapia. Barcelona, Galaxia Gutenberg, 2019.

Patrick Weber, *Le livre noir des tyrans.* París, Editions First, 2015.

Peter H. Wilson, *La guerra de los Treinta Años. Una tragedia europea.*

Dos volúmenes. Traducción de Leandro Martínez Peñas. Madrid, Desperta Ferro, 2018.
Paul Zanker, *Augusto y el poder de las imágenes.* Traducción de Pablo Diener Ojeda. Madrid, Alianza Editorial, 1992.
Steven J. Zipperstein, *Pogrom. Kishinev and the Tilt of History.* Nueva York, Liveright, 2018.

Literatura

Georges Bernanos, *Les grands cimetières sous la lune.* París, Points, 2014.
Edith Bruck, *Quien así te ama.* Traducción de Juan Pérez Andrés. Madrid, Arcadia, 2015.
—, *Le pain perdu.* Traducción de René de Ceccatty. París, Éditions du Sous Sol, 2022.
Miguel Delibes, *El hereje.* Barcelona, Destino, 1998.
Giacomo Debenneditti, *16 de octubre de 1943.* Traducción de María Foch. Barcelona, Las Afueras, 2019.
Paloma Díaz-Mas, *El pan que como.* Barcelona, Anagrama, 2020.
Charles Dickens, *Historia de dos ciudades.* Traducción de A. de la Pedraza. Barcelona, Alba, 2012.
Alejandro Dumas, *El camino de Varennes.* Traducción de Enrique L. de Verneuil. Barcelona, La Gaya Ciencia, 1975.
—, *Los tres mosqueteros.* Traducción de Mauro Armiño. Madrid, Alianza Editorial, 1980.
Jean Echenoz, *Correr.* Traducción de Javier Albiñana. Barcelona, Anagrama, 2010.
Hans Magnus Enzensberger, *Un puñado de anécdotas.* Traducción de Eva García Pinos. Barcelona, Anagrama, 2021.
Lion Feuchtwanger, *Los hermanos Oppermann.* Traducción de Carlos Fortea. Madrid, Edaf, 2015.
Harald Gilbers, *Les fils d'Odin.* Traducción de Joël Falcoz. París, Kero, 2017.

Carlos Giménez, *Paracuellos. Las madres no tienen la culpa.* Barcelona, Reservoir Books, 2017.

Natalia Ginzburg, *Las pequeñas virtudes.* Traducción de Celia Filipetto. Barcelona, Acantilado, 2002.

Judith Kerr, *Cuando Hitler robó el conejo rosa.* Traducción de María Luisa Balseiro. Madrid, Alfaguara, 2002.

Joseph Kessel, *Reportages, Romans.* París, Gallimard, 2020.

Arthur Koestler, *Memorias. Euforia y utopía.* Tomo 3. Traducción de Alberto Luis Bixio. Madrid, Alianza Editorial, 1974.

Primo Levi, *Si esto es un hombre.* Traducción de Pilar Gómez Bedate. Madrid, Austral, 2013.

Akira Mizubayashi, *Breve elogio de la errancia.* Traducción de Mercedes Fernández Cuesta. Madrid, Gallo Nero, 2018.

George Orwell, *1984.* Traducción de Miguel Temprano García. Barcelona, Debolsillo, 2013.

Art Spiegelman, *Maus.* Traducción de Cruz Rodríguez Juiz. Barcelona, Reservoir Books, 2007.

Éric Vuillard, *14 de julio.* Traducción de Javier Albiñana. Barcelona, Tusquets Editores, 2019.

John Williams, *El hijo de César.* Traducción de Christine Monteleone. Madrid, Ediciones Pàmies, 2008.

Stefan Zweig, *Castellio contra Calvino. Conciencia contra violencia.* Traducción de Berta Vias Mahou. Barcelona, Acantilado, 2001.

Artículos

Marie-Beatrice Baudet, «Après la bataille de Cholet, l'agonie de la Vendée blanche». *Le Monde,* 25 de agosto de 2022.

Ana Carbajosa, «Hijos de la limpieza étnica». *El País,* 9 de abril de 2006.

Hans Magnus Enzensberger, «Los héroes de la retirada». *El País,* 26 de diciembre de 1989.

Silvia Hernando, «Los pueblos que fundó Franco». *El País Semanal,* 30 de agosto de 2018.
Andrew Higgins, «The Art of Lie. The Bigger, The Better», *The New York Times,* 10 de enero de 2021.
Benoît Hopquin, «Les miraculés du Vél'd'Hiv: "C'est la seule gifle que j'ai reçue de maman. J'ai compris plus tard qu'elle m'avait sauvé la vie"». *Le Monde,* 15 de julio de 2022.
Simon Kuper, «Tales from a traitor. An encounter with Cold War spy George Blake». *Magazine, Financial Times,* 29 de enero de 2021.
Mariam Martínez Bascuñán, «Hablemos de la guerra». *El País,* 27 de marzo de 2022.
Raphael Minder, «Alghero, el último bastión del catalán en Italia, busca mantener vivo al idioma». *The New York Times,* 28 de noviembre de 2016.
María Antonia Sánchez-Vallejo, «Entrevista a Peter Brown: "Peor que olvidar la historia es retorcerla para avivar el resentimiento"». *Babelia,* 8 de mayo de 2021.

Cine

Adiós, muchachos. Dirigida por Louis Malle. Francia, 1987.
Grbavica. Dirigida por Jasmila Zbanic. Bosnia-Herzegovina, 2006.
Ida. Dirigida por Pawel Pawlikowski. Polonia, 2013.
La noche de Varennes. Dirigida por Ettore Scola. Francia/Italia, 1982.
La sombra del pasado. Dirigida por Florian Henckel von Donnersmarck. Alemania, 2018.
Lacombe lucien. Dirigida por Louis Malle. Francia, 1994.
Una jornada particular. Dirigida por Ettore Scola. Italia, 1997.

AGRADECIMIENTOS

Un libro es a la vez un trabajo solitario, pero también colectivo, porque es una especie de nido de urraca en el que se atesoran todo tipo de ideas y conversaciones recogidas aquí y allí. Es imposible citar a todas las personas que han contribuido a enriquecer estas páginas con su generosidad, su tiempo y su paciencia. En muchos casos, ni siquiera son conscientes de la ayuda que me han prestado. Ellos saben quiénes son o me gustaría que lo supieran.

El confinamiento fue un momento muy especial y duro, para mi familia por la enfermedad de mi hermano, y para tantas familias. Algunas personas me ayudaron a navegar por la claustrofobia y el temor, siempre estuvieron ahí. Gracias.

Este es un libro formado de muchos libros, que bebe de investigaciones realizadas por expertos. Quisiera transmitir mi más profundo agradecimiento a todos ellos.

Sí quiero dar las gracias a mis compañeros de *El País,* que me han facilitado muchísimo el trabajo y enriquecen cada jornada laboral; a mi familia, los que compartimos los veranos de pandemia y horno de Torrejoncillo en Torrecaballeros; a Pilar y a Peli, y a Juan, que volvió; a Miki, por tantos años y tantas conversaciones y porque siempre está ahí; a Mariam Martínez Bascuñán, que tuvo la paciencia de leer una primera versión y me dio estupendos consejos; a mis editores Josep Maria y Juan, que siempre han confiado en mis proyectos y me han hecho sentirme en casa; a Ramón, por su coraje.

Durante la redacción de este libro se fueron dos personas muy queridas, Rade y Julián. Me acuerdo de vosotros, viejos amigos, al igual que de Ricardo y de Pedro. Siempre.

Cuando estaba corrigiendo pruebas falleció Rafael Martínez Alés, mi primer editor y mi segundo padre. Nunca podré darle las gracias por todo lo que aprendí...

Y quisiera dedicar este libro a Paca, naturalmente.

CRÉDITOS DE LAS ILUSTRACIONES

Pág. 47: © Album.
Pág. 87: © Mel Longhurst / Eye Ubiquitous / Album.
Págs. 126 y 127: © Niday Picture Library / Alamy / ACI.
Pág. 171: Robert Capa © International Center of Photography / Magnum Photos.
Págs. 290 y 297: National Gallery of Art, Washington DC / Album.
Pág. 245: © Fine Art Images / Album.

Otro título del autor en Booket: